VÍDEO DIGITAL
UMA INTRODUÇÃO

VÍDEO DIGITAL
UMA INTRODUÇÃO

TOM **ANG**

2ª edição

Tradução
Assef Nagib Kfouri
Silvana Vieira

Um livro da Dorling Kindersley
http://www.dk.com

Sumário

SERVIÇO NACIONAL DE APRENDIZAGEM COMERCIAL
ADMINISTRAÇÃO REGIONAL DO SENAC NO ESTADO DE SÃO PAULO
Presidente do Conselho Regional: Abram Szajman
Diretor do Departamento Regional: Luiz Francisco de A. Salgado
Superintendente Universitário e de Desenvolvimento: Luiz Carlos Dourado

EDITORA SENAC SÃO PAULO
Conselho Editorial:
Luiz Francisco de A. Salgado
Luiz Carlos Dourado
Darcio Sayad Maia
Lucila Mara Sbrana Sciotti
Jeane Passos Santana

Gerente/Publisher: Jeane Passos Santana (jpassos@sp.senac.br)

Coordenação Editorial: Márcia Cavalheiro Rodrigues de Almeida (mcavalhe@sp.senac.br)
Thaís Carvalho Lisboa (thais.clisboa@sp.senac.br)
Comercial: Rubens Gonçalves Folha (rfolha@sp.senac.br)
Administrativo: Luis Americo Tousi Botelho (luis.tbotelho@sp.senac.br)

Edição de Texto: Léia Fontes Guimarães
Revisão Técnica: Thales Trigo
Preparação de Texto: Vanessa Rodrigues
Revisão de Texto: Ivone P. B. Groenitz, Luiza Elena Luchini, Maria de Fátima C. A. Madeira
Indexação: Silvana Gouveia
Projeto Gráfico Original e Capa: Dorling Kindersley Book
Editoração Eletrônica: Jairo Souza
Impressão e Acabamento: Dorling Kindersley Book

Título original: Digital Video: an Introduction
Copyright © 2005 Dorling Kindersley Limited
Copyright de texto © 2005 Tom Ang

Copyright © 2006 Dorling Kindersley Limited
Texto Copyright © 2006 Tom Ang

Proibida a reprodução sem autorização expressa.
Todos os direitos desta edição reservados à
Editora Senac São Paulo
Rua Rui Barbosa, 277 – 1º andar – Bela Vista – CEP 01326-010
Caixa Postal 1120 – CEP 01032-970 – São Paulo – SP
Tel. (11) 2187-4450 – Fax (11) 2187-4486
E-mail: editora@sp.senac.br
Home page: http://www.editorasenacsp.com.br

1ª edição: 2007
reimpressão: 2012
© Edição Brasileira: Editora Senac São Paulo, 2007

Dados Internacionais de Catalogação na Publicação (CIP)
(Câmara Brasileira do Livro, SP, Brasil)

Ang, Tom
Video digital : uma introdução / Tom Ang ; [tradução Assef Kfouri e
Silvana Vieira]. – São Paulo : Editora Senac São Paulo, 2007.

Título original: Digital video : an Introduction.
Bibliografia.
ISBN: 978-85-7359-583-3

1. Vídeo digital I. Título.

07-2689   CDD-621.388

Índice para catálogo sistemático:

1. Video digital : Engenharia de comunicação
621.388

6   Introdução

Capítulo 1
Isto é vídeo digital

10   Os caminhos do vídeo digital
12   A linha de processamento
14   As mídias de vídeo
16   Como funciona o vídeo digital
18   Partes de uma câmera
20   Câmeras entry-level
22   Câmeras intermediárias
24   Acessórios do vídeo digital
26   Filtros
28   Tripés
30   Equipamentos de computação
32   Monitores
34   Softwares de edição não linear
36   Criação de DVD
38   Organizando a sala de trabalho

Capítulo 2
Técnicas de câmera e som

42   Dominando sua câmera
44   **Solução rápida** – Manuseio da câmera
46   Composição cinematográfica
48   Enquadrando a ação
50   Enquadrando a tomada
52   Profundidade de campo
54   Preparando-se para filmar
56   Buscando variedade
58   Zoom
60   Continuidade
62   Trabalhando com som digital
64   Usando microfone
68   Usando música gravada
69   **Solução rápida** – Problemas com som
70   Métodos de transição
72   Usando stills
74   **Solução rápida** – Direitos autorais
76   Criando uma "aparência de filme"

Capítulo 3
Entendendo e usando a luz

- 80 Capturando a luz
- 82 Direção da luz
- 84 A cor da luz
- 86 Quantidades de luz
- 88 **Solução rápida** – Controle de exposição
- 90 Usando luzes
- 92 Arranjos de iluminação
- 98 **Solução rápida** – Problemas de iluminação

Capítulo 4
Projetos de vídeo digital

- 102 As principais abordagens
- 104 Novo bebê
- 106 Festa de aniversário
- 110 Natureza
- 112 Férias
- 116 **Solução rápida** – Permissões e acesso
- 118 Desfiles e paradas
- 120 Casamento
- 124 Promovendo uma causa
- 126 Retrato de um lugar
- 130 Evento esportivo
- 134 Vídeoálbum de família
- 136 Promovendo um negócio

Capítulo 5
Edição e pós-produção

- 142 Princípios de edição
- 144 O processo de edição
- 148 Decisões de edição
- 150 Refinando a edição
- 152 Mais sobre edição
- 154 **Solução rápida** – Correção de cor
- 155 **Solução rápida** – Correção de exposição
- 156 Transições
- 160 Títulos e créditos
- 162 Usando efeitos

- 166 Editando a trilha sonora
- 170 Criando seus DVDs
- 173 Criando CDs de vídeo
- 174 **Solução rápida** – Problemas de reprodução
- 176 Como transmitir pela internet

Capítulo 6
Vídeo digital avançado

- 180 Como tratar o tema
- 182 Tipos de filme
- 184 Elementos estruturais
- 188 Documentários
- 192 Curtas-metragens
- 194 Desenvolvendo uma ideia
- 196 **Solução rápida** – Problemas de locação
- 198 Escrevendo o roteiro
- 200 O *storyboard*
- 202 Trabalhando com segurança

Referências

- 204 Glossário
- 214 Fontes na internet
- 218 Leitura suplementar
- 220 Índice
- 224 Agradecimentos

Introdução

A extraordinária revolução que é o vídeo digital pode transformar seu jardim em um estúdio; seu escritório em uma sala de edição; fazer de você um diretor. Tecnicamente, isso é bastante simples: em vez de gravar uma imagem quadro a quadro em um filme ou em uma fita magnética, convertemos imagens em uma série de números. Essa mudança possibilita a aventura de fazer cinema a qualquer pessoa que disponha de um moderno computador pessoal. Antes, o aspirante a cineasta precisava de uma infra-estrutura industrial altamente especializada; agora, os cineastas – isto é, você e eu – podem criar um filme praticamente sozinhos: uma única pessoa tem condições de gravar imagens com qualidade broadcast, registrar som de alta fidelidade, editar e realizar as tarefas de pós-produção por conta própria e em sua casa. E, a partir daí, atingir o mundo via internet depende só de um clique no mouse.

Para nós, o cansativo ofício de editar um filme frame por frame – ou seja, quadro a quadro – está agora relegado à sala de montagem da história. Melhor ainda, o custo antes altíssimo de editar um vídeo hoje é quase desprezível. E mais: a dura e dispendiosa tarefa de distribuição de filmes ficou no passado; hoje, está ao alcance do orçamento de qualquer família que pague por uma conexão à internet. Filmes de longa-metragem podem ser reproduzidos por centavos.

Se é verdade que o amplo acesso à tecnologia é uma sementeira para grandes cineastas – o adolescente que fazia filmes de terror por diversão tornou-se o arquiteto da trilogia *O Senhor dos Anéis* –, seu significado

para a maioria dos usuários é ainda maior. Aliás, Peter Jackson não poderia ter feito três longas simultaneamente (como fez) sem o apoio da tecnologia digital.

A tecnologia nas artes nada significa se ela não o ajudar a desenvolver novas maneiras de ver e narrar, e atualmente o vídeo digital abre um mundo em que você pode manipular o tempo, atingir o coração de seus espectadores, entretê-los ou encantá-los, amedrontá-los ou aterrorizá-los. Acima de tudo, o vídeo digital lhe dá o poder de criar como nunca antes.

Neste guia, divido com você o mundo fascinante e em rápida evolução dos vídeos e filmes digitais. Você pode querer apenas registrar suas férias para mostrá-las à família ou aos amigos, ou fazer filmes curtos para projetos escolares ou comunitários, ou talvez realizar algo mais ambicioso, como um documentário. Mesmo que não saiba nada sobre vídeo, este livro lhe dará as informações essenciais para começar e, se for o caso, seguir adiante e se tornar um cineasta.

Mas o melhor da história é o seguinte: você nunca terá de aguentar o chefão do estúdio lhe dizendo "Minha indecisão é final!" ou "Você pode contar com meu definitivo talvez".

1
Isto é vídeo digital

Começando

O vídeo digital é um mundo mágico em que quase tudo é possível. Este primeiro capítulo explica os diversos aspectos do vídeo digital, incluindo os diferentes níveis de câmera, os vários formatos, e como o vídeo digital faz o que faz. É, portanto, um mapa para se orientar num ambiente novo e criativo.

Escolhendo o equipamento

Geralmente, os primeiros passos na escolha das ferramentas certas para essa tarefa são experimentais. Este capítulo desvenda os mistérios da câmera e de seus componentes e ensina a usá-los, bem como uma série de acessórios do vídeo. Quase um livro dentro de um livro, o capítulo dá detalhes de equipamentos específicos e fornece informações sobre as funções que provavelmente você considerará mais úteis.

Computadores

O capítulo também traz dicas para a escolha de computadores, acessórios e os softwares disponíveis no mercado. No final, apresenta conselhos úteis de como montar um estúdio de edição.

10 ISTO É VÍDEO DIGITAL

Os caminhos do vídeo digital

O vídeo digital abriu um mundo de possibilidades para a realização de filmes, antes restrito aos estúdios profissionais de cinema. A chave dessa explosão iminente é a parceria entre o vídeo digital relativamente barato e a ampla difusão de poderosos computadores pessoais. E a cereja desse rico bolo é a internet. Acrescentando dois elementos – som e movimento – ao still, é possível ir muito mais além com vídeo digital do que com fotografia digital, em termos de criatividade.

Fontes de material

O vídeo digital permite o trabalho com imagens de fontes diversas. É possível produzir seu próprio material com uma câmera de vídeo digital ou trabalhar com fotos digitais. Se tiver material antigo em fitas de vídeo analógico, você consegue convertê-las para digital. Imagens obtidas de televisão também podem ser usadas, mas é preciso cuidado para não violar direitos autorais (*veja a página 74*). Imagem e som podem ser gravados ao mesmo tempo, ou, se preferir, é possível adicionar o som posteriormente, usando CDs de música ou de efeitos sonoros.

Motivo

Câmera digital
Muitas câmeras digitais gravam clipes curtos (30 segundos ou mais). Mas pode ser que você não consiga usar o zoom ou ajustar o foco durante o clipe.

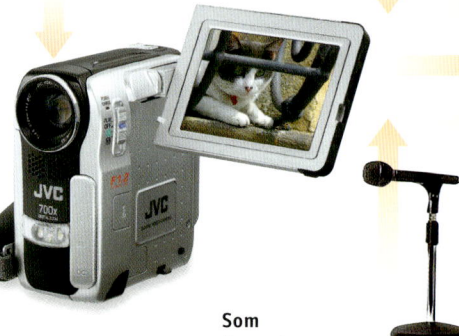

Câmera de vídeo digital
As câmeras modernas oferecem facilidades quase profissionais em formatos cada vez mais compactos, com boa qualidade de imagem. Verifique se a câmera é compatível com seu computador, antes de comprá-la.

Som
O som pode ser gravado separadamente, ou como ruído ambiente de fundo, ou para voice-over, por exemplo.

Vídeo analógico
Dê vida nova a suas fitas de vídeo analógico, convertendo-as para a forma digital.

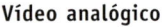

Captura de vídeo
Rode suas fitas analógicas a partir de um dispositivo de captura de vídeo conectado a seu computador, para compactar e codificar o vídeo pronto para edição.

Tecnologia analógica e digital

O desenvolvimento do vídeo está intimamente ligado aos avanços da tecnologia da fita magnética. As imagens são gravadas variando-se a força magnética de diminutas porções da fita. O princípio é exatamente o mesmo usado em fitas cassete de música. Para reconstruir o sinal no video playback, as variações da força magnética são lidas, amplificadas e usadas para alterar a voltagem dos canhões de elétrons do aparelho de tevê.

Ainda se usa fita magnética com vídeo digital (algumas câmeras gravam diretamente em DVD; *veja a página 22*), mas a informação magnética fica limitada a positivo ou negativo apenas. É mais fácil e mais preciso ler informação positiva ou negativa do que medir a força do magnetismo. Mas esse sistema grava muito menos informação do que a fita analógica. Daí por que a compactação é um elemento-chave do processo de vídeo digital.

DVD
Com software de DVD, você consegue criar DVDs completos, com trilhas especiais de áudio e outros dados.

Tevê doméstica
Uma maneira muito conveniente de ver seus próprios vídeos é na tela de sua tevê. Você pode rodá-los em seu DVD player ou diretamente do computador ou da câmera de vídeo.

Internet
Centenas de horas de videoclipes estão disponíveis para download. Do mesmo modo, você pode disponibilizar seu trabalho para outros, assim como pode criar um site e atualizá-lo regularmente com suas gravações.

Processamento no computador
Imagens captadas em sua câmera ou baixadas da internet podem ser trabalhadas no computador, permitindo que você acrescente títulos e edite som e imagem.

Impressora
É possível imprimir quadros individualmente de seu vídeo, mas a qualidade não é tão boa quanto a que se obtém com imagens registradas com uma câmera digital.

A linha de processamento

Fazer um vídeo digital pode ser tão simples quanto tirar uma foto digital. Você simplesmente aponta a câmera para um evento qualquer e grava determinada metragem, sem posterior edição ou correção. Como você pode "projetar" o resultado diretamente na tela da tevê, conectando-a à câmera de vídeo, nem mesmo um computador é necessário. Embora isso não exija esforço algum, o resultado pode ser um tanto cansativo. Sem planejar seu vídeo, fica difícil contar uma história, e a narrativa se torna aleatória e difícil de acompanhar. É o mesmo que enviar uma carta cheia de erros, mudanças de raciocínio e rabiscos.

A importância da edição

Quando se faz um filme digitalmente, converte-se um processo analógico – a resposta do sensor da câmera às mudanças de luz, cor e motivo – em uma forma digital, como os dados gravados em fita ou disco. Ao mesmo tempo, gravam-se os sons da cena. Pode-se ir de uma cena para outra, talvez esperar algum novo acontecimento e, então, tentar captar o que vem a seguir. Nesse processo, às vezes captura-se o movimento um pouco cedo demais; outras vezes, perde-se o início. O resultado disso tudo pode ser uma profusão irregular de sequências; algumas de sucesso e outras que terão perdido o momento que se esperava flagrar.

Editar um vídeo é o mesmo que selecionar uma porção de fotografias e organizá-las em um álbum ou uma exposição.

É importante entender que filme algum tem necessariamente de mostrar os acontecimentos na exata ordem em que ocorreram – mesmo um documentário não precisa respeitar a ordem temporal. Quando se edita um vídeo, o objetivo é fazer o melhor uso do material gravado *(veja o capítulo 5, a partir da página 140).*

O processo de renderização

O passo seguinte no processo de transformação do material gravado em um filme "assistível" é a renderização. Essa é a hora em que seu software, devidamente instruído no tocante às decisões de edição, opera as transições de cena para cena e transforma o material gravado em um filme. Simultaneamente, quadro a quadro, todos os dados são convertidos em um formato padrão, como o QuickTime.

O processo de edição pode exigir muito do computador e gerar um arquivo muito grande – talvez mais de 1 GB para cada 5 minutos de vídeo. Por isso, é importante que seu computador esteja rodando à potência máxima, motivo pelo qual você deve fechar qualquer programa desnecessário.

Edição

O princípio que norteia a edição de um vídeo é semelhante ao que fundamenta o ato de formar, de um punhado de palavras desconexas, sentenças elegantes e significativas. O material bruto gravado em seu vídeo – como o de qualquer cineasta, principiante ou experiente – pode estar em uma ordem aleatória, como na sequência mostrada à direita (*no alto*) de um passeio pela cidade de Pisa, na Itália. Da rua para dentro da catedral e daí novamente para fora, não há uma narrativa coesa. A sequência editada (*abaixo, à direita*), tem um sentido lógico, que vai do nível da rua para uma primeira visão da catedral, antes de entrar nela. Além de simplesmente reorganizar o material bruto, a edição permite controlar o ritmo da experiência visual. Por exemplo: mesmo que tenha filmado apenas alguns segundos de um detalhe, você pode, na edição, prolongar a tomada por vários segundos a mais.

Sequência não editada

Sequência editada

Da edição à impressão

O termo "cópia" foi tomado de empréstimo de um antigo procedimento da indústria cinematográfica e diz respeito às cópias destinadas à projeção de um filme, feitas a partir do negativo-master editado. No vídeo digital, é possível imprimir em papel quadros do filme editado. Mas é mais provável que você queira "copiar" seu filme em um CD ou DVD. Outra possibilidade é fazer o upload do vídeo em um site, para que seja visto on-line (*veja as páginas 176 e 177*).

Se você fizer um DVD de seu filme, poderá adicionar títulos, capítulos e legendas, exatamente como em um DVD comercial. Isso permite que os espectadores vejam diferentes partes do filme sem ter de recorrer ao tedioso processo de busca, avanço ou retrocesso (*veja as páginas 170 a 173*).

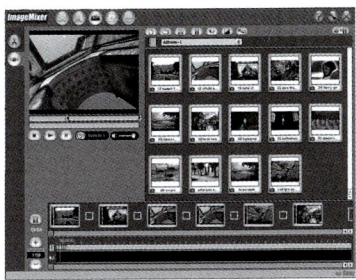

Edição simples
Um software como o ImageMixer (*acima*) pode estar integrado à sua câmera digital de vídeo. Embora esses aplicativos sejam gratuitos, eles são muito eficientes: este aqui organiza álbuns de fotos, filmes e som, assim como produz um VCD (video CD) básico.

Edição não linear
De todas as curvas de aprendizado no trabalho digital, a curva de edição não linear é talvez a mais pronunciada. A terminologia confunde, as armadilhas técnicas são numerosas e o software pode ser desanimador, como se vê na tela acima.

As mídias de vídeo

A variedade e as mútuas incompatibilidades de mídias e formatos de vídeo podem parecer caóticas, mas são reflexo do desenvolvimento tecnológico e da competição entre os fabricantes. Além disso, o vídeo digital tem de se submeter aos padrões da transmissão de TV, que foram adotados quando a base de tempo mais estável era a corrente alternada no fornecimento de energia. Esses padrões resultaram em esquisitices como a taxa de exibição de 30 qps (quadros por segundo; na verdade, 29,97 qps) do sistema NTSC norte-americano. Embora ultrapassado, o padrão ainda vigora.

Mídia e formato

É preciso distinguir a mídia usada na gravação e o formato do material gravado. A mídia é o dispositivo físico – fita, disco ou memória de estado sólido – que abriga o material gravado. O formato é o modo no qual a informação é codificada e organizada. Em alguns casos, formato e mídia são os mesmos, pois um único formato é escrito para a mídia – como a fita Hi8, usada apenas em vídeo analógico.

Por outro lado, a fita MiniDV, por exemplo, é utilizada para o formato DV, mas também pode ser usada para o formato profissional DVCam. A ocorrência de borrado nas extremidades tem aumentado com a crescente utilização de memória de estado sólido para gravar filmes compactados e stills no formato MPEG.

Mídia de consumo geral

Quando se trata de mídia de consumo geral, privilegia-se a forma bem compacta mas de qualidade aceitável. As mídias profissionais são maiores e mais robustas, permitindo um manuseio mais ríspido e velocidades mais rápidas da fita.

DV

Originalmente chamado de DVC (*Digital Video Cassette*, ou Cassete de Vídeo Digital), o DV é um padrão internacional de vídeo digital de consumo geral criado em 1993 por um grupo de empresas eletrônicas. Conhecido como consórcio DV, o grupo compreende mais de sessenta fabricantes e definiu fatores como o modo de compactação da imagem e os tamanhos dos cassetes. Por exemplo, o DVC tem capacidade para mais de 4 horas de gravação e mede 125 mm x 78 mm x 14,6 mm. O cassete do MiniDV possui capacidade para 1 hora de gravação e mede 66 mm x 48 mm x 12,2 mm. Aqui, trabalharemos quase exclusivamente com o cassete MiniDV, pois é o formato amador mais utilizado. O padrão DV já enfrenta a concorrência de dois outros formatos profissionais: DVCPro e DVCam.

MicroMV

O cassete MicroMV tem apenas 70% da fita do MiniDV, mas permite 1 hora completa de gravação, comprimindo a imagem em MPEG-2, o mesmo formato usado nos filmes em DVD. O tamanho reduzido do cassete é usado em câmeras extremamente compactas.

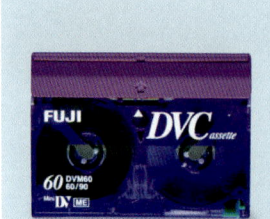

MiniDV
Tem duração de 60 minutos no modo padrão. A fita MiniDV (ou, simplesmente, DV) é semelhante em tamanho ao cassete profissional DV.

MicroMV
Trata-se da mídia de menor tamanho disponível, usada em alguns tipos de câmeras. Seu futuro pode estar comprometido.

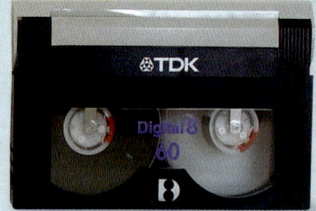

Digital8
É a versão digital do Hi8 (à *direita*) e oferece boa qualidade, mas o fato de ser maior do que o DV a torna menos popular.

AS MÍDIAS DE VÍDEO

Digital8

O formato do cassete Digital8 é uma espécie híbrida, pois combina compressão de vídeo digital com fitas Hi8. Mas a fita corre mais rápido do que o normal: no sistema PAL, uma fita de 90 minutos dura apenas 60 minutos; no sistema NTSC, a duração é ainda menor: 45 minutos. As câmeras Digital8 são mais baratas do que as DV, mas são maiores. A qualidade da imagem é igual à do DV.

Hi8

Trata-se de um formato analógico relativamente moderno, capaz de gravar até 90 minutos de vídeo em um único cassete. As câmeras Hi8 custam menos do que suas equivalentes digitais. Elas permitem transições suaves entre as cenas e geram qualidade de som aceitável, mas a qualidade de um modo geral é inferior à do DV.

Dispositivos em estado sólido

Para alguns, até mesmo as diminutas fitas MiniDV são grandes demais. Um número cada vez maior de câmeras de vídeo digital vem incorporando memória em estado sólido. Isso significa que elas não têm partes móveis, consomem pouca energia e são extremamente robustas. As desvantagens das mídias que utilizam estado sólido estão na capacidade limitada e no custo relativamente alto. Por outro lado, possuem a vantagem de poderem ser usadas milhares de vezes. Soluções populares são os cartões SecureDigital, xD e MemoryStick.

Esses cartões são ideais quando a situação exige câmera bem compacta (como em espaços restritos) e tempo limitado de filmagem.

Discos

Caso você prefira uma câmera menos compacta do que uma MiniDV ou equivalente, deve considerar usar DVD (*Digital Versatile Disc*, ou Disco Digital Versátil). A vantagem dessa mídia é que você pode executar o disco imediatamente em seu equipamento de DVD ou no computador. Entretanto, visualizar as imagens logo esgotará sua bateria. Outras mídias, como o MiniDisc e o Super MiniDisc, também podem ser usadas, embora exista o risco de problemas de compatibilidade.

Por que o digital é melhor?

O vídeo digital é preferível ao analógico para a grande maioria dos objetivos de gravação. As principais razões disso são:
- A resolução do vídeo digital é aproximadamente o dobro da do VHS ou da fita 8 mm – ou seja, 500 linhas em vez de 250.
- O digital não apresenta borrado de cor ou ruído com a mesma frequência que a fita, a qual é bastante suscetível a esses erros porque os dados podem se espalhar (*cross-talk*) na fita analógica; o sistema digital produz cores mais definidas.
- O som no vídeo digital pode se igualar ao dos CDs, que é muito superior ao som do VHS.

Hi8
Este formato analógico é superior ao VHS e utiliza uma fita bem menor, mas sua qualidade é inferior à do DV.

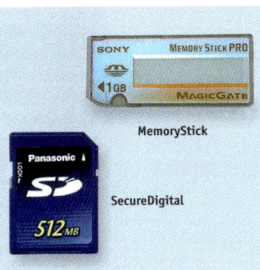

MemoryStick

SecureDigital

Dispositivos em estado sólido
O futuro está em dispositivos como esses. Os novos sistemas profissionais descartam a fita, usando cartões de memória de estado sólido.

DVD
A vantagem de gravar em DVD, como fazem algumas câmeras, é o acesso a trechos sem a necessidade de busca, avanço ou retrocesso.

Como funciona o vídeo digital

Todas as imagens de vídeo, durante a gravação e exibição, são construídas, ou "desenhadas", em um processo de varredura. A imagem de um quadro é construída, linha por linha, a partir do canto superior, atravessando todo o quadro no sentido horizontal até o lado oposto e daí retornando à outra ponta em um pequeno ângulo, de modo que toda a tela seja varrida. O processo se repete a cada novo quadro, cada qual sendo desenhado em uma sequência de linhas de varredura.

Vídeo entrelaçado

Nos primórdios da televisão, a imagem era criada por fósforos que incandesciam quando bombardeados por um feixe de elétrons; esses fósforos ganhavam brilho fosforescente apenas por um curto período de tempo. Ocorre que as primeiras linhas de varredura da imagem começavam a enfraquecer antes que as últimas linhas fossem desenhadas, e o resultado disso era que o alto da tela parecia mais escuro do que a parte de baixo.

O método engenhoso de contornar esse problema é desenhar o quadro em duas etapas: desenha-se a primeira linha, pula-se a segunda, desenha-se a terceira linha, pula-se a quarta, e assim por diante. Isso leva a metade do tempo, pois se omitem as linhas alternadas.

As linhas omitidas – ou seja, as linhas pares – são então desenhadas entre as já existentes. Desse modo, embora as primeiras linhas estejam se enfraquecendo, o resultado não é tão aparente para o espectador, porque apenas as linhas de numeração ímpar estão perdendo força, enquanto as linhas iniciais pares intermediárias ainda aparecem brilhantes. Essa técnica é conhecida como entrelaçamento, e cada quadro do vídeo é exibido como dois semiquadros entrelaçados.

Com as telas modernas, o rápido declínio da fosforescência é um problema menor, e nas telas de plasma e de cristal líquido o problema simplesmente deixou de existir. Entretanto, esse sistema antigo é de uso tão generalizado que provavelmente continuará em vigor por um bom tempo ainda.

Vídeo com varredura progressiva

Há, porém, uma tendência crescente no sentido da imagem de varredura progressiva (*progressive scan*). Isso significa que não há entrelaçamento e que cada quadro é desenhado por completo de uma só vez.

No sistema NTSC, que opera a 30 quadros por segundo, isso é bastante aceitável. Em contrapartida, a velocidade mais lenta de 25 quadros por segundo dos sistemas PAL e SECAM às vezes faz com que movimentos rápidos pareçam descontínuos e irregulares, porque cada quadro precisa de um tempo um pouco maior para desenhar do que com o vídeo a 30 quadros por segundo.

Como o padrão cinematográfico é de 24 quadros por segundo, a velocidade dos sistemas PAL e SECAM é mais próxima; assim, esses são os sistemas preferidos para obter uma aparência de filme (*veja a página 76*).

Princípios do entrelaçamento
Um quadro entrelaçado de vídeo é desenhado varrendo-se primeiro uma série de linhas (vermelhas, digamos), e, quando a varredura chega ao limite inferior, ela volta novamente ao topo, a fim de desenhar a próxima série (exibida aqui em azul).

Linhas ímpares
Aqui, a primeira, a terceira, a quinta e as demais linhas ímpares foram desenhadas no quadro do cachorro descansando. Com o segundo quadro entrelaçado, composto pelas linhas pares, forma-se toda a imagem (*no canto, à direita*).

COMO FUNCIONA O VÍDEO DIGITAL 17

Como funciona a fita de vídeo

As origens da fita magnética remontam às do filme cinematográfico. A forma mais prática do filme sonoro era aquela em que a trilha de som ia gravada no celuloide ao lado dos fotogramas da imagem. Com o advento do vídeo, não apenas o som passou a ser codificado como dados magnéticos; a própria imagem, também. No vídeo digital, as imagens são codificadas como alterações nas polaridades dos sinais da fita magnética, isto é, como positivos ou negativos. Além da imagem, são necessários outros dados para acompanhar a informação da imagem e para permitir a correção de qualquer erro (*veja abaixo*). Dependendo do formato da fita, a trilha com subcódigo pode carregar sinais que controlam a cabeça e a correção de erros. As trilhas de vídeo podem ser subdivididas e carregar correção de erro ou dados de timecode, sendo tudo isso lido pela cabeça da fita.

Modo Helican de varredura da fita

Quando se coloca uma fita de vídeo em uma câmera, o chiado e o clique que se ouvem é um mecanismo do equipamento puxando um trecho da fita e envolvendo-o parcialmente em torno de um tambor que gira em alta velocidade. O tambor se inclina em certo ângulo e grava uma trilha oblíqua na fita à medida que esta corre: esse método de gravação significa que mais informação pode ser acomodada do que se a trilha estivesse em ângulo reto ao longo da largura. No sistema NTSC, por exemplo, dez trilhas cobrem um quadro do vídeo, com partes diferentes usadas para o registro de áudio e outros dados.

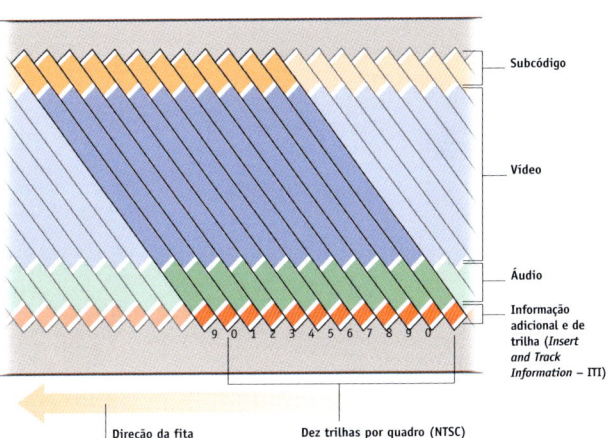

Subcódigo

Vídeo

Áudio

Informação adicional e de trilha (*Insert and Track Information* – ITI)

Direção da fita

Dez trilhas por quadro (NTSC)

Linhas pares
A segunda metade do par dos quadros entrelaçados mostra todas as linhas da imagem entre as do primeiro quadro entrelaçado (*ao lado*, à *esquerda*). Se o motivo se mover entre esses dois quadros, isso poderá gerar artefatos na imagem.

Resultado do entrelaçamento
Com um motivo em still (*estático*), não há diferença entre um par entrelaçado de quadros e um quadro de varredura progressiva; já com motivos em movimento, um quadro de varredura progressiva se parece mais com um filme, razão por que vem se tornando o modo cada vez mais adotado.

18 ISTO É VÍDEO DIGITAL

Partes de uma câmera

Apesar da complexidade e da precisão dos equipamentos eletrônicos, as câmeras modernas de vídeo são muito fáceis de usar, graças à separação funcional das partes da câmera e dos controles. Mesmo os controles podem ser divididos entre aqueles constantemente usados – on/off, zoom, playback, por exemplo –, e os menos utilizados, como set-up, mode changing e balanço manual de branco. Os controles usados com menos frequência podem estar alojados em botões escondidos debaixo do painel LCD ou em menus que se acessam na tela LCD. À medida que ganhar experiência, você preferirá controles de fácil acesso por meio de botões do que os mais lentos encontrados nos menus.

O lado esquerdo
É quase todo ocupado pela tela LCD, mas também acomoda os botões do modo dual, que permitem diferentes tarefas, seja no modo gravação, seja no modo reprodução.

Óptica
As modernas objetivas zoom são verdadeiras obras-primas de miniaturização aliada a excelente qualidade de imagem. Alguns modelos de câmera oferecem estabilização de imagem, que reduz os efeitos causados à imagem pelas vibrações do equipamento.

Sapata para acessório

Uma sapata quente ou slot permite que se instale um microfone separado em um boom curto ou uma unidade extra de luz.

Tela LCD
Um dos grandes avanços incorporados às câmeras de vídeo digital é a tela de cristal líquido (LCD); além de ser grande o suficiente para uma visão confortável, ela permite a reprodução instantânea do material gravado. A tela gira em vários ângulos.

Controles
Muitos dos controles menos usados, como o de efeitos especiais, estão colocados debaixo da tela LCD. Algumas câmeras escondem conectores aqui.

PARTES DE UMA CÂMERA 19

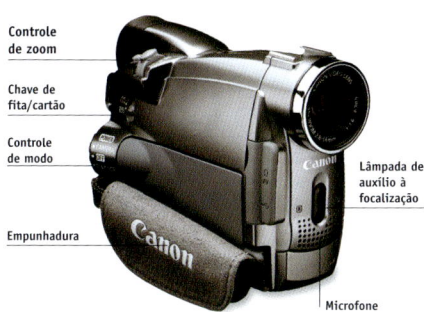

Controle de zoom
Chave de fita/cartão
Controle de modo
Empunhadura
Lâmpada de auxílio à focalização
Microfone

O lado direito
Todas as câmeras modernas são destras, de modo que no lado direito se encontram a empunhadura, o botão start/stop e o controle de zoom.

Microfone
Muitas câmeras trazem um microfone embutido. Esse tipo de microfone, (à *direita*), geralmente capta mais ruído da câmera do que um microfone instalado na extremidade de um boom.

Visor
O visor eletrônico pode ser móvel para se adequar a diferentes posições de visão.

Controles no dedo
O botão start/stop é geralmente acionado pelo dedo direito. Verifique se a posição dele é confortável para sua mão.

Entrada da bateria
Em muitas câmeras, a bateria se encaixa na parte de trás, mas em alguns modelos o encaixe fica na parte de baixo, o que é um inconveniente quando se utiliza tripé.

Acessórios

Ao comprar uma câmera digital, você encontra na caixa, além da própria câmera, vários outros itens, que variam de câmera para câmera e conforme o fabricante, mas geralmente esses itens compreendem bateria, carregador de bateria e adaptador AC, cabo de força, cabos conectores para áudio e vídeo, adaptador SCART e alça de ombro. Na caixa vem também um manual de instrução ou CD.

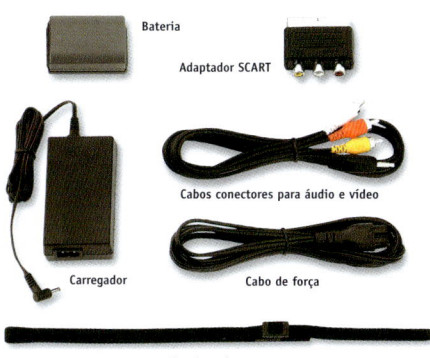

Bateria
Adaptador SCART
Cabos conectores para áudio e vídeo
Carregador
Cabo de força
Alça de ombro

Zoom digital

As câmeras que oferecem zoom de grande alcance – tipo 300x – dependem de zoom digital. Quando o alcance da objetiva zoom se esgota, o efeito pode ser estendido ainda mais ampliando-se a porção central da imagem via recurso digital. A desvantagem está no fato de a imagem perder qualidade à medida que se aumenta o efeito zoom. Para mais detalhes sobre objetivas zoom, veja a página 46 e as páginas 58 e 59.

Fechando o enquadramento
Ao fechar o enquadramento para capturar uma figura em movimento, a qualidade se mantém com mudanças ópticas (à *esquerda* e *no centro*); um enquadramento muito fechado (à *direita*) ocasiona perda de qualidade.

Câmeras entry-level

Os inventores da tevê ficariam maravilhados com o tamanho e a capacidade até mesmo das câmeras digitais de vídeo mais baratas e simples disponíveis no mercado hoje em dia. Deixando de lado os modos de gravação de vídeo dos telefones celulares, os modelos mais simples de câmera de vídeo oferecem muita diversão e são fáceis de operar, sem a necessidade de folhear manuais de instrução complicados e aborrecidos; alguns modelos gravam com uma qualidade que seria aceita em televisão até há bem pouco tempo.

SP e LP

SP significa *standard play* e LP, *long play*, referências às velocidades de gravação e retrocesso da fita. O modo padrão (*standard play*) oferece a melhor relação entre qualidade e tempo de gravação – uma velocidade maior pode oferecer ainda mais qualidade da fita, e é exatamente isso o que fazem as versões profissionais do vídeo digital. Já o modo *long play* reduz a velocidade da fita – em graus diversos, dependendo de seu formato –, propiciando gravação mais longa e reprodução mais demorada. A desvantagem é que a qualidade cai e tende a ser apenas aceitável.

Pequenas e compactas

Uma câmera pequena requer uma mídia de gravação também pequena; até o cassete da fita MiniDV é relativamente grande comparado a outras mídias. As menores câmeras dessa categoria básica usam flash memory, isto é, um pequeno cartão com chips de memória sem partes móveis. Mesmo as câmeras profissionais de última geração utilizam flash memory, e podemos esperar um número cada vez maior de câmeras usando essa mídia.

Objetivas pequenas – com abertura limitada e alcance restrito de zoom – também facilitaram a fabricação de câmeras menores e mais econômicas. Mas, para a maioria das tomadas, você não vai precisar de grandes distâncias focais.

Com uma câmera de dimensões reduzidas, é importante verificar se você consegue portar o equipamento confortavelmente e manejar os controles com facilidade. Mesmo para pessoas com mãos pequenas, algumas câmeras exigem habilidade manual de um neurocirurgião – é o preço pela miniaturização de diversas partes das câmeras pequenas. Você terá mais recursos e qualidade comprando uma câmera um pouco maior.

Ultracompacta
Este tipo de câmera pode ser tão compacta porque grava diretamente em um cartão de memória. A objetiva é fixa e o zoom, digital. Este modelo utiliza quatro baterias AA, conecta-se diretamente na tevê e permite que a gravação seja baixada em um PC.

Compacta
Pouco maior (e bem mais espessa) do que um cartão de crédito, este aparelho incorpora toca-MP3, camcorder e máquina fotográfica digital. O vídeo é gravado no formato MPEG-4, em cartões SD (SecureDigital).

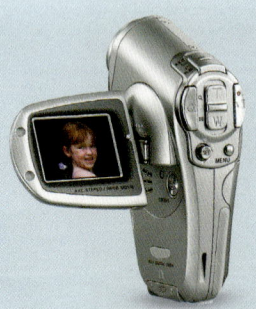

Dispensa fitas
Um número cada vez maior de câmeras MiniDV grava em chip de memória; este modelo tem objetiva zoom de 10x e tela LCD de dimensões razoáveis. Contudo, câmeras eficientes como esta testam os limites de seu formato MPEG-4.

CÂMERAS ENTRY-LEVEL 21

Leveza *versus* robustez

Outro aspecto a considerar é que os modelos entry-level geralmente são leves e requerem manejo delicado. Não aguentam choques ou colisões graves, e os mecanismos não são feitos para suportar muitas gravações ou uso constante como equipamento de reprodução. Em tese, câmeras munidas de memória em estado sólido são bastante confiáveis, mais leves e gastam menos bateria, três boas razões pelas quais vêm se tornando cada vez mais populares.

Modelo entry-level

Modelos que custam menos do que um computador básico oferecem facilidade de uso e uma série de recursos e compensam o investimento. Este modelo tem zoom de 16x e tela LCD escamoteável; também grava stills, mas apenas em fita.

Objetiva

Luz de enchimento

Microfone

Visor

Para reduzir o preço, as objetivas têm um alcance limitado de zoom, limite esse que é complementado por zoom digital.

Microfones embutidos gravam a partir da posição da câmera, daí seu uso ser limitado.

Entry-level versátil

Até mesmo algumas camcorders DV modernas e menos caras oferecem recursos como enquadramento no formato 16:9 (letter box). Com zoom de 10x, tela brilhante de cristal líquido (LCD) e bateria com capacidade para 2 horas, modelos como este são ideais para um iniciante ambicioso.

Entry-level avançado

Câmeras como esta são um excelente investimento pelos recursos que oferecem. O modelo tem zoom de 24x, facilidade para webcam, microfones remoto e de mão e saída DV.

Imagem estabilizada

É possível encontrar câmeras com muitos recursos mesmo nesta categoria; este modelo compacto oferece uma objetiva zoom veloz de 10x com estabilização de imagem, um chip de 800 mil pixels, um bom número de controles e uma grande tela LCD.

Câmeras intermediárias

O melhor investimento, para quem pode fazê-lo, consiste nas câmeras digitais de vídeo de nível intermediário. Por oferecerem mais recursos e controles, esses modelos dão resultados de boa qualidade. Você pode aumentar ainda mais o número de funções, escolhendo um modelo maior, pois os menores tendem a custar mais caro.

Câmeras nessa categoria costumam ter objetivas zoom de boa amplitude; visores coloridos, tanto em LCD escamoteável como sob a ocular, e conexões de entrada e saída para vídeo digital. Algumas oferecem itens "de luxo" como estabilização de imagem e efeitos de transição. Além disso, chips de resolução mais alta ajudam a melhorar a qualidade da imagem. As câmeras top de

Modelo intermediário
Designs verticais semicompactos oferecem meio-termo entre alta qualidade – chip de 3 megapixels – e tamanho reduzido. Como a maioria dos ajustes é feita por toque de dedo diretamente na tela LCD, isso ajuda a deixar a câmera compacta.

As modernas objetivas zoom compactas possuem alcance limitado. A grande-angular é restrita, mas pode ser incrementada com uma lente conversora.

Luz embutida provê flash para trabalhos de fotografia, podendo ser usada também para gravação de vídeo.

A tela LCD pode ser girada para frente e dobra-se perfeitamente. Em algumas câmeras, ela é usada na seleção de opções do menu.

Desenho convencional
Com este tipo de câmera, a resolução do sensor chega a 2 megapixels – como no modelo mostrado na foto – ou até mais, com uma objetiva veloz, estabilizador de imagem e efeitos de vídeo. Estas câmeras pequenas, não são compactas, mas são muito fáceis de usar.

Direto para DVD
Na categoria das intermediárias, existem câmeras que gravam diretamente em DVD. Todas as funções comuns ao vídeo digital são oferecidas, mas os principais atrativos de compra são a capacidade de reprodução dessas máquinas e o fato de gravarem em DVDs.

linha nessa categoria possuem sensor triplo: utilizam três chips de resolução relativamente baixa, que produzem cores melhores do que um único chip.

As câmeras intermediárias cada vez mais permitem a captura de stills, o que significa que elas têm um slot para cartão de memória. Se você já possui uma câmera digital para fotos, veja se os cartões usados em ambas são compatíveis. Usuários de câmera Sony, atenção: os modelos antigos utilizam MemoryStick Pro. Leitores de cartão do MemoryStick podem não ler os cartões Pro.

Câmeras ultraminiaturizadas

Câmeras digitais de vídeo extremamente pequenas agora fazem parte desta categoria; algumas são tão leves e pequenas – cabendo até no bolso da calça – que exigem um controle separado para o manejo de suas funções. São modelos convenientes e ideais para instantâneos, mas verifique se você consegue manusear os controles confortavelmente antes de comprar.

Segurando firme

Umas das principais desvantagens dessas pequenas câmeras de vídeo é a dificuldade de segurá-las com firmeza. Até mesmo a respiração é capaz de causar oscilações. Essas oscilações podem parecer irrelevantes no visor, mas são frustrantes quando vistas em uma tela de tevê. Leve isso em consideração ao escolher uma câmera.

Câmeras prosumer

O termo prosumer vem de *professional consumer* (consumidor profissional), que significa um usuário amador, mas que gosta de utilizar equipamento da melhor qualidade sem ter de pagar preços totalmente profissionais. Câmeras desta categoria oferecem excelentes resultados e, embora não sejam baratas, custam uma fração do preço dos equipamentos com qualidade broadcast. O componente mais característico desse tipo de câmera é o sensor triplo, um para cada uma das três cores básicas – vermelho, verde e azul. A melhora na qualidade da imagem é significativa – para o perfeccionista, algo essencial.

Modelo prosumer
Câmeras leves e compactas como esta – usando três sensores e equipadas com objetiva de alta qualidade – são perfeitas para o usuário não profissional que exige imagens de qualidade superior.

Função dual
Designs inovadores costumam aparecer nesta faixa intermediária do mercado: o exemplo da foto grava vídeo digital e fotos sem comprometer nenhum deles. Também suporta quatro tipos de cartão de memória, com uma gama de opções.

Chip triplo
Nesta categoria, você encontra as mais baratas câmeras de três chips, com boa qualidade de imagem em movimento, especialmente se equipadas com estabilizador de imagem e objetivas de alta qualidade. A captura de still não gera bom resultado por causa dos chips de baixa resolução.

Acessórios do vídeo digital

Há uma enorme quantidade de acessórios à disposição do entusiasta do vídeo digital, que facilmente encheriam uma sala. Por isso, é importante separar o que é acessório realmente importante daquele usado uma só vez e depois esquecido para sempre.

Estojo de câmera

O mais essencial é um estojo que proteja seu investimento e que também seja fácil de usar e adequado às condições de seu trabalho. Infelizmente, a melhor proteção é dada por estojos pesados, enquanto os mais fáceis de portar oferecem pouca proteção. Se tudo o que você grava são imagens de férias e de festas em família, não vai precisar de um estojo capaz de suportar quedas de montanhas ou profundidades marinhas. Em geral, o estojo forrado que possa ser carregado com facilidade no ombro é suficiente para todas as necessidades.

Acondicionamento à prova d'água é útil para uma série de condições. Além da proteção básica contra água – a profundidades de 10 m ou mais –, esse tipo de estojo protege as partes delicadas da câmera contra pó, areia e fragmentos.

Bolsa de câmera
Bolsas de câmera macias e forradas oferecem ao mesmo tempo leveza e alguma proteção ao equipamento, mas não protegem contra poeira.

Estojos à prova d'água
São bolsas de plástico robusto e constituem uma excelente proteção contra infiltração de água e areia. Apesar de caras, compensam o investimento.

Carregador de bateria
Carregadores portáteis são uma ótima reserva em trabalhos externos, mas podem custar caro.

Bateria alternativa
Existem baterias alternativas àquela fornecida pelo fabricante da câmera de vídeo, como as profissionais de lítio-íon fabricadas pela empresa especializada SWIT.

Delicadeza dos mecanismos do vídeo

A cabeça de gravação de uma câmera digital de vídeo gira milhares de vezes por minuto, em contato íntimo com a fita, que corre quase 19 mm por segundo, gravando trilhas de dados mais estreitas do que um fio de cabelo. A distância entre a cabeça de gravação e a fita é mantida com precisão e equivale a uma pequena fração da espessura de um fio de cabelo. Em consequência dessas sutis tolerâncias, a menor partícula de pó causa drop-outs (falhas) nos dados, que aparecem como flocos de neve na imagem. O mecanismo de gravação é muito delicado: preste sempre atenção a qualquer rótulo do equipamento que traga impressa a palavra "não".

ACESSÓRIOS DO VÍDEO DIGITAL **25**

Estojo de material rijo
Apesar de volumosos, estojos à prova d'água e de poeira, de fabricantes como a Peli Products, são a melhor maneira de proteger o equipamento.

Para-sol
Este caixilho colocado sobre a objetiva protege de choques e luz difusa.

Matte box
Este caixilho quadrado e volumoso tem dupla função: age como um pára-sol flexível e suporta filtros.

Prevenção contra flare

Um para-sol é essencial para proteger a objetiva de danos e ajudar a evitar flare (luz indesejada refletindo no sistema óptico). Um matte box (*veja abaixo, à esquerda*) oferece proteção ainda maior, particularmente quando a zoom não está ativa. Os lados do caixilho podem ser estendidos, dando máxima proteção para a distância focal em uso. Outra possibilidade é usar um cartão em um braço flexível, como o Flarebuster: ele é colocado na sapata quente ou no tripé e tem um braço flexível com um clipe na ponta, de modo que pode ser facilmente posicionado e mantido no lugar.

Baterias

A eficiência e a capacidade das baterias modernas são bons exemplos de alta tecnologia. As pessoas que estão no mercado de vídeo há algum tempo certamente se lembram de que precisavam transportar as baterias dentro de um carrinho. As câmeras de hoje, assim como os demais equipamentos, consomem muito pouca energia. Esses dois fatores conjugados significam que baterias pequenas o suficiente para caberem no bolso armazenam energia bastante para durar horas. Algumas marcas informam o tempo que resta antes de precisarem ser recarregadas.

Cuidados com a bateria

Siga estes conselhos para extrair o máximo desempenho das baterias de sua câmera de vídeo:

● Descarregue a bateria completamente antes de recarregá-la nos primeiros dois ou três ciclos. Isso melhora a capacidade e a longevidade das modernas baterias NiMH e Li-Ion. Daí em diante, você pode fazer a recarga mesmo que ela esteja só parcialmente descarregada.

● Use sempre o carregador de bateria fornecido pelo fabricante: um outro pode parecer similar e até ter o mesmo poder de recarga, mas pode não conter o sistema eletrônico que monitora a condição da bateria.

● Mantenha limpos os contatos da bateria; não toque neles e cubra-os sempre que possível.

● Não exponha as baterias a calor ou frio excessivo.

Filtros

Colocados sobre a objetiva para alterar a imagem, os filtros podem ser levemente tingidos – para corrigir eventual desacerto da temperatura de cor – ou fortemente coloridos ou padronizados.

A questão técnica básica é a seguinte: quanto mais você trabalha a imagem, menos trabalho terá posteriormente. Por exemplo, se você faz o balanço de cor com um filtro, não haverá necessidade de corrigir o balanço de branco no estágio de pós-produção. Isso ajuda a manter a qualidade técnica.

Filtros planos ou UV

A objetiva zoom, possivelmente o elemento mais caro de sua câmera, pode ser protegida com vidro plano ou filtro UV (especificamente, menos-UV, pois esse tipo de filtro bloqueia os raios ultravioletas). Mantenha-o sobre a objetiva o tempo todo, sempre limpo, mesmo do lado de dentro – qualquer partícula de poeira pode aderir à objetiva ou ao filtro.

Filtros graduados

É comum a necessidade de escurecer um céu muito claro sem deixar o primeiro plano escuro demais. Para isso, é preciso usar um filtro graduado, com tingimento forte na parte superior, decrescendo até a transparência na inferior: a parte escura pode ser cinza ou tingida de azul, a fim de aumentar o matiz do céu, por exemplo. Os filtros graduados vêm em várias densidades, para diferentes cenas: muito coloridos, para alto contraste ou cenas muito claras, ou levemente tingidos, para cenas de menor contraste.

Original

Original

Com filtro

Filtro de recorte
Usa-se um recorte para dar forma a uma tomada que de outro modo ficaria inexpressiva. Aqui, as linhas de um jardim formal são suavizadas e quebradas pelo filtro. Esses efeitos variam de acordo com a abertura da objetiva e o ajuste da zoom. Muitas câmeras usam a abertura para controlar a exposição; assim, é preciso fazer testes com a zoom para obter o efeito desejado.

Com filtro

Filtro graduado
Utiliza-se o filtro graduado para dar cor a um céu nublado e inexpressivo. Mas é preciso não exagerar. Teste diferentes densidades de filtro. Aqui, foi usado um filtro graduado na cor tabaco com a objetiva em sua máxima abertura; com distâncias focais mais longas, o efeito fica reduzido.

Filtro polarizador

Usado basicamente para reduzir o efeito de reflexos em vidro ou na água, os filtros polarizadores são úteis também para aumentar a intensidade das cores em cenas nas quais há muitas superfícies luzidias, como folhas de plantas.

Filtros de efeitos especiais

Permitem efeitos como explosões de estrelas, arco-íris e difusão. Interessantes quando usados com parcimônia, pois seu uso excessivo reduz o possível impacto que teriam.

Filtros de correção cromática

Suavemente coloridos são em geral usados por cineastas para criar mudanças sutis no clima da iluminação.

Trabalhando com filtros

Os filtros afetam a gravação e a câmera exerce certo efeito de acordo com o modo como os filtros se comportam.
- Desligue o balanço automático de branco, pois ele anula o efeito de qualquer filtro colorido.
- Use moderadamente filtros graduados ou de efeitos especiais.
- A aparência de um efeito – sobretudo com filtros graduados – pode variar em função da abertura. Verifique a abertura antes de gravar.
- A aparência de um efeito também pode variar em função do ajuste da zoom. Não comece a gravar antes de verificar.
- Cheque os filtros de efeitos especiais através da objetiva, e não os segurando no alto para olhá-los.

Original

Original

Com filtro

Com filtro

Filtro de campo limitado

Filtros semelhantes às lentes multifocais de óculos – com uma parte mais forte do que a outra – podem limitar a profundidade de campo. São úteis no vídeo digital, que tende a criar uma enorme profundidade de campo. Aqui, o filtro foi usado para destacar as flores mais próximas, deixando o fundo fora de foco.

Filtro split-image

Para cenas de fantasia ou sequências oníricas, podem-se usar os filtros que dividem ou fragmentam a cena. Os filtros estão disponíveis com vários números de facetas, como uma gema cortada e polida. Esses efeitos confundem o sistema de autofoco, de modo que o foco deve ser feito manualmente. Aqui, o jardim é quebrado em cinco seções repetidas.

Tripés

Embora incômodos e às vezes desajeitados para carregar, os tripés são fundamentais em inúmeras condições de filmagem, para conseguir uma tomada estável – algo impossível com a câmera na mão. É viável – e é possível que seja necessário – fazer um documentário ou um filme de viagem sem tripé, mas mesmo um documentário com ritmo acelerado pode incluir alguma entrevista com um especialista, da mesma forma que um filme de viagem pode mostrar o fluxo plácido e preguiçoso de um grande rio. O mais sensato é estar sempre preparado para uma tomada que não estava nos planos. Paradoxalmente, não é a cena estática que mais se beneficia da estabilidade de um tripé; a estabilidade é ainda mais necessária quando se filmam objetos ou pessoas em movimento.

Mesmo os tripés mais baratos vêm com uma cabeça que permite deslocamentos horizontais ou verticais da câmera, ajudando a criar movimentos suaves nas tomadas estáticas.

Pan head

A melhor maneira – talvez a única – de fazer uma tomada panorâmica estável é usar um tripé munido de uma cabeça projetada para essa finalidade e que gira em um eixo horizontal em torno de um mancal grande e suave. Compre o melhor equipamento que puder, pois a precisão das partes que compõem a cabeça é crucial para o controle dos movimentos com a suavidade desejada. Se seu equipamento é pesado ou se você não quer fazer uma panorâmica com a zoom ajustada em sua distância focal mais longa, o ideal é usar a fluid head – isto é, uma cabeça em que o mancal está separado por um lubrificante mantido a alta pressão. Os tripés com fluid head são caros, mas só eles possibilitam movimentos verdadeiramente suaves.

Fluid head
Uma fluid head faz movimentos horizontais e verticais cuja resistência pode ser ajustada ao peso do equipamento para uma operação suave. Marcas permitem que se posicione a cabeça sempre no mesmo lugar.

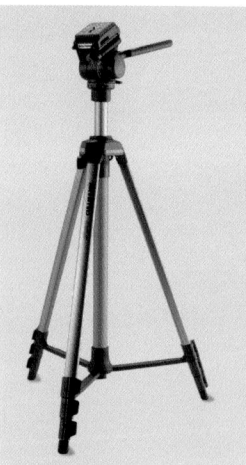

Culmann 3150
Tripé barato, mas relativamente estável, é um bom investimento e indicado para uso ocasional. Este modelo tem uma simples coluna central com um parafuso de trava e grampos que prendem as pernas.

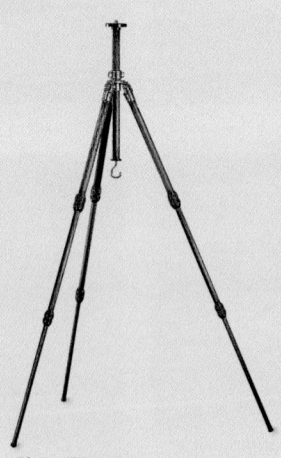

Gitzo G1027
Tripés de fibra de carbono oferecem rigidez e leveza excepcionais. São caros, mas altamente confiáveis. Este modelo pesa menos de 800 gramas e mede apenas 45 cm de comprimento.

Manfrotto 728B
Tripés de quatro seções, com coluna de altura variável e cabeça embutida para movimentos horizontais e verticais (pan/tilt), são ideais em diversas situações. Este modelo possui coluna reversível para tomadas em nível bem baixo.

Tilt head

Para movimentos verticais, a rotação se dá em torno de um eixo horizontal: somente quando o eixo é perfeitamente horizontal é que o movimento para cima e para baixo corre verticalmente. A melhor maneira de controlar os movimentos horizontais e verticais é usar um cabo fixado na cabeça. Quanto maior o cabo, maior o controle.

Não agarre o cabo com muita firmeza; movimente-o com a ponta dos dedos para imprimir um controle preciso aos movimentos da câmera. Pan e tilt heads para uso com câmeras de vídeo possuem um ajuste da fricção que altera a resistência ao movimento. Ajuste a fricção para pan e tilt de modo que a câmera fique firmemente posicionada, mas sem perder a suavidade dos movimentos.

Nível de bolha

Um nível de bolha embutido mostra quando o tripé está nivelado nos eixos norte–sul e leste–oeste. Geralmente situado na cabeça ou no bloco das pernas, o nível contém uma bolha que fica centralizada em um círculo ou cruz quando o tripé está em nível.

Movimento estável

Movimentos estáveis, mesmo com steady-cam, são a marca distintiva do vídeo profissional. Os acessórios mais simples usam contrapesos pensos em um braço debaixo da câmera. A câmera se apoia em uma "argola" de rotação livre e é manejada por um braço situado na parte de baixo: isso permite que ela fique nivelada, amortecendo, dessa forma, eventuais sacudidelas.

Estabilizador portátil

Dispositivos portáteis como este mantêm a câmera nivelada e estável enquanto segue o movimento. Quanto mais pesados forem, mais reduzirão as oscilações da câmera. Entretanto, eles logo cansam o braço.

Linhof Profi 3
Um bom tripé dura muitos anos. Este modelo pode ser erguido de 25 cm a quase 2 m, com extensão variável das pernas. A coluna é ajustável ao peso que carrega.

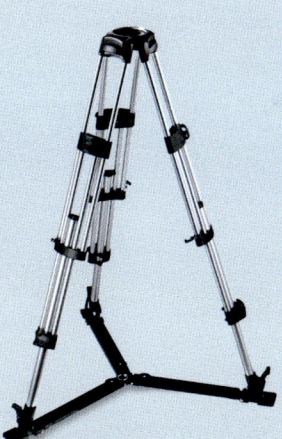

Manfrotto 515MVB
Com um extensor de pernas como padrão, modelos pesados como este garantem boa estabilidade e segurança em externas. O bojo central acomoda a bola esférica de uma fluid ou pan/tilt head.

Sachtler DA-75/2D ENG
Considerado o melhor tripé, um Sachtler custa caro, mas dura a vida toda. O modelo da foto possui um sistema ágil de travamento das pernas de duas seções e suporta câmeras de 20 kg.

Equipamentos de computação

O vídeo digital deve sua existência e seu desenvolvimento aos poderosos computadores pessoais. Entretanto, pode parecer estranho que uma câmera menor do que um livro de bolso seja capaz de capturar e exibir vídeos e ao mesmo tempo haja a necessidade de um computador muito possante para trabalhar esse mesmo vídeo. Essa disparidade ocorre pelas exigências impostas ao computador pela edição não linear (*NLE*, em inglês) – isto é, o software que permite editar trechos fora da ordem cronológica.

Data streams (fluxos de dados)

O vídeo produz enormes fluxos de dados, que têm de ser processados a uma velocidade constante para possibilitar imagens de boa qualidade e edição precisa. Para dar conta disso, o ideal é trabalhar com um computador de última geração e o mais bem equipado que possa comprar. O disco rígido e os conectores devem ser também de última geração. Do mesmo modo, os *data bus* – os fios que carregam os dados pelo computador – precisam ser os mais rápidos possíveis. Além disso, há necessidade de o sistema possuir bastante capacidade disponível – tanto em termos de RAM livre como em espaço vazio no disco rígido.

Os usuários de Windows precisam de Pentium III ou de processadores equivalentes a 500 MHz ou mais velozes, com 512 MB de RAM e operando com Windows 98SE ou mais atualizado. Recomenda-se o Windows XP – das quatro versões disponíveis, o mais apropriado é o Media Center Edition, mas o Home Edition também é muito eficiente.

Os usuários de Apple precisam de computadores PowerMac que rodem processadores G4 ou mais modernos, com pelo menos 512 MB de RAM e sistema operacional OS10.3 ou mais recente. A Apple foi pioneira em incluir softwares muito eficientes para edição de vídeo e criação de DVD nos computadores, de modo que qualquer máquina moderna pode fazer o download de vídeos, editá-los e convertê-los para DVD sem a necessidade de nenhum outro software adicional.

Discos rígidos

Tanto o Windows como o Apple Mac devem estar equipados com um disco rígido de pelo menos 50 GB de capacidade (de preferência como um segundo drive embutido, além do master drive). Sua máquina também

Equipamento de ponta
Muito eficientes, mas caros, os melhores computadores Apple Mac, como este modelo, são preferidos por muitos profissionais de vídeo e contam com uma série de acessórios especializados e apoio da indústria de *software*. Um modelo com processador duplo é altamente desejável.

Portáteis
Laptops grandes combinam potência considerável e portabilidade. O preço é relativamente alto, mas se ganha muito em comodidade. Este modelo Apple é popular entre *videomakers* nos trabalhos em locação.

Nível intermediário
Este tipo de computador talvez ofereça a melhor relação entre capacidade e custo. Um modelo de uma indústria líder no mercado, como este fabricado pela Dell, é bastante completo, com opcionais como upgrade de memória, frequentemente disponíveis.

EQUIPAMENTOS DE COMPUTAÇÃO 31

Computador doméstico
Mesmo computadores relativamente baratos, como este modelo da Sony, podem dar conta das necessidades de uma edição de vídeo modesta. O software que vem com a câmera é gratuito, por isso basta conectar a câmera de vídeo ao computador e começar o trabalho.

Edição de vídeo dedicada
Alguns fabricantes montam computadores para edição de vídeo. Este modelo Poweroid tem dois processadores, capacidade de operar três monitores, enorme capacidade de armazenamento e cartões especializados de edição, tudo isso a um custo relativamente baixo.

Computador doméstico compacto
Computadores como este modelo da Sony são muito versáteis. Permitem gravar programas de TV (apenas para uso pessoal) e criar DVDs e CDs; em suma, oferecem funções profissionais ao preço de um equipamento doméstico.

deve oferecer uma porta FireWire ou i.Link com capacidade de captura DV. Todas as máquinas precisam de um drive de CD para a instalação de softwares (alguns aplicativos instalam a partir de um DVD; nesse caso, você vai precisar de um drive de DVD), com um gravador de DVD para arquivar material.

Seu computador vai precisar de mais de 360 MB de espaço no disco para cada hora de vídeo compactado e de gigantescos 13 GB para cada hora de filme realizado. Além disso, o disco rígido deve ser capaz de manter fluxos de dados de pelo menos 4 MB/segundo para que os filmes sejam exibidos com suavidade, ou seja, sem dropout de nenhum quadro. A instalação do software para edição não linear pode consumir 500 MB – até mais se forem incluídos arquivos de ajuda, tutoriais e arquivos de efeitos. Além disso, alguns softwares exigem muito espaço livre para processar uma lista de edição. Se possível, você deve instalar o software de sistema em um disco e armazenar filmes em outro, separado.

Versatilidade do laptop

Para os experientes em videografia, a conquista tecnológica mais extraordinária é a possibilidade de editar vídeo em um laptop. Com o software de edição não linear instalado, os modernos laptops permitem editar e exibir durante um trabalho de locação. O principal problema não é técnico, mas ergonômico: suas telas pequenas ficam logo cheias com as muitas janelas exigidas pelo software NLE. Como os equipamentos de mesa, os laptops precisam ser suportados por um drive externo de disco rígido.

Deve-se fazer upgrade?

É tentador fazer o upgrade de um computador velho para um processador mais rápido, substituindo a placa da CPU (Unidade Central de Processamento) por uma nova. Entretanto, isso é caro e em geral cria um sistema instável por conta da má combinação dos componentes. Além disso, o gargalo na edição de vídeo geralmente ocorre no movimento dos dados pelo computador, não no processador central. É melhor investir em um novo computador ou em um segundo monitor. Use o velho para tarefas de escritório ou para queimar DVDs.

Monitores

Um computador potente, com o melhor software, não é nada sem um monitor de boa qualidade e tela ampla para acomodar as muitas janelas necessárias à edição de vídeo.

Identificando os diferentes tipos

Monitores do tipo flat-panel ou com tela de cristal líquido (LCD) oferecem a mais alta qualidade de imagem em uma unidade compacta e leve. Como cada pixel é criado por um único transistor que controla a luminosidade ou o brilho, a imagem é absolutamente estável, ao contrário do que acontece com o monitor com tubo de raios catódicos (*Cathode Ray Tube – CRT*). Os olhos cansam menos diante de uma tela LCD, ou seja, trabalha-se mais tempo diante de uma tela plana. Entretanto, monitores de tela plana de qualidade inferior têm um ângulo de visão limitado: se você não estiver olhando a tela em um ângulo reto, as cores poderão variar significativamente. Isso não chega a ser um problema com monitores CRT. Além disso, telas planas custam duas ou três vezes mais do que uma CRT com as mesmas dimensões.

Para edição de vídeo, independentemente do tipo, a tela deve ter pelo menos 43 cm (17 polegadas) de diagonal, com uma resolução mínima de 1.280 pixels na largura.

Para os melhores resultados, é preferível um monitor de alta resolução de pixel a um de tela maior.

Placas de vídeo

Projetadas para melhorar ainda mais a qualidade da imagem, as placas de vídeo podem ser inseridas na placa-mãe do computador para propiciar novas capacidades. Os tipos básicos assumem a tarefa de controlar o monitor; processam o sinal de vídeo, liberando o computador dessa tarefa. Graças às exigências dos usuários de jogos, as placas de vídeo potentes também podem beneficiar o videógrafo digital, deixando o computador e o monitor com respostas mais ágeis.

Outro tipo de placa captura vídeo analógico e converte-o em digital. Ele pode ser conjugado a um sintonizador de tevê para captar transmissões de programas. Desse modo, você pode fazer gravação digital desses programas em seu computador.

Radeon 9200
Placas de vídeo modernas (*acima*) são projetadas para acelerar os tempos de resposta dos monitores são velozes e possantes. Foram criadas para satisfazer às exigências dos usuários de games.

LCD Apple
Os modelos da Apple aliam bom *design* a excelente qualidade de imagem, por isso são quase imbatíveis. Entretanto, a qualidade tem um preço alto. Não há extras, como alto-falantes integrados, embora venham com portas USB.

LCD Formac
Além de serem altamente funcionais, modelos elegantes como este vêm se tornando objetos de desejo por si sós. O da foto tem tela de 17 polegadas (43 cm) com antiglare e duas portas USB.

LCD BenQ
Uma tela LCD de nível intermediário custa consideravelmente mais do que uma excelente tela CRT. Entretanto, esse produto não é apenas elegante; ele ocupa pouco espaço na mesa e consome pouca energia. É fácil movê-lo, e as imagens são estáveis.

Usando monitores extras

Para o videógrafo sério, um "monitor de produção" para testar efeitos e transições é insubstituível. Falhas quase imperceptíveis em um monitor ficam evidentes em uma tela de tevê. Um monitor de produção conectado é mais conveniente do que ter de levar um DVD até o player e exibi-lo na sala de visita.

Um monitor extra também é útil porque permite espalhar as paletas e janelas do software de edição entre duas telas. Isso aumenta bastante sua produtividade e pode ser mais eficiente do que trocar a tela por outra.

Se você tem um Apple Mac, o processo de ajuste é livre: você o seleciona no painel Preferences do OSX ou nos painéis de controle do OS9. Já o usuário do Windows precisa do painel de controle Gamma, que vem no Adobe Photoshop. Melhor ainda é um colorímetro, que ajusta as cores do monitor segundo um padrão. Os ajustes recomendados para televisão doméstica são gama de 2,2 e ponto branco de 9.300 K.

Observe que tais comentários não se aplicam a um monitor de campo, usado para acessar imagens de broadcasting, pois seu ajuste segue padrões diferentes (*sobre ajuste de monitor, veja também a página 175*).

Ajuste do monitor

Como espectadores, somos tolerantes a grandes variações no balanço de cor da imagem em movimento. Isso se deve em parte ao colorido de baixa qualidade dos aparelhos domésticos de tevê. Entretanto, como as câmeras digitais de vídeo produzem excelentes imagens coloridas, é fundamental trabalhar com um monitor perfeitamente calibrado.

Aparentemente, sua tela gera cores brilhantes, nítidas, mas na verdade ela produz mais contraste e cores mais fortes do que o normal. Você certamente ajustará as imagens para que pareçam corretas na tela, mas então haverá uma impressão de que seu vídeo está sem contraste e cor quando visto em uma tela que gera imagens normais, menos brilhantes.

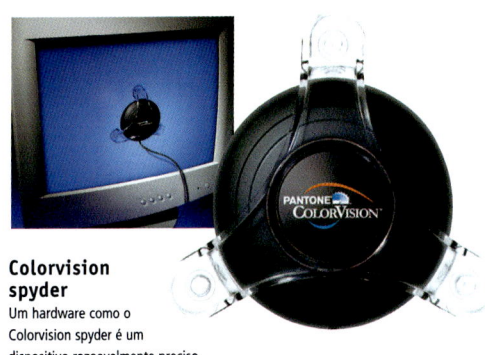

Colorvision spyder
Um hardware como o Colorvision spyder é um dispositivo razoavelmente preciso para calibrar seu monitor. O processo é automático e o equipamento, simples de usar.

LCD KDS RAD7
Este modelo tem 17 polegadas (43 cm) de tela plana e alto-falantes integrados. Combinando resolução de 1.280 pixels e tamanho compacto, é a escolha ideal para trabalhos de edição de vídeo.

CRT Formac Pronitron
Telas grandes CRT de 22 polegadas (56 cm) são pesadas e geram muito calor. Mas custam menos do que uma tela LCD de menor tamanho e oferecem reprodução de cor de primeira qualidade.

CRT LaCie
Embora tomem muito espaço, monitores CRT grandes, como este modelo de 19 polegadas (48 cm), oferecem a melhor relação entre excelência em qualidade de imagem – especialmente na reprodução de cores – e acessibilidade.

Softwares de edição não linear

Atualmente com o desenvolvimento das câmeras digitais de vídeo, tem havido um extraordinário aumento dos softwares de edição não linear (NLE). Na verdade, um não teria prosperado sem o salutar progresso do outro. O resultado é que agora é possível editar e processar vídeo utilizando softwares a preços bem razoáveis. Mesmo os programas profissionais custam um décimo do que custavam nos primeiros anos do vídeo digital.

Software básico de edição

Alguns softwares de edição de vídeo agora são disponíveis gratuitamente ou vêm integrados ao software do seu computador.

O Windows XP não apenas traz o sistema operacional como também o Movie Maker, que oferece funções básicas de edição e ajuda para o iniciante; tem uma galeria básica de transições e efeitos e uma tituladeira, que permite acrescentar créditos ao filme.

Na plataforma Apple, o excepcional software é o iMovie. Esse aplicativo marcou a chegada da edição não linear na mesa do entusiasta de vídeo. De repente, a edição básica de vídeo passou a ser divertida e fácil, sem custar uma fortuna – na verdade, o aplicativo vinha de graça com todos os computadores Apple. Ele oferece uma série enorme de transições e efeitos, complementada por um número crescente de plug-ins disponíveis no mercado; os efeitos de titulagem são poderosos e fáceis de controlar. Atualmente, ele é oferecido como parte de uma sequência de softwares a preços acessíveis.

Softwares intermediários de edição

A guerra entre os produtores de software para NLE é mais acirrada no nível intermediário e quase inteiramente em benefício do usuário Windows. O Pinnacle Studio oferece boa gama de funções aproveitáveis. Sua ampla variedade de formatos importados é atraente e integra DVD authoring. A manipulação de música é versátil, com possibilidade de acrescentar narração *off* e música de fundo. Outras ferramentas corrigem o áudio e os problemas de vídeo, incluindo estabilização de imagem e redução de ruído. O Pinnacle Studio pode também capturar e editar widescreen 16:9.

O Roxio VideoWave oferece asset control e editor timeline e suporta até catorze trilhas e edição in-place. Inclui muitas transições, criação de títulos e efeitos e pode personalizar *layout* de DVD e criar transições sincronizadas à música.

Para quem é usuário do Mac OS, o Final Cut Express é a escolha perfeita para trabalho de nível intermediário, pois é atualmente o único aplicativo completo disponível. Custa bem menos do que a versão profissional completa e, ainda assim, faz quase tudo que um amador exigente deseja. A despeito de

Adobe Premiere Pro
Esse software básico captura vídeo e stills, e efeitos, transições e títulos são facilmente aplicáveis. Oferece ferramentas integradas de DVD authoring e suporte para janela de 16:9.

Apple Final Cut Express
Com grande número de recursos para um aplicativo de nível intermediário, o Final Cut Express combina facilidade de uso com potência e flexibilidade quase profissionais. Pode manipular uma ampla gama de midias.

Sony Vegas Video
O Vegas Video oferece uma solução integrada para som e vídeo digitais, combinando gravação, mixagem e criação de conteúdo de internet, bem como efeitos *surround-sound*.

sua versatilidade, é fácil de iniciar, e os usuários do iMovie terão poucas dificuldades de se tornar produtivos em curto período de tempo.

O MacXware MediaEdit oferece um mix interessante de funções, incluindo a capacidade de criação de filmes anaglíficos para efeitos 3-D (visíveis com o uso de matizes vermelho/verde sobre os olhos), boa função *picture-in-picture* para essa categoria e alto nível de Undo para reverter erros.

Softwares profissionais de edição

Por muito tempo, o Adobe Premiere foi o aplicativo de edição não linear mais popular entre os *videomakers*, tanto no Windows como no Mac; chegou a ser utilizado em Hollywood para a edição de filmes. Tem quase tudo o que é necessário, mas, embora ainda favorito no Windows – e certamente um dos aplicativos mais eficientes –, não se faz mais seu upgrade para o Mac OS.

O Avid Xpress DV é um editor muito poderoso, com todas as características e funções necessárias para o mais exigente dos profissionais, mas não é fácil começar com ele; pois além de possuir uma proteção especial, necessita de um acessório USB para operar. É de longe o editor mais caro. A versão Pro é ainda mais cara, mas oferece um nível de personalização para diferentes modos de trabalho, e essa flexibilidade é altamente apreciada pela indústria.

Selecionando um software de NLE

Mais do que qualquer outro tipo de software, os programas de NLE devem ser escolhidos cuidadosamente em relação ao hardware que você usa ou pretende usar. Isso porque o fluxo e a realização de um vídeo exigem tanto do sistema operacional do computador que as muitas soluções envolvem softwares projetados para trabalharem com placas de vídeo específicas ou hardware de compressão, e vice-versa – alguns hardwares funcionam melhor com certos softwares do que com outros.

Aqui, alguns pontos a considerar antes de investir em um software caro:

● Você precisa trabalhar em tempo real, ou seja, precisa ver os resultados de suas edições ou transições imediatamente e a uma velocidade normal de quadros?
Em caso positivo, veja se o software oferece pré-visualizações em tempo real – geralmente em formato compactado – e se seu equipamento pode operar com rapidez suficiente.

● Você precisa trabalhar com vídeo analógico ou apenas com formatos digitais? Se pretende operar com analógico, vai precisar de conversores de formato, isto é, de um software específico além de dispositivos de digitalização.

● Antes de fazer a compra, confirme com a central de atendimento ao consumidor do fabricante se o equipamento é compatível com o software e com o trabalho pretendido.

MacXware MediaEdit Pro
Funciona mais como um aplicativo de pintura. Oferece cerca de duzentos efeitos, filtros e transições, e o usuário pode criar filtros e efeitos pessoais.

Ulead VideoStudio
Os iniciantes encontram aqui um guia passo a passo. Oferece mais de setessentos efeitos, quadros de vídeo e gráficos. É um pacote de grande amplitude e muito popular.

Ulead MediaStudio Pro
Esta série de aplicativos oferece captura MPEG com boas capacidades em tempo real, edição de áudio e vídeo, efeitos de pintura e gráficos. Ferramentas de DVD authoring facilitam a criação de conteúdo.

Criação de DVD

Um dos principais problemas ao trabalhar com discos digitais versáteis (DVD) é saber qual formato usar. Apesar disso, o DVD detém o recorde de acolhimento mais rápido da nova tecnologia de gravação. O motivo principal está no fato de ser o modo mais compacto, barato e confiável de apresentar, distribuir e arquivar filmes feitos com vídeo digital.

Formatos DVD

Uma pesquisa dos vários formatos de DVD é a melhor maneira de você se certificar de que não vai usar o disco errado ou comprar um player inadequado. Fisicamente, todos os DVDs se parecem com os CDs. Os dados são gravados como uma trilha espiral de microscópicas depressões e terras (áreas planas); um raio *laser* é direcionado para esses pontos e os reflexos são lidos.

DVD-ROM: O DVD-Read Only Memory é usado para prover filme, áudio ou software. Ele vem em várias formas, com diferentes capacidades, e em configurações de um único lado ou lado duplo. Esses discos não permitem gravação pelo usuário, mas podem ser usados em DVD players ou computadores com drive para DVD-ROM.

DVD-R: O DVD-Recordable é a versão gravável do DVD-ROM e tem capacidade nominal de 4,7 GB por lado (9,4 GB no total para um disco de dois lados). Esses discos permitem ser gravados apenas uma vez pelo usuário e podem ser lidos em DVD players e computadores equipados com DVD player. Há dois tipos de disco DVD-R. Para fazer muitas cópias – por exemplo, para distribuir um filme, duplicando-o a partir de uma cópia master –, é necessário o disco DVD-R for authoring, que pode então estar de acordo com o Cutting Master Format, quando utilizado com softwares e gravadores adequados. Para cópias individuais, use os discos DVD-R for General. O DVD-R pode ser usado em DVD players.

DVD-RW: O DVD-Rewritable é uma versão regravável do DVD-R, isto é, permitem ser reescritos até mil

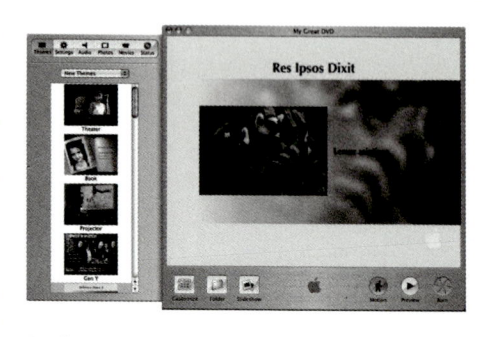

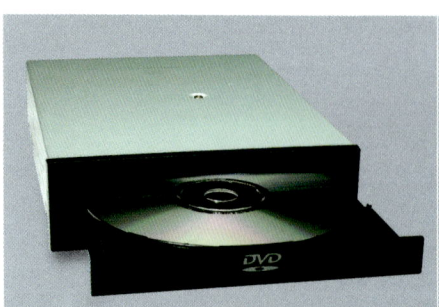

Queimando um DVD
Esta tela de um programa básico de DVD authoring mostra como você pode colocar seu filme em um quadro elegante e completar com títulos. Arraste para dentro dele ou importe sua seqüência de filme, estabeleça capítulos e clique Burn para criar o disco – é surpreendentemente fácil.

Gravadores de DVD
Os modernos computadores de mesa e mesmo os laptops incorporam gravadores de DVD como padrão. Se você não tem um em seu computador, é fácil conectar um drive externo, sendo provavelmente mais rápido operá-lo do que um gravador integrado.

DVDs
A variedade de formatos DVD abrange elementos ópticos/eletrônicos, discos dentro de uma caixa, como se vê na foto acima, e discos lisos e descobertos como CDs. Certifique-se que está comprando o tipo correto para seu gravador.

CRIAÇÃO DE DVD 37

vezes. Os discos podem ser usados em DVD players e em computadores equipados com DVD-ROM player.

DVD+RW: O DVD+Rewritable (note o sinal de +) é o formato que mais confunde. É uma variante do DVD--RW; foi projetado para ser de fácil uso e apropriado para vídeo e também para dados. Esse novo formato pode não tocar nos DVDs players mais antigos.

DVD+R: DVD+discos regraváveis são semelhantes aos DVD-RW, mas só podem ser gravados uma única vez; é possível lê-los em DVD players e no drive DVD--ROM do computador.

DVD-RAM: DVD-Random Access Memory. Também pode ser regravado e é usado para armazenar dados de computador, tendo capacidades de 2,6 GB ou 4,7 GB nos discos de um só lado. A desvantagem está no fato de não poder ser lido pelos DVD players comuns ou por computadores com drives para DVD-ROM. A vantagem é a alta capacidade de armazenamento. Apresenta baixa velocidade de gravação e leitura.

Em suma, DVDs pré-gravados com filmes são geralmente DVD-ROMs na variante DVD-Video. DVD-RW ou DVD+RW são os mais adequados para arquivar seus filmes. Para o armazenamento de dados em geral, o DVD-RAM pode ser usado.

Software de DVD authoring

Existe uma gama enorme de aplicativos que lhe possibilitam criar ou ser o autor de um DVD – desde uma autoria profissional às mais simples apresentações em DVD –, e eles estão em evolução constante. Muitos gravadores de DVD vêm equipados com softwares simples, que criam programas básicos.

Entre os softwares que já vêm com os sistemas operacionais do computador, ou que custam pouco, estão o Movie Maker da Microsoft e o iDVD da Apple. Eles oferecem um razoável grau de controle, mas – e isso é importante – trazem também muitos pré-ajustes e estilos criados profissionalmente que o ajudarão a fazer seus discos. Você não precisa se preocupar com criação de fundos, botões e janelas, porque tudo isso é fornecido. Entretanto, mesmo os aplicativos totalmente profissionais, como o DVD Studio da Apple, oferecem modos simples, com muitos pré-ajustes feitos para você. Para mais detalhes, veja as páginas 170 a 173.

Como funciona o DVD

O DVD funciona como o CD – isto é, uma série de pequeninas depressões de uma trilha espiral em uma superfície metálica reflete um diminuto raio *laser* –, mas a semelhança termina aí. O DVD deixa espaços muitos justos entre as trilhas: apenas três quartos de um milionésimo de metro de distância; se se pudesse desenrolar a espiral, ela teria mais de 11 km de comprimento. Assim, é possível colocar uma enorme quantidade de dados no disco. Além disso, a capacidade de dados pode ser duplicada usando tecnologias de dupla camada, em que o raio *laser* focaliza uma ou outra camada por vez. Utilizando as duas camadas em ambos os lados, é possível obter capacidade que vai além de 9 GB por disco.

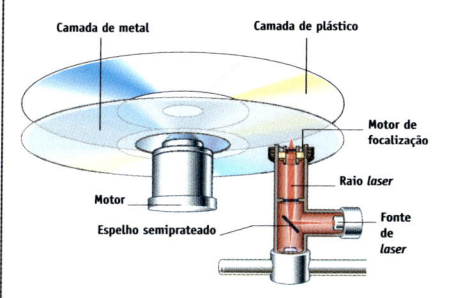

Mecanismo do DVD
Os DVDs e CDs funcionam graças a uma íntima coordenação entre a mecânica de rotação do disco e o movimento estável do raio *laser*, que lê os dados. A correção de pequeninos erros no movimento é uma parte crucial do *design*.

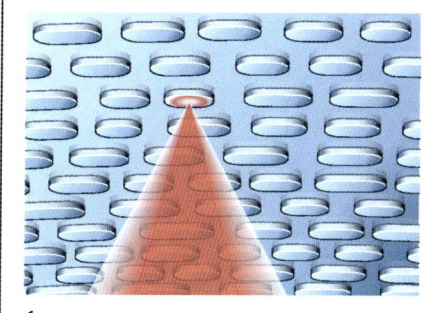

Óptico-eletrônico
Vê-se aqui o lado de baixo de um disco pré-gravado, com suas cavidades (pits) e saliências (lands). O raio *laser* incide sobre o disco, e os reflexos cintilantes são lidos pelo computador ou DVD player.

Organizando a sala de trabalho

Inicialmente, sua sala de vídeo digital pode ser bem simples, apenas com a mesa na qual você instalou seu computador. Mas, à medida que progredir, suas necessidades de equipamento aumentarão. Fazer vídeo é uma atividade que gera mais dispositivos técnicos e desordem do que a maioria dos passatempos, por isso é uma boa ideia criar um espaço especial em que possa trabalhar. Também é essencial que ele seja organizado, para que você possa encontrar rapidamente uma fita ou cabo de que precisa.

O ambiente

O requisito primordial geralmente é esquecido: um ambiente escurecido, com paredes de cor neutra. O cinema nasceu em uma sala escura, e nada mudou a necessidade fundamental de trabalhar nas mesmas condições. Um ambiente escurecido garante que as condições de visibilidade e os níveis de luz sejam constantes. E a neutralidade das cores assegura que seus olhos não se adaptarão, ao longo de um dia, a um forte matiz ambiental, capaz de afetar adversamente a precisão de alguma correção cromática que você tenha de fazer na tela. Até profissionais já foram vítimas disso, por terem decorado um estúdio de edição não linear (NLE) como se fosse um ambiente doméstico, com paredes de cor quente. Os editores perceberam que as imagens trabalhadas se tornavam mais frias – isto é, a tonalidade geral tendia mais para o azul – no curso de um dia, porque os olhos se adaptavam à cor cálida do ambiente.

Também é importante uma cadeira confortável, que apóie as costas, com ajuste correto de altura. Isso porque a edição lhe tomará horas a fio de trabalho – talvez dias. Pela mesma razão, o ideal é editar em uma tela LCD (*veja a página 32*), que causa menos cansaço visual do que a tela CRT. A rotulagem sutil usada em um software NLE pode facilmente provocar cansaço visual após certo período de tempo.

Vale a pena, ainda, investir em ferramentas que reduzam a tensão em sua "mão-mouse", responsável pela maior parte do trabalho: considere a possibilidade de usar um tablete gráfico ou um mouse com vários botões. Entretanto, a melhor ajuda ergonômica – gratuita, aliás – é usar atalhos do teclado sempre que possível.

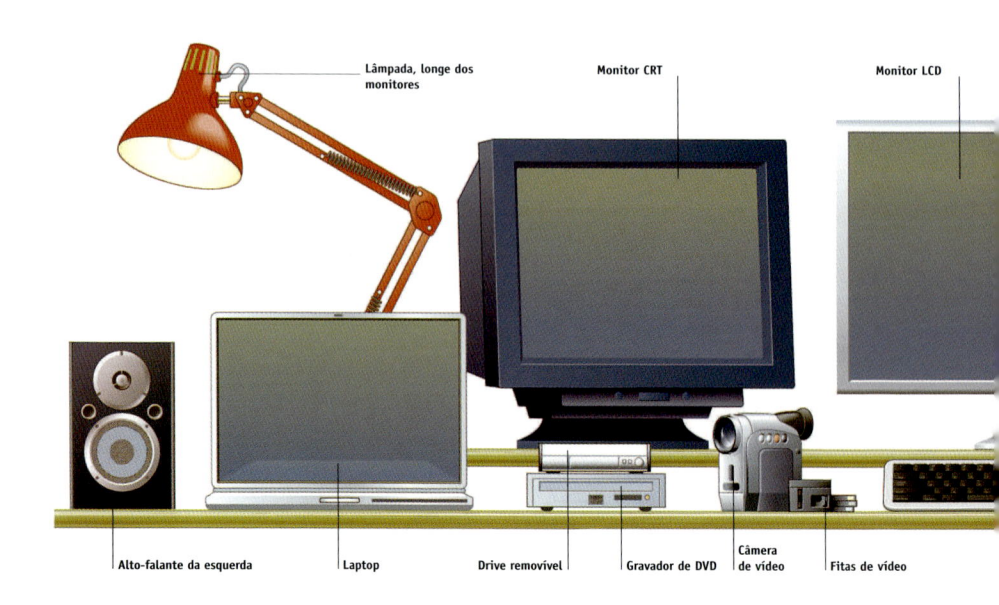

Lâmpada, longe dos monitores

Monitor CRT

Monitor LCD

Alto-falante da esquerda | Laptop | Drive removível | Gravador de DVD | Câmera de vídeo | Fitas de vídeo

ORGANIZANDO A SALA DE TRABALHO **39**

Equipamentos extras

A realização de filmes amadores percorreu um longo caminho desde os tempos do equipamento de edição a manivela. Com um computador moderno e bem equipado, um monitor e, claro, uma câmera digital de vídeo, é possível gravar, editar e exibir filmes digitais completos. Algumas câmeras podem até capturar transmissões de TV, para serem posteriormente baixadas no computador.

O primeiro "extra" que você deve comprar para sua sala de trabalho é um disco rígido adicional: depois de instalado, ele vai rodar mais rápido, embora possa também causar mais calor e ruído.

Usar um gravador de videoteipe – isto é, rodar o videoteipe sob controle do software de NLE – é a melhor maneira de reduzir o desgaste dos mecanismos de sua câmera de vídeo. Um segundo monitor é outro extra útil, pois aumenta o espaço disponível para as muitas paletas usadas pelo software de edição não linear. Os profissionais chegam a usar um terceiro: um monitor CRT para simular a imagem de broadcast. Outro dispositivo importante de monitoramento é um par de alto-falantes – melhores do que fones de ouvido em termos de precisão e conforto.

● DICAS E SUGESTÕES

"Segurança acima de tudo" é um bom lema na sala de trabalho, não porque o equipamento seja inseguro, mas pelo fato de um simples erro pôr em risco um projeto que custou investimento e esforço.

● Trabalhe de modo ordeiro e sistemático: anote e rotule tudo – todas as fitas de vídeo são iguais antes de serem identificadas por rótulos e anotações.

● Mantenha as fitas de vídeo em suas caixas, a fim de protegê-las de poeira, e longe de bebidas.

● Rode as fitas de vídeo em uma máquina uma vez por ano, para mantê-las "arejadas" – dizem que isso aumenta sua vida útil.

● Faça decupagem – você vai economizar muito tempo se tomar nota de cada tomada.

● Dê um tempo a si mesmo. É difícil parar no meio de um fluxo de criação, mas você precisa se alongar e caminhar por alguns minutos a cada hora. Isso ajuda a evitar erros.

● Faça back-up de seus projetos, de preferência em algum tipo de mídia removível. Guarde os back-ups em algum lugar fora do estúdio. Use software de back-up que possa ser cronometrado para trabalhar durante a noite.

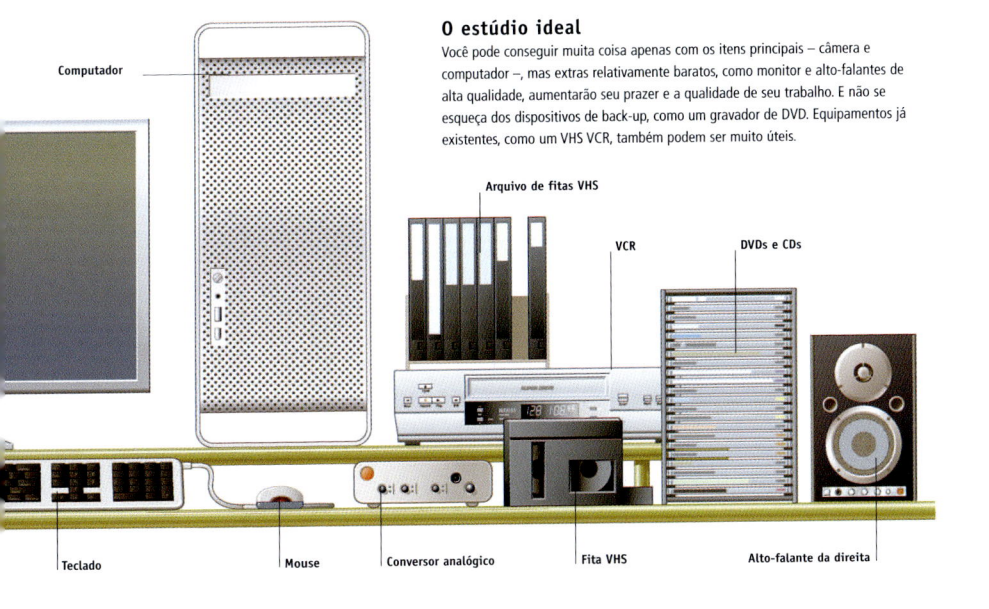

O estúdio ideal

Você pode conseguir muita coisa apenas com os itens principais – câmera e computador –, mas extras relativamente baratos, como monitor e alto-falantes de alta qualidade, aumentarão seu prazer e a qualidade de seu trabalho. E não se esqueça dos dispositivos de back-up, como um gravador de DVD. Equipamentos já existentes, como um VHS VCR, também podem ser muito úteis.

Computador

Arquivo de fitas VHS

VCR

DVDs e CDs

Teclado

Mouse

Conversor analógico

Fita VHS

Alto-falante da direita

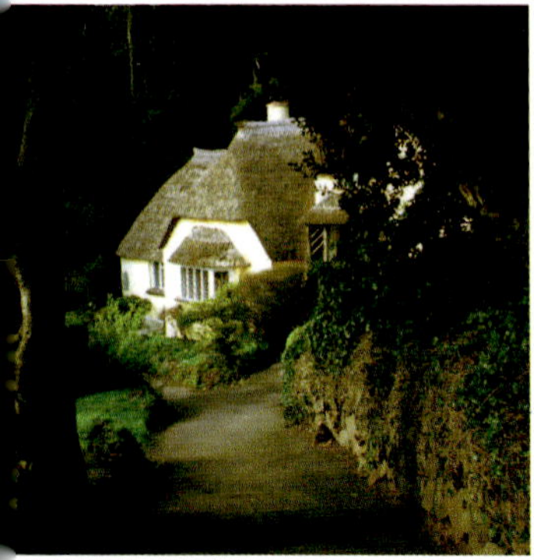
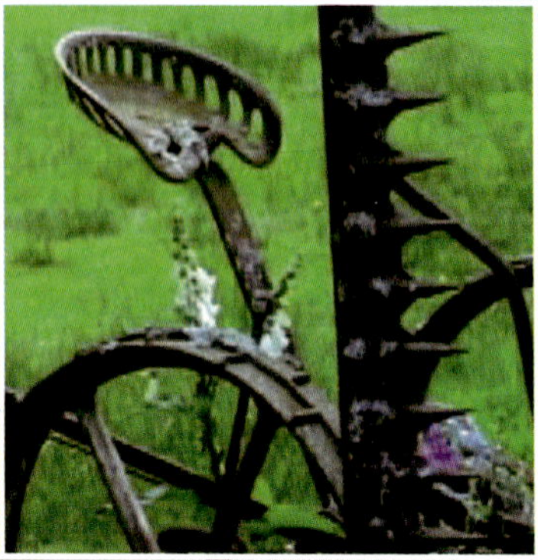
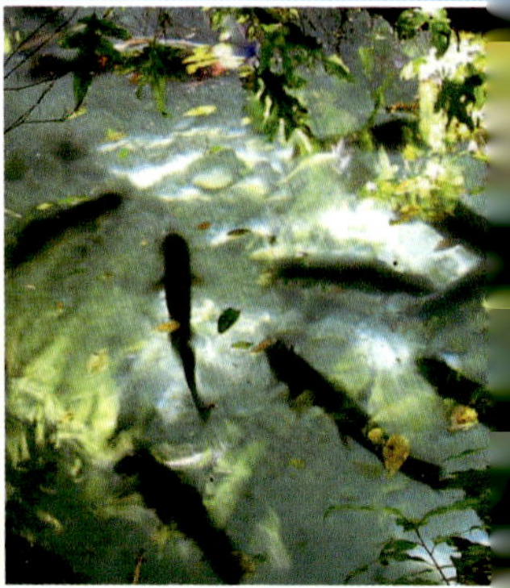
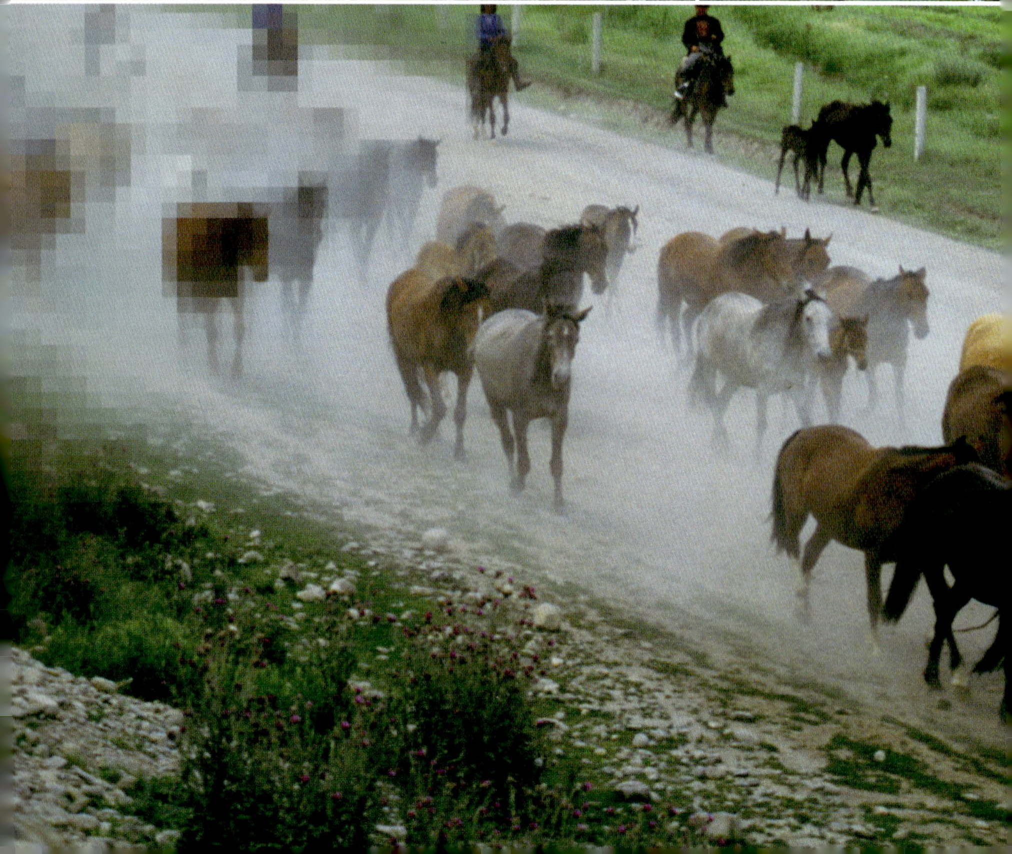

2
Técnicas de câmera e som

Técnicas de câmera

Grandes tomadas farão seus filmes se destacarem. Este capítulo aborda composição, enquadramento, profundidade de campo, ângulos e movimentos de câmera. Traz também soluções para alguns dos problemas mais comuns que aparecem durante o manejo de uma câmera.

Som digital

O som não deve ser esquecido na busca por imagens expressivas. As técnicas de microfone e efeitos aqui detalhados o ajudarão a obter um áudio claro e limpo. A seção "Solução rápida" traz esclarecimentos sobre questões ligadas ao som.

Aparência e transições

O uso de stills e a aparência de filme são quase essenciais no trabalho de criação do vídeo digital, e este capítulo aborda esses aspectos. Também mostra como transferir o vídeo para o computador – sejam suas próprias gravações ou as extraídas de transmissão de TV. A seção "Solução rápida" sobre direitos autorais ajuda a evitar erros potencialmente custosos.

44 TÉCNICAS DE CÂMERA E SOM

Solução rápida Manuseio da câmera

A moderna tecnologia de vídeo é confiável, e muitos problemas podem ser evitados. Uma vez que você possa identificar a causa de um erro – o que fez ou deixou de fazer –, é fácil proceder corretamente da próxima vez.

Problema: flare na objetiva

Pontos de luz brancos, brilhantes ou coloridos, em forma de disco ou losango, aparecem no visor ou na imagem, ou a imagem se enche de luz brilhante. A imagem parece clara demais, e as cores ficam pálidas. Quando você faz uma panorâmica com a câmera, os pontos de flare se movem na direção contrária.

Análise

O brilho do sol ou de fontes de luz penetra a objetiva em ângulo e reflete no interior da lente, do filtro ou de partes da câmera. O resultado é um flare que degrada a imagem.

Reflexo
A luz do sol incidiu no pára-sol da objetiva, criando um flare na imagem. Ao mesmo tempo, um borrão d'água captou a luz solar e refletiu uma imagem focalizada para dentro da objetiva. Pode não ser perfeito, mas isso deu uma sensação de luminosidade e calor.

Solução

Mesmo que o sol não esteja visível na imagem, ele ainda pode causar flare. A melhor solução é usar um para-sol na objetiva (veja a página 25), mas uma proteção adicional pode ser necessária para deixar a objetiva à sombra. Posicione-se de modo que o sol fique às suas costas e remova os filtros e outros acessórios. Às vezes o flare da objetiva pode trabalhar a seu favor, se você estiver tentando captar uma sensação de calor e brilho insuportáveis.

Problema: balanço pobre de cor

As imagens parecem tingidas por um colorido geral, como laranja ou azul, em intensidades variadas. Tentativas posteriores de corrigir a cor geram resultados insatisfatórios.

Análise

A cor percebida de um objeto pode variar com a cor da luz que ilumina. À visão normal, a amplitude da correção é bastante grande, maior do que a capacidade dos sistemas eletrônicos. Em muitas situações, o balanço automático de cor feito pela câmera é aceitável, mas, quando falha, ele é visto na imagem como fortes véus cromáticos.

Solução

Quando filmar cenas com cores fortes, faça uma leitura manual do balanço de branco. Selecione essa opção no menu Shooting ou Set-up da câmera e a aponte para um alvo neutro, como uma parede branca. Em situações extremas, você pode ajudar a câmera usando um filtro – por exemplo, um 80B (azul-escuro) para luz doméstica. Tente complementar a luz disponível usando luzes de vídeo.

Problema...

... Solução

Correção de cor
Sob iluminação doméstica, tudo parece quente e aconchegante no balanço de cor, mas o tom da pele ficou vermelho demais. Uma correção do balanço de branco melhora o tom da pele, e as demais cores – como a da cortina ao fundo – ficam conseqüentemente diferenciadas.

Problema: movimento

Quando se examinam as imagens de um clipe, elas parecem vagas, indistintas, com múltiplos contornos. O defeito surge mesmo com a câmera apoiada em um tripé.

Análise

Uma imagem borrada é resultado do movimento do motivo ou da câmera, ou de ambos. Isso se deve em geral ao fato de o tempo de exposição da câmera não ser suficientemente breve para parar a ação do modo que se espera ver em um still. Em conseqüência disso, o movimento que cruza a tela parece fora de foco quando visto em um único quadro.

Solução

O borrão causado por movimento parece excessivo quando visto como o primeiro quadro de um clipe ou quando se extrai um still de um filme. Entretanto, quando se exibe o clipe, o borrado parece desaparecer, perdido na ação geral ou aceitável no contexto da cena. Portanto, o borrão não precisa ser corrigido.

Movimento borrado
Um instante antes de a coruja alçar voo, tudo dentro do quadro está nítido. Mas, quando ela voa, o movimento é rápido demais para ser capturado com nitidez em vídeo, como se vê na segunda foto.

Problema: falta de nitidez

O motivo não é nítido, as altas luzes parecem grandes discos de luz e os contornos dos objetos ficam imprecisos.

Análise

A falta de nitidez como resultado de uma má focalização é causada por um funcionamento incorreto do autofoco ou por erro do operador. Às vezes o sistema eletrônico aceita uma imagem sem nitidez como algo em foco porque se confunde quando a tomada é feita através de obstáculos como água ou cerca. Outra causa pode ser reflexos brilhantes ou fontes de luz.

Solução

Se um problema de focalização é persistente – isto é, ocorre com diferentes situações, ajustes de objetiva e níveis de luz –, então a câmera pode estar precisando de reparos. Se você não consegue ver o visor para focalizar corretamente, talvez seja necessário ajustar sua correção de dioptria. Dê tempo para a câmera focalizar, antes de começar a gravar; isso pode levar alguns segundos. Evite focalizar fontes de luz ou objetos que se movem rapidamente.

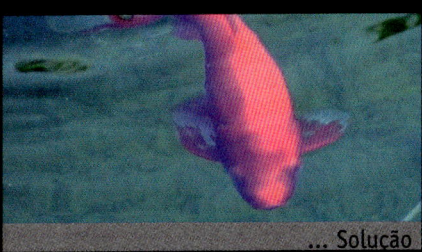

Foco correto
Aqui, queremos focalizar o peixe, mas a câmera focaliza as bolhas porque são alvos de maior contraste – portanto, mais fáceis de focar. Na segunda foto, vê-se que, sem a distração das bolhas, a câmera consegue focalizar o peixe.

Composição cinematográfica

A forma e o tamanho fixos da "janela do filme" podem parecer restritivos, não dando oportunidade de mudar as proporções ou o formato do quadro. Mas o oposto é que é verdadeiro. A janela do filme é exatamente isso – uma janela. Porém uma janela que se pode deslocar e ampliar, ou reduzir, à vontade. Por meio do movimento – real ou implícito –, o enquadramento no filme é infinitamente mais flexível e versátil do que em qualquer outra mídia.

Com lentas panorâmicas, você é capaz de dar a impressão de uma tela vasta e aberta. Fechando as tomadas em close, você pode levar o espectador a sentir-se parte da ação – uma técnica explorada em muitos filmes de artes marciais ou de ação. E não há nada mais emocionalmente envolvente do que um close-up movendo-se lentamente sobre um rosto ou corpo.

Visualizando a tela

Uma abordagem é visualizar a tela com a qual você quer trabalhar e então usar os movimentos de câmera e a zoom, com cortes que forem necessários, para desenhar a tela para seu espectador. Por exemplo, suponha que você pretenda mostrar o amplo átrio de um edifício moderno. A objetiva da câmera só consegue abranger uma pequena porção da cena, mesmo no ajuste mais aberto da zoom. Você precisa planejar como passar a sensação do volume e da altura do teto. Uma simples panorâmica horizontal não apenas é aborrecida como também limitada – mostra tão-somente um nível. Em vez disso, você poderia seguir alguém cruzando o espaço, depois acompanhá-lo quando ele toma o elevador que sobe e expõe uma coluna até sua extremidade superior, antes de fechar com a zoom em um pequeno detalhe no alto do teto. Uma seqüência como essa transmite noções de espaço e altura em uma tomada contínua.

Criando imagens fortes

Em princípio, a composição da imagem pretendida no quadro deve ser tão forte e coerente como em uma foto ou pintura. Mas, em um filme, o motivo deve ter espaço para se movimentar. Você pode aumentar uma forte impressão visual com movimento de panorâmica ou zoom.

Diagonal
Uma linha diagonal, ou uma linha que possa ser traçada entre elementos principais, produz grande dinamismo. Um chicote (*sweep*) por entre dois eixos parece mover-se mais rápido e com mais energia do que uma composição alinhada com a horizontal ou a vertical.

Fundo limpo
Todos os objetos – tenham eles contornos elaborados ou simples – ganham quando vistos contra um fundo limpo. Aqui, as linhas do cordame destacam-se contra a lisura do céu e da água.

COMPOSIÇÃO CINEMATOGRÁFICA 47

Simetria
Quando os elementos de uma composição apresentam peso e distribuição uniformes, os efeitos psicológicos mais naturalmente associados a ela são estabilidade, tranquilidade e calma. A simetria pode ser encontrada em cenários naturais (*acima*).

Centro de interesse
Linhas direcionadas para um ponto específico chamam a atenção do espectador. Se você quer dirigir o olhar para um centro de interesse, tente fazê-lo usando linhas convergentes.

48 TÉCNICAS DE CÂMERA E SOM

Enquadrando a ação

Seu enquadramento deve antecipar a ação a ser capturada em alguns momentos; assim, você precisa reservar espaço suficiente em torno do movimento para incluí-la. Um movimento que começa fora do quadro e de repente aparece dentro dele pode ser desconcertante para o espectador, enquanto um movimento que começa dentro da tomada mas termina fora dela pode ser frustrante de ver. Em ambos os casos, o problema é a falta de continuidade. Quando se trabalha em um documentário ou com situações imprevisíveis, sem poder antecipar os movimentos do motivo, é importante abrir generosamente o enquadramento.

Composição espacial
Infelizmente, a maioria dos videógrafos amadores deixa muito espaço em torno do motivo, em geral incluindo muitos elementos que distraem a atenção. O segredo, então, é deixar um espaço generoso, mas sem distrações desnecessárias. Às vezes, basta se mover ligeiramente para um lado ou outro a fim de que o motivo bloqueie detalhes de fundo indesejados.

Seguindo o movimento
Outro aspecto do enquadramento é a necessidade de manter o motivo no centro do quadro enquanto segue seus movimentos. Suponha que esteja seguindo um pássaro em pleno voo. É realmente difícil mantê-lo centralizado o tempo todo. Se o seguir muito rapidamente, o pássaro escorregará no enquadramento e poderá parecer que voa para trás. Pior ainda, se o

Dando espaço ao movimento
Ao gravar dois cangurus brincando, você pode ficar tentado a fechar o enquadramento. Mas o quadro final ilustra um problema: os animais se moveram subitamente em uma direção inesperada e parte dos seus corpos foi cortada. Abrir o enquadramento dá mais espaço aos animais, mas se perde certa sensação de intimidade.

Acompanhando com a câmera na mão
Alguns movimentos, como o de um cormorão alçando voo (*acima*), são fáceis de acompanhar. A parte difícil é manter o pássaro centralizado. Esse exemplo de imperícia é em parte resultado de segurar a câmera na mão. Um melhor resultado teria sido possível se a câmera tivesse sido colocada em um tripé e seguisse o motivo em uma panorâmica.

ENQUADRANDO A AÇÃO **49**

Seguindo a ação

Quando se fecha o enquadramento em zoom nesta escola de esqui, o grupo preenche o quadro de modo bem agradável (*acima*). Mas o que acontece quando as pessoas começam a se movimentar? Você pode começar uma sequência com esse enquadramento, mas deve abri-lo quando os esquiadores começarem a se mover. Eles podem se deslocar para dentro do espaço que você lhes deixou (*à direita*). Mantenha o enquadramento e deixe o grupo sair pela direita. Isso lhe dará uma deixa para cortar para outra cena.

enquadramento for muito fechado, o motivo parecerá estar balançando dentro do quadro. Mesmo pequenas oscilações aparecem ampliadas na tela. Alguém caminhando realmente balança para baixo e para cima; assim, se sua cabeça está muito perto da extremidade superior do quadro, ou ela será cortada, ou você terá de mover a câmera para cima a fim de mantê-la enquadrada.

Mas, se você der mais espaço em torno do motivo, seus movimentos no quadro ficarão menores e o espectador poderá ter uma visão melhor do plano de fundo. Assim, ficará mais fácil manter o motivo estável no quadro.

● DICAS E SUGESTÕES

O enquadramento pode fazer ou desfazer seu filme. Eis alguns pontos a considerar:

● Para acompanhar com suavidade um movimento irregular, o melhor é trabalhar com tripé.

● Mantenha a câmera longe do corpo, se estiver caminhando ou acompanhando o motivo – seus braços absorvem o impacto das passadas.

● Câmeras mais pesadas permitem movimentos mais suaves, quando se acompanha o motivo sem apoio. Se estiver filmando com câmera leve, use um estabilizador de câmera ou uma alça de ombro.

● Tente deixar espaço no enquadramento para os movimentos do motivo – isto é, mantenha-o em um dos lados do quadro em vez de centralizá-lo.

Enquadrando a tomada

Em cinema, a perspectiva é muito mais do que simplesmente o ponto de vista. Ela liga as percepções de uma pessoa (ou de um animal) com sua posição, como se dissesse: "Assim é como parece daqui". A perspectiva coloca o espectador em uma posição de experimentar, não apenas de olhar.

Daí por que a aproximação de uma seringa hipodérmica avançando em direção à câmera – como se apontasse diretamente para o espectador – é muito mais eficiente para expressar o medo de um paciente prestes a ter a boca anestesiada do que uma visão lateral da seringa se aproximando.

Se você estiver mostrando um campo coberto de flores, tente manter a câmera próxima do nível do chão, em vez de enquadrar o campo em pé: a proximidade – borrada e fora de foco – com as flores e pétalas é muito mais envolvente do que uma visão habitual.

Expandindo o princípio

Assim, gravar uma cena, como um piquenique em família ou uma recepção de casamento, de uma mesma posição – mesmo com os mais inteligentes efeitos de panorâmica e zoom – logo fica um tanto aborrecido. Em vez disso, movimente-se dentro e fora da ação. Observe as brincadeiras de uma criança da posição da mãe, depois corte e dê a volta para observar as reações maternas do ponto de vista da criança.

Observe um jogo improvisado de futebol das laterais, depois se coloque atrás do gol para um ponto de vista do goleiro. Ou filme um jogo a distância e, então, aproxime-se da bola antes de ela ser chutada ou agarrada. Em um cenário como esse, não há nada de errado em deixar a ação entrar e sair do quadro, pois o contexto assim o permite.

Plano geral
Uma tomada a distância, ou plano geral, é aquela em que o público pode ver o contexto e as imediações. Essa tomada costuma ser tranquila, convidando o olhar do espectador a passear pelas imagens.

Observando a multidão
Às vezes você só precisa deixar que a cena se organize diante dos seus olhos. Use sua câmera de vídeo para observar multidões indo e vindo. E depois edite os melhores momentos.

Close-up
Com as modernas objetivas zoom, você pode fechar o enquadramento para destacar detalhes. Depois, abrindo a tomada, você revela ao espectador como os pequenos detalhes se inserem no geral.

ENQUADRANDO A TOMADA 51

Abrangendo tudo
De uma posição privilegiada que ofereça uma vista fantástica – como esta em Dubrovnik, na Croácia –, pode-se passar o dia inteiro captando seu potencial apenas a partir de diferentes enquadramentos. Explore pacientemente a vista por completo. Com o passar das horas, a luz e as cores mudam. Isso lhe proporcionará outras alegrias cinemáticas; algumas previsíveis, outras não.

Amplo close-up
A vista em close-up de um ângulo aberto fica distorcida, mas pode ser interessante como mudança de clima. Enquadramento fora de centro (aqui, um fotógrafo trabalhando) permite o movimento, fazendo o espectador antecipar a ação.

Extremo close-up
Enquadramento fechado pode criar uma sensação de intensidade no espectador, especialmente se a tomada for longa. Mas, quando se trabalha com o imprevisível, sem saber o próximo movimento do motivo, é fácil perder o enquadramento.

Profundidade de campo

O termo "profundidade de campo" é usado para definir a medida da extensão da cena na frente e atrás do motivo que esteja perfeitamente nítida ou em foco. Não se trata de um controle pictórico tão importante no vídeo digital quanto é na fotografia. Entretanto, o videógrafo habilidoso deve ter consciência da importância da profundidade de campo, essencial para separar motivos e movimentos.

Movimento e distância

Como um vídeo consiste em imagens em movimento, o uso fotográfico da profundidade de campo para representar espaço e distância tem menos importância. De fato, em vez de mostrar distância, ele pode ser usado para manter o espectador em suspense. Por exemplo, focalizamos o rosto de uma criança dormindo, enquanto, fora de foco ao fundo, uma figura ameaçadora move-se lentamente. À medida que a figura se aproxima, a ameaça parece iminente... até que ela entra no campo de visão. Agora, vista com nitidez, a figura se revela a mãe carinhosa vindo para cuidar da filha. Um close-up mostra mãe e filha juntas.

Abertura grande, distância focal longa

Como os filmes de longa-metragem são feitos em 35 mm ou mesmo em formatos maiores, a profundidade de campo – mesmo com grandes-angulares – é muito limitada (*veja também as páginas 76 e 77*). Assim, a profundidade de campo limitada tornou-se uma das marcas da "aparência do filme". O vídeo digital produz com extrema facilidade uma grande profundidade de campo, porque os chips do sensor são muito pequenos, então as objetivas são relativamente curtas, mesmo nos ajustes

Profundidade de campo distante

Mesmo com a objetiva zoom em seu máximo, sob um céu nublado (de modo que a abertura seja a maior possível), a profundidade de campo ainda é grande. O motivo é o chip do sensor ser muito pequeno, de forma que a distância focal mais longa ainda é relativamente curta, e a profundidade de campo aumenta rapidamente quando se diminui a distância focal.

PROFUNDIDADE DE CAMPO

mais longos da zoom. O modo mais fácil de diminuir a profundidade de campo é usar distâncias focais longas o máximo possível. Para reproduzir o exemplo da criança dormindo, coloque a câmera a cerca de 2 m do motivo e use uma distância focal longa para obter um close-up do rosto. Não chegue perto do rosto para fazer o close-up.

Outro método é ajustar a abertura da objetiva, mas, infelizmente, essa opção não é muito disponível em câmeras não profissionais. Se você possui uma câmera com objetiva de abertura variável, você pode diminuir a profundidade de campo dando mais abertura. Algumas câmeras semiprofissionais oferecem aberturas máximas de f/2 – esse aspecto precisa ser considerado, se você pretende criar uma aparência de filme.

Maior profundidade de campo
Em seu ajuste mais curto, a objetiva de uma câmera de vídeo digital oferece boa profundidade de campo, mesmo que o motivo esteja à curta distância. A objetiva foi focalizada na cerca de arame, mas o leão ainda está razoavelmente nítido.

Ajustando as distâncias focais

Em câmeras para amadores – e mesmo em alguns modelos prosumer –, determinar ou ajustar a distância focal consiste apenas em acionar um interruptor até obter o efeito visual pretendido. Para trabalhos sérios, a capacidade de fazer um ajuste preciso da distância focal é inestimável, a fim de obter uma continuidade no tamanho da imagem e em outros ajustes. Para tanto, é preciso uma zoom controlada por um anel colocado em torno da objetiva e com marcações de distância focal, em vez de um interruptor deslizante ou rocker.

Profundidade de campo curta
Dos mesmos ponto de vista e distância, porém com um ajuste focal mais longo, fica evidente que a profundidade de campo diminui: o focinho do leão está nítido em detrimento da cerca, que ficou fora de foco.

Anel de focalização
Escala de focalização
Controle de zoom

Zoom de 16x
Se você tem sérias pretensões de fazer filmes, é imprescindível uma objetiva sofisticada, munida de ajuste manual de foco e zoom, como é o caso dessa objetiva em que os ajustes de comprimento focal e distâncias aparecem gravados.

Profundidade de campo muito curta
Com a objetiva zoom ajustada na faixa mais longa da telefoto e focada na cerca, o leão acaba ficando um borrado quase irreconhecível. Essa pode ser uma técnica poderosa – chamada focalização diferencial – para explorar o efeito psicológico de imagens desfocadas.

Preparando-se para filmar

Até aqui, nos ocupamos com compor uma tomada apenas de uma posição estática (*veja as páginas 46 a 51*). Entretanto, para criar uma sensação de dinamismo e ação contínua no vídeo, o videógrafo precisa se movimentar livremente. Isso pode ser combinado com panorâmica (*veja as páginas 56 e 57*) e zoom (*veja as páginas 58 e 59*).

Pré-requisitos

Antes de começar a filmar, verifique os elementos de que vai precisar. Isso cobre as exigências da filmagem (faça uma lista) e de equipamento (baterias extras, fitas, tripé). Uma vez no local, você também deve inteirar-se de tudo à sua volta, de modo que fique de olho no que eventualmente possa entrar no quadro e, assim, mudar a tomada, se necessário.

Habilidades

Ao gravar, você precisa combinar as necessidades com sua habilidade de capturar cenas apropriadas para o filme. Deve também levar em conta tomadas que poderão ser necessárias durante a edição – quando estiver editando, a última coisa que você vai querer imaginar é "Por que não filmei daquele ângulo?".

Suas habilidades no momento da filmagem são fundamentais para a criação de um produto final coerente. São elas:

- Habilidade de antecipar prováveis ações. É por isso que a cinematografia da vida selvagem é feita por especialistas em animais; o mesmo vale para gravações esportivas.
- Foco rápido e preciso. Isso é importante no caso de mudanças inesperadas da ação.
- Firmeza ao segurar a câmera. Quanto mais firme a mão, mais filme útil terá.
- Exposição consistente. Exposições irregulares de um trecho para outro impossibilitam uma edição uniforme.

Melhorando suas habilidades

Você pode melhorar suas habilidades com a prática e, assim, fazer filmes cada vez melhores. As brincadeiras de um gato ou de um cachorro são ideais para aperfeiçoar sua capacidade de antecipação, assim como uma visita ao zoológico. Você também pode praticar mudanças de foco, como fazer close-ups de um jogo de futebol. Mão firme se consegue relaxando o corpo. Consciência de exposição virá com o uso contínuo da câmera.

Viagem de metrô
Quando local e situação mudam constantemente, é fácil variar as tomadas, mas não esqueça dos pequenos detalhes. Observe os demais passageiros, bem como a luz e os reflexos à sua volta. Afinal, o filme é mais do que simplesmente uma viagem.

Olhando para cima
Olhar para cima ao passar por edifícios altos é um modo eficiente de transmitir grandezas arquitetônicas – neste caso, as de Hong Kong. Mudanças rápidas de vista são exageradas pela perspectiva e ajudadas pelo movimento.

De cima para baixo

A vista que se tem do Hong Kong's Peak é famosa no mundo inteiro e já foi usada em todo tipo de material visual, dos filmes de Jackie Chan a calendários de companhias aéreas; por isso, há pouco que se possa fazer para surpreender o espectador. O mais óbvio é fazer uma panorâmica de um lado a outro do cenário ou enquadrar com zoom algum detalhe. Felizmente, o dia enevoado e coberto nos obrigou a uma abordagem diferente, destacando o tamanho dos turistas contra o pano de fundo. Começando com uma vista do alto (*acima*), cortamos para tomadas da plataforma (*sequência abaixo*) para uma mudança de escala.

Buscando variedade

Uma boa prática é filmar uma cena de tantos ângulos diferentes quanto possível. Isso pode exigir planejamento e antecipação. Planejar seus ângulos de câmera – ou seja, trabalhar com uma seqüência de mudanças de perspectiva entre posições normal, alta e baixa – constitui parte importante na realização de uma tomada. A variedade de ângulos de câmera cria mudanças de tensão e ritmo, mesmo quando não há quaisquer outras modificações de composição ou iluminação.

Variar os ângulos também permite mais opções na hora de editar; é frustrante descobrir, na fase de pós-produção, que há pouco material para trabalhar. Lembre-se: o menos custoso de todo o processo é a fita digital. Além disso, você terá muito mais prazer de filmar se se movimentar bastante na busca de novos ângulos e perspectivas.

Altura da câmera

É natural filmar da posição mais confortável, geralmente de pé ou com um tripé armado um pouco abaixo do nível da cabeça. Mas filmar tudo sempre da mesma altura tende a deixar o filme monótono. Na verdade, ocorre que certos motivos pedem para ser filmados de um nível mais baixo ou mais alto. Gravar uma cena de uma posição mais elevada dá ao espectador um senso de observação; é um modo ideal de começar a cena, talvez antes de cortar direto para a ação.

Sempre é possível filmar de um nível baixo, simplesmente se agachando ou se deitando. Isso em geral é mais dramático quando se filma movimento. Pense nos velhos filmes de caubói com os cavalos passando

A tela giratória

A tela LCD giratória ou articulada – presente na maioria das câmeras de vídeo amador – foi uma grande invenção para o videógrafo. Como ela pode ser ajustada permitindo que você segure a câmera com o braço estendido e em qualquer posição, você pode filmar de baixo, de cima, de lado, e monitorar a gravação de um modo impossível com um visor que dependa de uma ocular. Assim, não há desculpa para não explorar uma variedade de perspectivas. Tente praticar usando todos os movimentos da tela, de modo que se familiarize com suas possibilidades.

Câmera DV com tela giratória

a todo galope, as patas a apenas alguns centímetros da câmera. Essa proximidade pode ser obtida colocando-se a câmera em um nível baixo e próximo da ação.

Usando uma câmera com uma tela LCD giratória, você pode monitorar a filmagem mesmo com a câmera ao nível do chão. O segredo está em manter a câmera estável; para isso, mantenha os braços estendidos, com firmeza, mas sem tensão, e tente mover-se suave e vagarosamente. Manter a alça do pescoço tão esticada quanto possível também pode ajudar.

Envolvendo o espectador

Um grupo de crianças gastando energia é um motivo interessante. É fácil gravar a distância, mas entrar na ação – segurando a câmera em um nível baixo – e acompanhar os acontecimentos de uma distância ainda maior é recompensador e divertido.

BUSCANDO VARIEDADE **57**

Capturando ações rápidas
Pode ser cansativo seguir toda a ação continuamente. Em geral, é melhor adotar uma perspectiva ampla e estável, como esta, e deixar a ação entrar e sair do enquadramento.

Visibilidade e segurança
Na busca por ângulos de câmera criativos, leve em consideração a própria segurança e a dos que estão à sua volta. As pessoas vindo em sua direção podem não vê-lo, se estiver abaixado. Estar próximo de veículos em velocidade é perigoso e aumenta a possibilidade de borrifos d'água ou pedras atiradas na rua. Se você precisa fazer a tomada, deixe a câmera em um tripé e afaste-se a uma distância segura.

Seguindo um movimento
Você tem algumas opções para seguir uma imagem em movimento. A panorâmica imita os olhos de uma pessoa acompanhando a ação: é uma tomada estável, fluente, em que a distância entre o motivo e a câmera se altera. A tomada do tipo carrinho segue o percurso de um motivo, movendo-se paralelamente e à mesma distância; para isso, a câmera precisa estar montada sobre uma plataforma móvel. Quaisquer desses movimentos podem ser combinados com zoom, capaz de manter o motivo no mesmo tamanho mudando o campo de visão à medida que se move (*veja também as páginas 58 e 59*).

Zoom

O efeito zoom provoca uma mudança no campo de visão, dando ao espectador a sensação de que a câmera se aproxima ou se afasta do motivo. O zoom é uma boa maneira de detalhar uma cena depois de tê-la começado com um plano geral. Nos tempos da edição linear, o zoom propiciava um efeito de transição simples que todos podiam fazer. E fizeram. O resultado é que se abusou do efeito, e esse abuso é indício de um cinegrafista novato.

Passo a passo

O modo mais fácil de se destacar de um milhão de outros *videomakers* é caminhar em direção ao motivo, em vez de usar o zoom. Ou seja, em vez de aumentar a distância focal em uma sequência contínua com o zoom, dê passos largos e distintos. Isso é mais interessante para o espectador, porque acrescenta o elemento surpresa. Suponha que esteja filmando um carpinteiro no trabalho: você começa com um plano geral da cena; depois, usando o zoom, corta para uma vista das ferramentas penduradas na parede, talvez com o carpinteiro dentro do quadro. Outro corte o leva mais perto dele, mostrando sua postura e o esforço que faz ao trabalhar. Com o próximo corte, o espectador é levado pelo zoom diretamente para dentro da ação – um close-up do formão arrancando lascas aneladas da madeira. Você está tentando imitar uma experiência visual normal: você entra na cena, seus olhos se distraem com alguma coisa, depois você olha para outra coisa, em seguida muda o foco para chegar mais perto do que realmente lhe interessa.

Abrindo o enquadramento

É possível inverter o início de uma cena, começando com um zoom fechado no detalhe (*à direita*). Isso deixa o espectador a se perguntar: "Onde estamos? O que está acontecendo?". Nessa tomada, uma praticante de caiaque muito jovem e solitária pode estar em dificuldade no meio de um enorme lago. Mas uma rápida puxada de zoom a coloca no contexto (*abaixo*) e revela que ela não está de modo algum em perigo.

Zoom panorâmico
É possível combinar zoom com panorâmica, como se vê na seqüência acima. Um plano geral (à esquerda) mostra a marina; na segunda tomada, faz-se uma panorâmica para a direita ao mesmo tempo que se vai fechando o enquadramento com zoom. Para a tomada final da seqüência, interrompe-se a panorâmica, mas o zoom continua, mostrando o barco ancorado (à direita). Coordenar a velocidade da panorâmica com o efeito zoom pode ser complicado; por isso, faça um ou dois testes antes de começar a gravar.

Chicote de zoom

Operadores de câmera experientes preferem o chicote de zoom, que é o zoom mais rápido possível. Essa técnica simplifica o processo de edição, pois o movimento de zoom pode ser facilmente cortado ou usado inteiramente. Entretanto, esse tipo de zoom exige uma alavanca manual, geralmente só encontrada em câmeras profissionais. Você pode superar a falta de uma alavanca de zoom fazendo primeiro uma vista geral e ampla – um exemplo pode ser a tranqüila marina que se vê na página anterior. Em seguida, pare de gravar e com zoom enquadre a jovem praticante de caiaque e recomece a filmar. Quando a seqüência for unida, a transição criada fará com que pareça um chicote de zoom. Você pode seguir o mesmo padrão imprevisível ao fazer o movimento contrário – isto é, abrindo o enquadramento.

Evitando tremor da câmera

Com o zoom ajustado para uma distância focal curta, trabalhar com a câmera na mão não constitui um problema, pois pequenos movimentos mal são notados. Mas, quando a distância focal é aumentada, qualquer tremor da câmera se torna um grande problema. É sempre aconselhável, em casos assim, trabalhar com um tripé.

Zoom digital

As modernas câmeras digitais de vídeo oferecem amplitudes de zoom que vão de 10x a 880x. Muitas câmeras têm zoom óptico de 10x – ou seja, a distância focal mais longa é 10 vezes maior do que a mais curta. O resto da amplitude é propiciado por processamento digital: o zoom digital amplia a porção central da imagem. A qualidade cai rapidamente, e, além do dobro da distância focal óptica mais longa, a qualidade da imagem é muito pobre.

Comparações de zoom
Os resultados obtidos com um zoom digital (acima, à direita) são muito inferiores aos obtidos com um verdadeiro zoom óptico (acima, à esquerda). Com 120x, a imagem é ampliada 12 vezes de uma objetiva zoom em sua distância focal mais longa (10x a mais curta); 20x pode produzir uma qualidade aceitável, porém ampliações maiores potencializam os defeitos da imagem, antes quase invisíveis com 10x.

Continuidade

A força da linha narrativa de um filme depende de sua continuidade. Isso não significa que toda a cena precisa estar ligada, ou que súbitas interrupções ou cortes não devam ser tentados, ou, ainda, que os acontecimentos tenham de ser mostrados em sequência, na ordem em que ocorreram. Obras como *Pulp Fiction* são exemplo da tendência, apreciada entre videógrafos e cineastas, de colocar cenas fora de ordem cronológica. Mas continuidade significa que as mudanças de uma cena para outra devem dar prosseguimento à ação, seguir a lógica da história e, acima de tudo, não distrair o espectador. Exemplo óbvio disso: se você mostrar um homem entrando em um carro e depois cortar para uma curta sequência na estrada antes de mostrá-lo deixando o carro, quando aparecer novamente, ele precisará estar usando a mesma roupa; caso contrário, essa falta de continuidade deixará a cena confusa para o espectador.

Por outro lado, suponha uma cena em que uma noiva e suas damas de honra são vistas entrando em uma sala e, depois, fechando a porta. Na cena seguinte, a noiva aparece abrindo a porta, mas com outra roupa. Neste caso, a descontinuidade faz sentido: agora ela trocou de roupa para sua jornada na vida, e não é necessário mostrar qualquer ação intermediária.

Deve-se manter a continuidade em suas áreas distintas. A continuidade no roteiro será abordada nas páginas 193 a 199. Nesta seção, trataremos de continuidade no trabalho de câmera.

Cor

Mudanças no balanço de branco sinalizam para o espectador uma alteração de circunstâncias com a variação de iluminação. Não haverá problema se o balanço de branco mudar para amarelo avermelhado quando a ação passar do exterior para dentro de um edifício. Mas, se a mudança ocorrer sem qualquer motivo óbvio, o efeito na tela será desestabilizador. Existe uma razão comum para a mudança. Quando se filma alguém em um dia nublado, o balanço de branco tende a ficar bastante frio; mas, se o sol surgir de repente, haverá uma mudança na temperatura de cor e a cena parecerá mais quente. Fora da tela, o surgimento do sol não é visível, mas a mudança no balanço de branco será freqüentemente acompanhada de um ligeiro aumento de contraste. A falta de continuidade aqui é um exemplo do princípio de motivação da luz (*veja as páginas 90 a 97*).

Exposição

Você precisa manter um nível de exposição uniforme entre as tomadas. Isso é difícil de conseguir quando se trabalha em diferentes ambientes – indo, por exemplo, de um escritório para o exterior. Quanto mais cuidado tiver na hora de filmar, menos terá de corrigir a exposição na fase de pós-produção e mais fácil será casar as tomadas, de modo que as imperfeições de edição fiquem menos óbvias. Exposição pobre é em geral uma causa de cor pobre; assim, mesmo que você case exposições durante uma tomada, as variações ainda podem estragar a continuidade.

Luz e contraste

Diferentemente do controle de exposição e cor, você também deve manter o estilo de iluminação e contraste ao filmar ângulos diferentes da mesma cena. Isso é particularmente importante quando é preciso interromper uma entrevista e recomeçá-la em outra data. Faça anotações precisas do arranjo da iluminação – onde as luzes estão posicionadas, altura da lâmpada, modulador de luz (*light shaper*) usado e potência da luz – para que você possa reproduzi-lo posteriormente. Falha nesse sentido obrigará o editor (ou você) a uma edição "Modo-A" – trabalhar com cenas na ordem em que foram filmadas, na melhor das hipóteses. Na pior, a entrevista feita com diferentes tomadas terá de ser tratada como entrevistas separadas.

Foco e enquadramento

Mantenha o foco de uma tomada para outra, especialmente ao filmar pessoas. Se seu foco está no olho mais próximo, deve continuar assim, mesmo se o motivo se mexer na tomada seguinte. E, se o enquadramento abrange a cabeça e os ombros, mude para um enquadramento mais fechado somente por uma razão específica – talvez para dar alternativas à edição. Ao retornar para o enquadramento inicial, volte também para a mesma distância focal. Somente objetivas profissionais muito caras têm marcas de distância focal; assim, você provavelmente precisará usar "marcadores" no motivo – por exemplo, observando que o quadro esquerdo está um pouco além do ombro direito, ou que o quadro direito quase toca a extremidade de uma mesa um pouco fora da tomada.

Continuidade de cor

Estes deslumbrantes mostruários de jóias parecem brancos aos olhos, mas a iluminação nublada – com pouco azul e dominante – faz o vídeo digital enxergá-los de modo diferente: a câmera deu-lhes uma coloração fortemente amarelada (*acima, à esquerda*). Em um ângulo diferente (*à direita*), no qual a maior parte da luz vem dos mostruários, a câmera responde com um balanço compensador mais branco.

Continuidade de exposição

No interior de um mercado em Marrakech, no Marrocos, a luz é impressionante e envolvente, mas também constitui um tremendo desafio técnico. Aqui, fica clara a imperícia do cinegrafista: as variações em exposição de uma tomada (*acima, à esquerda*) para outra (*à direita*) são evidentes e só poderão ser corrigidas mais tarde, na pós-produção.

Continuidade de luz e contraste

É possível conciliar balanço e contraste de cor com filtros e ajustes no balanço de branco, e você pode se livrar de pequenas inconsistências de perspectiva. No entanto, é impossível corrigi-los todos ao mesmo tempo. Aqui, o maior problema de continuidade é a luz suave quando o sol está encoberto, comparado com a luz em contraste e as formas perfeitamente definidas quando ele aparece.

Trabalhando com som digital

Embora o elemento visual tenda a "roubar a cena", não podemos esquecer que todos os grandes filmes têm uma grande trilha sonora. E filme nenhum é completamente mudo; mesmo os chamados filmes mudos eram originalmente apresentados com música, executada por uma orquestra ou por um pianista na sala de exibição.

Geralmente despercebida (a não ser para os amantes da alta fidelidade), a revolução digital ocorrida na gravação de som é tão notável quanto no vídeo e na fotografia digital – ela apenas não é tão drástica ou evidente. No entanto, trouxe o verdadeiro som de alta fidelidade à mesa de trabalho de todos, quando antes era privilégio de estúdios profissionais de gravação e dos que tinham grandes orçamentos. Entretanto, o som é com freqüência o elo mais fraco de uma produção amadora. Som de boa qualidade é vital para o sucesso de um filme, e ele depende de habilidades de discernimento e competência técnica, do mesmo modo que o elemento visual.

A cadeia de áudio

Como o vídeo digital é uma experiência multimídia – combinando visão e som –, a cadeia de áudio ou de som corre paralela à cadeia de imagem.

A qualidade da gravação sonora deve ser adequada ao filme e ao espectador. Um documentário sobre a arte de tocar violão merece obviamente melhor qualidade de som; já em um filme de perseguição de carros da polícia isso é menos importante.

O elo mais fraco na cadeia estabelece o teto da qualidade obtida por todo o sistema. Quando em

Microfone da câmera
Muitos *videomakers*, sobretudo no começo, usam o microfone da câmera ou conectam um microfone diretamente na câmera de vídeo.

A fonte
Tudo começa com os sons provenientes de uma cena ou do ambiente. A exemplo do que acontece com a imagem, você pode capturar todo ele – como em uma vista com grande-angular –, usando um microfone de amplo alcance, ou gravar apenas determinada fonte sonora – como em uma vista com telefoto –, destacando sons periféricos.

Mesa de mixagem
Outra possibilidade é conectar o microfone a um dispositivo de mixagem, que faz o balanço de diferentes fontes, antes de enviar o sinal resultante para um equipamento de gravação.

Microfone
Os sons são convertidos pelo microfone em sinais eletrônicos.

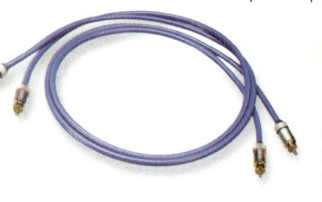

Cabos
Carregam os sinais do microfone para um ou mais destinos.

TRABALHANDO COM SOM DIGITAL 63

dúvida, consulte um profissional de som para obter um balanço da qualidade dos cabos com o de seus microfones e dos mixers, e assim por diante.

Som transparente

Uma razão pela qual os avanços na área de som passaram despercebidos é porque o profissional dessa área assim o deseja. O som é percebido somente quando a mixagem é ruim ou inadequada. Uma boa trilha sonora é simplesmente parte integrante de toda a experiência. A exemplo da continuidade, nota-se o som apenas quando é errado ou quando distrai a atenção do espectador.

O som de qualidade é, portanto, transparente – seus efeitos não são conscientemente percebidos pelo espectador. Ouça uma cena de luta em um filme de artes marciais com os olhos fechados: uma boa cena soa caótica e imprevisível, como uma luta real. Uma trilha sonora malfeita soa como um bando de gente grunhindo aleatoriamente e fazendo ruídos enquanto socam sacos de areia. A trilha sonora transparente não é percebida, mas desfrutada.

● DICAS E SUGESTÕES

Para dar a seu filme um ótimo som de fundo, você precisa antes de mais nada saber como encontrá-lo e capturá-lo.
- Quando estiver procurando locação, atente para os ruídos e sons ambientes.
- Feche os olhos para ouvi-los e apreciá-los melhor.
- Quando estiver se preparando para uma tomada, faça uma verificação do som.
- Sempre grave pelo menos um minuto de ruído ambiente.

Computador
Com o filme, o som é o próximo a ser baixado no computador, no qual pode ser mixado ou combinado a outras trilhas sonoras e editado com os clipes de vídeo. Ao mesmo tempo, o som pode ser processado como qualquer outro arquivo digital, para eliminar ruído e corrigir os níveis, de modo que fiquem uniformes e casados de uma edição para outra.

Leitor de DVD
Depois que a trilha sonora tiver sido codificada com as imagens, ela poderá ser transferida para um DVD. E, uma vez nesse formato, é possível tirar cópias para familiares, amigos e pessoas que participaram do projeto.

Gravador de som
Alguns *videomakers* preferem gravar o som diretamente em um DAT ou MiniDisc. Esse processo também pode ser realizado por transmissão sem fio.

Alto-falantes e fones de ouvido
Finalmente, é possível ouvir o DVD ou outra fonte do filme por meio de alto-falantes ou fones de ouvido.

Usando microfone

Desnecessário dizer que a maneira mais fácil de usar um microfone é também a maneira de obter os resultados menos satisfatórios. Contudo, você pode não ter outra escolha, já que é ao mesmo tempo operador de câmera, diretor de fotografia, produtor, continuísta e eletricista. Evidentemente, não é possível operar a câmera e carregar um microfone em um boom, por isso você terá de fixá-lo à câmera. Entretanto, é muito frustrante descobrir que, embora tenha conseguido filmar uma ótima seqüência, a gravação da trilha saiu distorcida e cheia de ruído.

O desafio é conseguir o melhor de um microfone montado na câmera. Isso implica colocar o microfone o mais afastado possível da câmera, a fim de obter uma gravação razoavelmente direcional. Se sua câmera possui uma entrada balanceada de linha, use um microfone curto, do tipo canhão, alimentando uma linha balanceada da câmera.

Ruídos

Som ruim em geral é causado por interferência de outros equipamentos que produzem ruídos de toda espécie. Cliques podem ser provocados por interruptores de baixa qualidade ou por soquetes danificados. Chiados podem ser causados por itens de equipamento elétrico colocados muito perto de equipamentos como geradores de rua ou por cabo elétrico posicionado muito próximo ou paralelo a cabos de som. Cabos de som e cabos elétricos devem ficar em ângulo reto uns em relação aos outros. Cabos ou conectores defeituosos também podem desencadear uma série de problemas, desde gravações cortadas ou atenuadas até interrupção ou crepitação do som.

O correto é encontrar e isolar esses problemas, mas em uma locação nem sempre é fácil descobrir e eliminar a fonte de interferência. Somente a experiência o ajudará a diagnosticar o ruído e encontrar uma solução adequada e imediata. Mas uma coisa é certa: se não conseguir resolver o problema na origem, você terá ainda mais dificuldades durante a pós-produção.

Outro possível problema consiste no efeito "terceiro homem". Você pode passar horas trabalhando o posicionamento dos microfones e os níveis, a fim de eliminar ruído de fundo, e acabar descobrindo que a câmera também é fonte de ruído. Ou que o acréscimo de corpos ou de equipamento altera o padrão de ruído. Por isso, você deve testar o som somente quando tudo e todos estiverem em seus devidos lugares.

Barulho de fundo

Ao trabalhar em ambientes barulhentos, como em uma boate, próximo de uma rua movimentada ou em um pátio de escola, você enfrenta dois outros problemas. O primeiro é a perspectiva de auditório – isto é, como garantir que o som dominante fique próximo do motivo. Suponha que esteja filmando uma criança que

Som da câmera
Às vezes, como em um casamento, não há outra alternativa senão gravar o som da posição da câmera. Se estiver sendo utilizado um sistema independente de som – como aqui, em que o locutor se dirige a uma plateia do lado de fora –, pode-se gravar esse som separadamente e depois incorporá-lo na edição. O cinegrafista da foto tem um microfone instalado sobre a objetiva em um boom curto, e a caixa que se vê na parte de cima é um equipamento portátil de luz.

Relatório de som

Operadores bem treinados elaboram um relatório a cada tomada na locação, registrando todos os dados pertinentes ao som, como níveis, condições, qualidade e duração. Essa disciplina é vital em gravação em *double-system*, na qual o áudio é gravado separadamente do vídeo.

desembrulha uma bala em um parquinho e você queira captar o som do papel sendo rasgado. Se gravar muito de longe – por exemplo, da posição da câmera –, será abafado pelo ruído geral do ambiente, como os gritos das crianças. A solução é gravar em close-up, usando um microfone separado.

O segundo problema é como controlar os níveis entre os cortes, para evitar que a trilha mude de modo repentino e desagradável. Ao gravar em um pátio de escola, você pode parar a gravação no momento em que a voz de uma criança se elevar sobre o ruído geral de fundo. Uma solução é assegurar que um corte e sua concomitante mudança de trilha sonora se apoiem mutuamente. O corte clássico é a porta se fechando. Quando a porta da escola se fecha, os sons do pátio diminuem. Também é possível usar o som para transmitir mudança emocional, de modo que, quando a criança fica absorvida na brincadeira, o som do pátio desaparece. Mas essas soluções limitam as sequências que você pode fazer. Outra solução é gravar o ruído de fundo separadamente e acrescentá-lo na edição na medida do necessário. Veremos essa opção mais detalhadamente na próxima página.

Saída balanceada

Microfones com captura de boa qualidade utilizam entradas balanceadas de linha, mas a maioria das câmeras digitais de vídeo só aceita entradas não balanceadas. Assim, se você quiser usar um bom microfone, precisará de um adaptador que aceite entradas e saídas balanceadas, um sinal não balanceado de dois canais. Às vezes chamados de caixas de conversão de impedância (*impedance-conversion boxes*) ou *routing devices*, esses adaptadores também podem oferecer um pré-amplificador para incrementar o sinal do microfone, assim como alguns controles de nível.

Peso extra

Caixas de conversão de impedância são bem pequenas e cabem debaixo da câmera, usando-se o soquete do tripé. Em câmeras pequenas, essas caixas dão mais volume, permitindo tomadas mais estáveis.

Usando microfone (continuação)

Efeitos sonoros

O som é sem dúvida um recurso muito usado para reforçar certo clima ou determinada emoção, e uma das maneiras mais eficientes de causar impacto com seu vídeo é lançar mão de efeitos sonoros. Esses efeitos podem ocorrer na tela ou fora dela, durante a filmagem ou gravados separadamente.

Os sons podem ser gravados especialmente para o filme – às vezes, são criados a partir da manipulação de som digital. É mais fácil gravar efeitos sonoros no momento da gravação ou um pouco depois. Por exemplo, o som de xícaras de café durante uma festa provavelmente será gravado com as conversas.

Para obter o melhor efeito sonoro possível, você pode querer que o som das xícaras seja gravado "limpo", ou seja, sem qualquer ruído ambiente ou, pelo menos, atenuado. Chama-se a isso de *wild track* – quando a câmera não está rodando ao mesmo tempo que o som. É prudente fazer todas as gravações que puder ainda em locação: o som ficará autêntico, e você não terá, por exemplo, de sair procurando ruído de xícara posteriormente.

Som ambiente

Lugar nenhum é totalmente silencioso; mesmo em pleno deserto à noite, a mais leve brisa provoca uma cantilena na areia. Ao tentar registrar sons estimulantes e belos, é importante também gravar som ambiente – todos aqueles ruídos de fundo suaves e indistintos que brotam da vida, como o tique-taque distante e quase inaudível de um relógio ou o sussurro das folhas ao vento. Você necessitará desse material para criar clima durante a edição de som, porque ruídos inesperados como o trinado de um pássaro ou o latido de um cão não podem simplesmente ser apagados – precisam ser substituídos por som ambiente.

Sonoplastia

Gravar som artificial – produzido após a filmagem e, depois, editado para coincidir com a ação do filme – é uma arte em si. Presente em quase todo filme, mas nunca notado, é o som feito de encomenda para acompanhar com perfeição a ação na tela – passos na entrada, por exemplo, ou o tilintar de um molho de chaves. O especialista nessa atividade é chamado de *foley artist*, denominação dada em homenagem a Jack Foley, um

Usando um zepelim

Um microfone totalmente coberto é o melhor método de gravar som ambiente e dos atores. Aqui, o operador de som está gravando tanto um monólogo quanto o som do ator atravessando a sala. Os zepelins têm outra vantagem muito apreciada pelos operadores de som: dão aos microfones excelente proteção contra os ruídos da produção.

engenheiro de som dos Estúdios Universal nos anos 1930. Eles sabem exatamente como dar uma pancada em uma panela para obter o exato clangor, ou como caminhar sobre cascalho para que isso soe como os passos de um detetive debaixo de uma janela.

Efeitos simples, como os batimentos amplificados do coração, um zíper se abrindo, os pneus de um carro freando no asfalto, são facilmente obtidos, e usá-los é um modo eficiente de dar um cunho profissional a seu filme. Para efeitos sonoros mais elaborados – uma explosão, sirenes da polícia ou uma festa, por exemplo –, existem CDs específicos com efeitos sonoros.

Efeitos duros e suaves

Como os sons são sempre associados com a ação no filme, essa ação pode ocorrer off-screen, isto é, fora do campo de visão (um grito na escuridão), ou on-screen, dentro do campo de visão (alguém mexendo uma xícara de café). Sons em off, como o de um pássaro cantando ou o da chuva, são exemplos de efeito suave – ou seja, não precisa coincidir exatamente com a imagem. Qualquer efeito sonoro que tenha de coincidir com a ação na tela é chamado de efeito duro, pelo fato de ser difícil sincronizá-lo com a ação.

A sincronização significa coisas diferentes de acordo com a ação exibida. Por exemplo, o som de uma faca sendo apoiada em um prato deve ser precisamente sincronizado com a ação. Mas o olhar perplexo de um ator com o chamado de um amigo deve vir um pouco depois do som. Se som e imagem forem simultâneos nesse caso, o espectador concluirá que o chamado era esperado. Assim, uma fração de segundo distingue uma leitura da outra.

●DICAS E SUGESTÕES

Os seguintes pontos vão ajudá-lo a obter os melhores resultados de suas gravações de áudio:

● Sempre que possível, evite instalar o microfone sobre a câmera.

● Diferentemente da câmera, o microfone pode "ver" à sua volta.

● Monitore o som durante a gravação, se possível usando fones de ouvido forrados e de alta qualidade.

● Elimine problemas como chiados e ruído ambiental antes de começar a gravar.

● Se possível, examine minuciosamente o ambiente, para localizar soalhos rachados, tique-taque de relógio, etc., e peça silêncio absoluto no set de filmagem.

● Desligue celulares, despertadores e similares.

● Mantenha relatórios de som. Anote data, dados, conteúdo, situação, equipamento usado, etc. durante a gravação, para referência futura e também para localizar de modo rápido a trilha certa.

● Evite os efeitos duros, isto é, os que necessitam ser sincronizados com a ação na tela.

● Lembre-se: sincronismo errado de som causa leituras erradas da ação.

● Certifique-se de que as gravações de diálogo – qualquer coisa envolvendo vozes – estão corretas durante a tomada. Esses erros podem ser muito complicados de corrigir.

● Não há uma única posição correta para o microfone: teste diferentes posições e aponte-o para várias direções. Use ajustes diversos e diferentes tipos de microfone, dependendo da trilha sonora desejada.

Posicionando o microfone
O operador de som determinou que o microfonista tentasse gravar o som de diversas posições, a fim de descobrir a melhor perspectiva de gravação, ou seja, uma perspectiva de áudio que se ajuste melhor à perspectiva visual.

Usando música gravada

A música é um instrumento poderoso para criar certa atmosfera, aumentar a tensão ou fechar uma sequência de modo agradável. E, com tanta música de qualidade disponível, você certamente vai encontrar alguma que se ajuste a seu filme. Às vezes, a música se torna tão memorável quanto o próprio filme, ou até mais. Para muita gente, a fita *Desencanto* é inseparável do *Segundo concerto para piano* de Rachmaninoff, e, mesmo quando se vê *Três homens em conflito* com o som desligado, é como se ainda se ouvisse o tema impressionante de Ennio Morricone. Certos gêneros cinematográficos são marcados pelo tipo de trilha sonora – fortes temas orquestrais são típicos de superproduções, como *Guerra nas estrelas* –, ao passo que as composições de Danny Elfman para os filmes de Tim Burton sublinham com perfeição a característica fantasiosa das histórias.

Por isso, seja ousado: se gostar de determinada música e ela se encaixar em seu filme, use-a. Mesmo uma música aparentemente inadequada pode se prestar a determinado efeito cômico: o dueto amoroso de *La bohème*, de Puccini, para o encontro de dois sapos? Ou a *Cavalgada das valquírias*, de Wagner, sublinhando as imagens de sua primeira saída de carro novo? A combinação de filme e música é tão poderosa que é prudente testar o efeito com pessoas de sua intimidade, antes de mostrar sua obra a espectadores desconhecidos. Você pode achar sua escolha musical perfeita, mas certamente não vai querer que os espectadores caiam da cadeira de tanto rir. Contudo, tenha cuidado para não infringir direitos autorais ao utilizar uma música qualquer – em algumas legislações, a proibição se estende até mesmo ao uso privado.

Encomendando música

Com tantos músicos hoje disponíveis e desejosos de aceitar o desafio de escrever para cinema, é possível encontrar um jovem compositor disposto a criar especialmente para você em troca de uma pequena remuneração e um percentual de eventuais lucros. Com a facilidade dos teclados eletrônicos e dos sintetizadores de som, já não há mais necessidade de uma banda ou orquestra para executar a música. E, ao encomendar algo específico, você terá uma música perfeita para a atmosfera que deseja criar. Melhor ainda: se a música for composta após o término da edição, ou em sua fase final, ela se casará perfeitamente com os trechos editados, ou seja, não será preciso cortar ou esticar a música pré-gravada para que se ajuste ao filme.

Ao encomendar a música, deixe bem clara a questão dos direitos que você está adquirindo para seu trabalho, mas permita que o compositor retenha o *copyright*, para que no futuro ele possa usar a composição da maneira que desejar.

Trilhas sem *royalties*

Existem no mercado CDs com horas de música isenta de *royalties*, ou seja, cuja utilização não acarreta pagamento. Pode haver algumas restrições a determinados usos, como para *jingle* de propaganda, mas de resto esses CDs constituem um rico recurso do qual se podem extrair música e elementos musicais – ritmo ou batida, por exemplo. Música pode ser armazenada como arquivo MP3, o que possibilita muitas horas por CD, mas produções de melhor qualidade usam áudio com qualidade de CD, e isso significa menos música por disco. Para trabalho de vídeo, a qualidade MP3 é mais do que adequada.

Existem também CDs livres de *royalties*, que oferecem uma enorme quantidade de efeitos sonoros – desde atmosfera de floresta até ruídos industriais. E a qualidade de som desses CDs é muito superior àquela que você conseguiria com gravações próprias.

Trilhas de filme

Diferentemente do vídeo digital, as trilhas de filme cinematográfico são gravações ópticas. O áudio previamente gravado em fita magnética é usado para modular a intensidade de um feixe de luz, que é direcionado para o filme em movimento, sincronizando som e imagem. O filme é então processado quimicamente. Na exibição, um feixe de luz atravessa a trilha, agora transformada em uma sucessão de partes claras e escuras. À medida que o filme corre atravessado pelo feixe de luz, este é modulado pela trilha. As variações são captadas por uma fotocélula que ativa os alto-falantes.

USANDO MÚSICA GRAVADA **69**

Solução rápida Problemas com som

Um dos desafios do vídeo digital está no fato de você precisar dominar uma série de diferentes disciplinas técnicas. Existem livros inteiramente dedicados à gravação de som. Nesta página, abordamos alguns dos problemas mais comuns de som.

Problema	Análise e solução
Há muito ruído (chiado de fundo), impedindo que se ouça o áudio com clareza.	Você gravou em um nível muito baixo; assim, ao aumentar o volume para ouvir a gravação, você também aumenta o nível de ruído (*veja os diagramas abaixo*). Grave no nível mais alto, porém sem distorção, e diminua o volume na reprodução, a fim de reduzir o ruído.
Os níveis de ruído variam de tomada para tomada.	O operador de som não prestou a devida atenção. Isso pode ser evitado se você se certificar de que os fones de ouvido estão eliminando qualquer som que não seja o que interessa.
De repente se ouve um som indesejado, como o latido de um cachorro ou a batida de uma porta.	Isso deve ser corrigido na pós-produção. Carregue a gravação e, no timeline do vídeo, reduza a zero o volume da trilha de áudio no ponto onde começa o ruído, voltando depois para o volume normal. Em seguida, copie um clipe do som do ambiente, com a mesma duração do ruído, e o sobreponha a ele.
Os sons podem ser ouvidos em estéreo, mas não em mono.	Os sinais estão fora de fase. Em algum ponto do sistema, os cabos estão cruzados, possivelmente onde foram usados os adaptadores de tomada. Verifique sempre e cuidadosamente os cabos.
Há muito eco na sala, interferindo na clareza das vozes.	O microfone está muito longe das pessoas que falam, de modo que também está gravando muito som ambiente, criando um efeito de eco. Coloque o microfone o mais próximo possível das pessoas, sem que apareça no enquadramento, ou use microfone de lapela.

Acertando os níveis de som

Toda gravação contém ruído. O segredo é separar o máximo possível o nível de áudio do nível de ruído.

O primeiro diagrama mostra que, quando o áudio é gravado no nível mais alto, sem causar distorção, o som fica reduzido na reprodução, assim como o ruído.

Se o áudio é gravado em um nível baixo demais, o som é gravado com o ruído. Quando aumentado na reprodução, o nível de ruído também é amplificado.

Se o áudio é gravado em um nível alto demais, perdem-se os ruídos altos e as frequências muito altas, que não são recuperados na reprodução: note os picos achatados das ondas.

Gravação

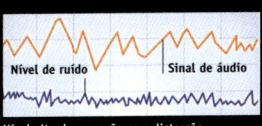

Nível de ruído | Sinal de áudio

Nível alto de gravação sem distorção

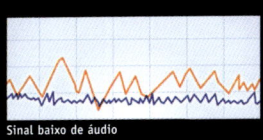

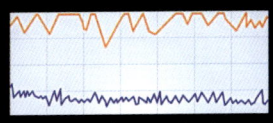

Sinal baixo de áudio

Gravação alta demais: cortes e distorção

Reprodução

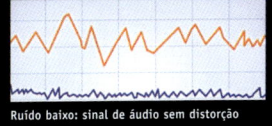

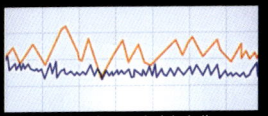

Ruído baixo: sinal de áudio sem distorção

Ruído alto: interfere no sinal de áudio

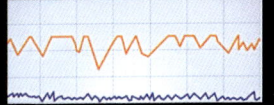

Ruído baixo, mas sinal de áudio distorcido

Métodos de transição

Muitas pessoas têm grandes coleções de fitas VHS com cenas de férias, aniversários e festas, coleções essas que tomam um bocado de espaço na estante. Até há bem pouco tempo, você nem cogitava editar todo esse material, pois era difícil e caro. Com o vídeo digital, tudo isso mudou. Você pode não só editar suas fitas como também arquivar o material em uma forma compacta – o DVD.

Analógico para digital

A captura analógica é semelhante ao escaneamento de velhas fotos, a fim de manipulá-las no computador. O conteúdo das antigas fitas VHS pode ser facilmente convertido; basta rodá-las no aparelho de VHS em uma caixa que codifica e digitaliza o sinal.

Outra fonte de material pode ser um velho camcorder analógico que produz composites ou S-Video. Esse tipo de equipamento é suportado por softwares como o Windows XP, desde que a saída seja transferida para o computador por meio de um dispositivo compatível, como os oferecidos pela Pinnacle ou pela Viewcast. A série começa com pequenos dispositivos, como Viewcast Osprey-50, Eskape MyCapture, MyVideo ou Dazzle DVC-90, que fazem a interface entre a fonte de vídeo e a porta USB do computador.

Soluções mais poderosas, embora um pouco mais caras, são os cartões de expansão, inseridos nas placas de circuito do computador. Esses cartões oferecem mais qualidade (portanto, imagens maiores) e maior velocidade de operação. Não é necessário comprar um software especial, pois o Movie Maker, que vem com o Windows XP, faz a captura a partir desses dispositivos, assim como o iMovie da Mac.

Se possível, escolha S-Video em vez de composite. Sua qualidade de imagem é melhor por causa da separação de sinais. Entretanto, os cartões que aceitam S-Video costumam custar mais.

VANTAGENS DO DVD

O DVD é superior ao VHS porque:
- É mais compacto e possui maior capacidade de armazenamento.
- É mais durável.
- Oferece melhor qualidade de imagem.
- Permite acesso aleatório.
- Pode ser navegado facilmente pelos capítulos usados para subdividir o filme.
- Pode ser programado com elementos interativos e material extra correndo paralelamente ao filme.
- Ocupa menos espaço.

Viewcast Osprey-50
Este pequeno dispositivo conecta entradas e saídas composite ou S-Video com um dispositivo USB de captura de vídeo para as situações que requerem a conveniência e a portabilidade de um laptop.

Eskape MyCapture II
Este dispositivo USB suporta os três principais formatos, capturando 320 x 240 pixels a 30 quadros por segundo com NTSC ou 384 x 288 a 25 quadros por segundo com PAL/SECAM, utilizando compactação.

Eye TV
Caixas de mesa como esta permitem ver programas de TV em seu computador ou mesmo gravar programas em um disco rígido para serem vistos posteriormente.

MÉTODOS DE TRANSIÇÃO 71

Capturando programas de TV

Outra fonte de sinais de vídeo analógico são as transmissões de emissoras de TV. Existem equipamentos de mesa que captam emissoras, decodificam e digitalizam o sinal e o transmitem ao computador. Com isso, você pode armazenar programas de TV no computador, para vê-los depois. Essa solução vem rapidamente substituindo o volumoso aparelho de fita VHS.

Os programas de TV que você gravar ficarão no formato MPEG, tornando-os acessíveis a seu software de edição. Entretanto, tome cuidado para não violar os direitos autorais dos proprietários dos programas; e isso se aplica a transmissões tanto de emissoras públicas como de comerciais.

Legalidade das gravações de programas

Na maioria dos países, é perfeitamente legal gravar programas de TV para uso pessoal. Entretanto, verifique com um advogado, se tiver dúvida, especialmente se pretender mostrar as gravações fora do seu círculo familiar. Segundo algumas legislações, como a que vigora nos países da União Européia, se você usar uma gravação para fins comerciais – por exemplo, ao pesquisar enredo para um longa-metragem –, entra em uma área cinzenta da lei e pode ser que tenha de pagar alguma taxa de licença. O mesmo acontece se você exibir a gravação fora de seu círculo de família e amigos, podendo sujeitá-la ao pagamento de *royalty*. E, se for ilegal em seu país captar determinados programas – de satélite ou emissora a cabo –, então esteja certo de que também é ilegal gravar esses programas.

Problemas de sincronização

Quando você captura vídeo analógico com o som, as duas trilhas podem ficar fora de sincronismo, de modo que o som da batida de uma porta ou de alguém falando não é ouvido em sincronismo com a respectiva imagem. É melhor prevenir do que remediar: para minimizar problemas, concentre todos os recursos do computador na tarefa de captura, fechando todos os demais programas.

Media Center PC

A Microsoft estabeleceu um padrão de hardware e software para PC chamado Media Center PC. Máquinas que se adaptam ao padrão oferecem, entre outras coisas, um sintonizador para captar sinais de TV de satélite, antena ou cabo, bem como um codificador para capturar sinais de TV a ser salvos no computador. Além disso, há saídas de vídeo que permitem ver os resultados em uma tela de tevê, bem como soquetes de entrada e saída de áudio. Tudo isso roda a partir de um software do Windows XP Media Center, que combina o sistema operacional com uma série de aplicativos, incluindo os que editam vídeo e gravam DVDs.

Home Media Center
Seguindo os passos dos computadores Apple Mac, que há muito tempo comportam multimídia, as modernas máquinas Windows agora oferecem facilidades de multimídia integradas.

Usando stills

Às vezes, você pode querer colocar um still em seu filme. Ao fazer isso, muitos *videomakers* permitem que a câmera passeie por toda a imagem; isso não é o mesmo que fazer a animação de uma cópia (*veja "Animação quadro a quadro", na página seguinte*). O deslocamento (*roaming*) é feito para imitar o modo como inspecionamos uma foto: primeiro corremos os olhos, à maneira de uma panorâmica, depois nos fixamos em um detalhe que nos tenha chamado a atenção – exatamente como começar com um plano geral e depois fechar o enquadramento.

Normalmente a imagem é uma fotografia, mas pode ser uma pintura, um livro ou um mapa. Essa técnica, no caso de um mapa, pode ser usada para mostrar a trajetória de uma viagem; muitos filmes de fantasia começam com um grande livro que se abre, enquanto o enquadramento vai se fechando em uma figura da primeira página.

Usando uma rostrum camera

Antigamente, obtinha-se esse efeito de deslocamento com um instrumento chamado rostrum camera – uma câmera instalada sobre uma plataforma móvel sobre a qual se colocava uma figura. A câmera ia filmando à medida que a figura era movimentada com uma mão e a zoom, operada com a outra. De fato, essa ainda é a maneira mais simples de animar uma foto-

Mantendo a qualidade
Um zoom em uma imagem de alta resolução pode ser capturado com resolução de vídeo, mas, como isso implica uma interpolação de um arquivo grande, e não de um pequeno, a qualidade da imagem é bem melhor. Esse é o tipo do resultado que é obtido com um bom software de panorâmica e zoom.

Facilitando panorâmica e zoom
Se você só tirou uma foto dessa paisagem, mas não fez um vídeo dela, por exemplo, mesmo assim é possível incorporá-la a seu filme de férias, usando panorâmica e zoom. Você pode começar pelo alto da imagem, dando um zoom no hotel (*foto do alto, à esquerda*). A qualidade da imagem é um tanto pobre, mesmo para vídeo digital, mas um rápido movimento deixa isso menos perceptível. Em seguida, abra o enquadramento para abarcar imagem com mais resolução de vídeo – a qualidade melhora sensivelmente (*foto do lado, à esquerda*) –, e dê uma panorâmica do alto, a partir do canto esquerdo até o centro da imagem. No enquadramento final (*acima*), ao término da panorâmica e do zoom, a qualidade é bastante satisfatória porque está calcada em uma foto de alta resolução. Não mantenha essa vista por muito tempo, ou ficará evidente que as folhas da palmeira não se mexem.

grafia em vídeo, caso não queira usar o software de edição para conseguir o mesmo objetivo, embora seja provavelmente mais fácil manter a imagem estática e movimentar a câmera.

Coloque a figura desejada em uma parede ou sobre uma mesa e aponte a câmera para ela. Ensaie os movimentos a serem feitos, bem como o tempo certo, mantendo uma iluminação chapada e uniforme sobre todo o campo de visão da objetiva. Você também pode usar diferentes ajustes de zoom ou ir fechando o enquadramento à medida que movimenta a figura. Pratique até ficar satisfeito com os movimentos, antes de começar a gravá-los. Elimine eventuais movimentos irregulares, para que a tomada fique mais suave.

Usando panorâmica e zoom

O software NLE, equivalente à rostrum camera, faz panorâmica e zoom, uma técnica às vezes chamada de Efeito Ken Burns (nome de um documentarista que utiliza amplamente fotografias em seus filmes). A técnica simula digitalmente os movimentos de panorâmica e zoom. Faz isso fechando progressivamente o enquadramento até uma porção pequena da imagem, como quando se usa o zoom digital.

O problema de trabalhar com uma imagem digital de vídeo está no fato de ela depender de interpolação – isto é, inserção de novos pixels para preencher os vazios de uma imagem ampliada –, resultando na queda de qualidade da porção aumentada. Para melhores resultados, você precisa de um software como o Moving Picture da StageTools, que pode ser usado como plug-in de um software NLE ou mesmo como aplicativo. O Moving Picture permite que você carregue uma imagem de até 8 mil pixels quadrados: você pode fazer panorâmica nela ou fechar em zoom, com alta qualidade.

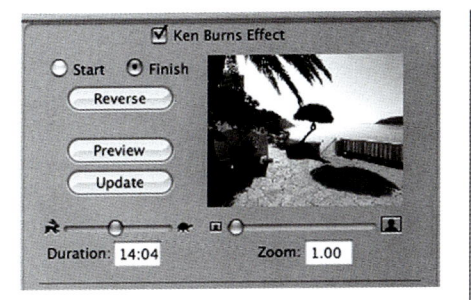

Usando softwares especializados

O Moving Picture simplifica e potencializa muito os efeitos de pan e zoom, graças à sua capacidade de trabalhar imagens de alta resolução. Você pode também girar a área de corte à medida que a move. A cada giro, você estabelece um quadro principal: os quadros intermediários são calculados entre os quadros principais.

Simplificando a tarefa

Esta caixa de diálogo NLE simples, mas eficiente, permite que você determine o ponto de partida, o ponto de chegada e a velocidade dos efeitos pan e zoom, assim como o nível do zoom para dentro e para fora. Com vistas obtidas a partir de zoom, é possível clicar na imagem, arrastando-a para escolher a posição de corte.

Animação quadro a quadro

Outra maneira de usar fotos em um filme é juntá-las em seqüência e exibi-las à velocidade normal. Isso é muito utilizado com bonecos feitos de argila ou com brinquedos do tipo Lego. Para filmar, digamos, um braço que se ergue, movimenta-se um pouco o braço para cima e dispara-se um quadro. Em seguida, um segundo movimento e um segundo quadro, e assim por diante. Quando os quadros são exibidos à velocidade normal, o braço do boneco parece se erguer naturalmente. A técnica exige planejamento meticuloso, infinita paciência e muita habilidade. Essa arte alcançou seu apogeu no cinema soviético e do Leste Europeu no final dos anos 1990.

74 TÉCNICAS DE CÂMERA E SOM

Solução rápida Direitos autorais

Se seus vídeos forem exibidos apenas para familiares e amigos, você não terá problema com direitos autorais. Mas, ao apresentá-los publicamente – mesmo que seja para um público informal em um clube ou em uma festa de casamento –, as coisas mudam de figura. Direitos autorais podem não parecer importantes durante o desenvolvimento de uma ideia, mas, se ela toma corpo, a violação de eventuais direitos de propriedade intelectual pode causar problemas.

Problema
A objetiva vê tudo à medida que percorre opticamente uma sala. A filmagem de cenas do cotidiano normalmente inclui tomadas de celulares, revistas e livros, por exemplo, objetos esses protegidos por marca registrada e *copyright*. Como saber quais necessitam de permissão de uso?

Análise
Se o material protegido por marca registrada ou *copyright*, como a capa de uma revista, é utilizado de modo apenas decorativo, não há necessidade de obter permissão, por se tratar de uma "inclusão episódica", ou seja, poderia ser qualquer outra revista. Mas se o objeto, como certo tipo de celular, aparece como algo de certa importância na vida da personagem, então o melhor a fazer é aconselhar-se com um especialista. O cuidado nesse sentido deve ser redobrado se o objeto, por exemplo, aparece como não confiável, pondo em risco a vida da personagem.

Solução
Se qualquer objeto de marca aparece em destaque, busque aconselhamento legal. Pode ser até que consiga patrocínio do produto exibido. Caso contrário, disfarce o objeto.

Uso de produtos
Em um documentário, os produtos eventualmente exibidos não chamam a atenção dos advogados, a menos que você faça observações críticas ou depreciativas sobre eles – se diz, por exemplo, que determinado produto foi a causa de um acidente. Em obras de ficção, o destaque dado a um produto requer assistência legal.

Problema
Você pretende contratar um fotógrafo para fazer os stills de seu filme e quer ter a certeza de que poderá usá-los para publicidade ou no filme.

Análise
A questão é saber se o trabalho do fotógrafo incorre no conceito de "trabalho por tarefa" e como isso é visto pela legislação trabalhista. Como a equipe de um filme é grande e muitos contribuem criativamente, a norma é encarar todas as contribuições como "trabalho por tarefa", pertencendo ao filme como um todo.

Solução
Ao contratar um *freelancer* para um filme, esclareça-lhe os direitos sobre o trabalho que ele fará. Se você pretende usar stills no filme, permita que o fotógrafo conserve os direitos autorais, mas obtenha licença exclusiva para usar o material no filme sem pagamento adicional. Se os stills forem essenciais à história, o fotógrafo poderá pedir mais dinheiro.

Fotos do filme
O gesto de um ator entre tomadas chama a atenção do editor, que pretende usá-lo no filme. Para tanto, o produtor terá de pagar ao fotógrafo pelos direitos, a menos que se tenha firmado um contrato de prestação de serviço.

Problema

Ao fazer um documentário, muitas pessoas aparecem no filme. Há quem diga ser necessário obter autorização dessas pessoas; outras afirmam que isso é desnecessário, por ser quase impraticável.

Análise

Não há uma resposta clara e definitiva para essa questão, pois ela depende de uma série de fatores, a saber: a) em que país ocorre a gravação; b) qual o propósito da gravação; c) o que será dito explícita ou implicitamente no filme; d) se as pessoas foram pagas para aparecer no filme; e) como se pretende usar o filme. Falando de um modo geral, documentários realizados em espaços públicos não necessitam de autorização, mas é preciso cautela se você estiver sendo crítico a respeito de alguém, e cautela especial se a pessoa não for uma figura pública. Entretanto, mesmo em espaços públicos, as pessoas têm certos direitos de privacidade assegurados por lei, os quais não podem ser violados.

Solução

Não confie no senso comum. Em caso de dúvida, aconselhe-se com um especialista. Em geral, embora eticamente dúbio, quanto mais distante você filmar do ponto em que o filme será visto, menos sujeito estará a uma ação judicial. Mas, nestes tempos de mobilidade global, é imprudente depender dessas evasivas. Se o documentário for usado comercialmente, sobretudo para promoção ou propaganda, não resta dúvida: pague para obter autorização das pessoas envolvidas.

Direito à privacidade
Em um documentário sobre portos pesqueiros no mundo, você grava alguém observando as atividades portuárias. No Marrocos, isso pode lhe trazer problemas se não obtiver autorização prévia, caso venha a exibir o filme na TV. Na França, sem prévia autorização, incorre-se em violação de privacidade, seja o filme exibido ou não em TV.

Problema

O que você gravou já foi visto e fotografado por milhões de turistas ao longo dos anos, então como é possível que alguém tenha direitos sobre isso?

Análise

O que está publicamente à vista ou é de fácil acesso do público quase sempre pertence a alguém, que muito provavelmente possui direitos de propriedade sobre qualquer representação do objeto. Se o objeto for mostrado de passagem, trata-se de inclusão episódica, não havendo, pois, violação de direitos autorais. Mas, se ele tiver presença significativa no filme – sobretudo se tiver sido alterado digitalmente para os propósitos da obra –, então você pode estar encrencado. Por exemplo, uma escultura muito semelhante a uma outra existente na Catedral Nacional, em Washington, apareceu no filme *O advogado do diabo*, durante o qual ela ganhou animação e se transformou em uma obra do mal. A cena teve de ser cortada sob ameaça de um processo para impedir a distribuição da fita.

Solução

Quando em dúvida, busque aconselhamento legal e tente obter permissão, mesmo se criar um modelo baseado em original já existente.

Associação
Se você incluir em um filme esta escultura de uma catedral italiana, associando-a a dois apaixonados, é provável que não haja problema; mas poderá haver problema se você associar a escultura a algo sacrílego ou herético.

Criando uma "aparência de filme"

Como o vídeo digital é cada vez mais popular, ele vem sendo objeto de um olhar mais crítico de parte de algumas pessoas, algumas com um gosto mais tradicional. Para elas, o vídeo tem uma aparência dura, pouco sutil, com tendência a queimar altas luzes, isto é, a perder detalhes nos brancos luminosos. O filme é o padrão segundo o qual o vídeo é julgado, sendo em geral considerado falho.

O que é "aparência de filme"?

A "aparência de filme" compreende uma porção de características distintas. Primeiro, o filme é realizado a 24 qps (quadros por segundo). Segundo, e mais importante, a tonalidade do filme é suave, as cores são ricas, e, acima de tudo, o filme comporta uma iluminação ampla ou gama dinâmica. A diferença que se percebe na qualidade de cor entre filme e vídeo se deve, em parte, à latitude de exposição mais limitada do vídeo quando comparada à do filme, daí por que tende a queimar as altas luzes com certa facilidade.

Outro aspecto do filme é que a aparente profundidade de campo pode ser muito pequena comparada à do vídeo digital – isto é, é muito fácil deixar o plano de fundo desfocado em um filme, especialmente em 35 mm. A razão disso é que o filme usa formatos muito maiores do que os pequeninos sensores das câmeras digitais, e formatos maiores exigem objetivas de distância focal mais longa. A profundidade de campo diminui com o aumento da distância focal. As câmeras digitais de vídeo usam objetivas de distância focal curta, que naturalmente oferecem uma extensa profundidade de campo.

Imitando filme

O vídeo para parecer com filme tem de imitar suas características. O aspecto técnico mais óbvio a ser imitado é a velocidade de 24 qps. Algumas câmeras modernas do

Filtro de difusão

O método mais fácil de obter uma aparência de filme é usar um filtro de difusão sobre a objetiva. Tecnicamente, é um filtro de retenção: deixa passar detalhes suaves, bloqueando os mais duros. Se você usar uma objetiva extra para efeitos de grande-angular ou telefoto, precisará de filtros de difusão nessas objetivas.

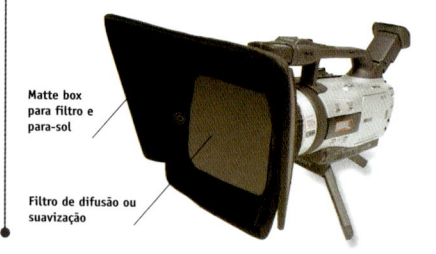

Matte box para filtro e para-sol

Filtro de difusão ou suavização

Original

Efeito filme

Anti-aliasing

Bordas serrilhadas, ou aliasing, são consequência natural do baixo número de pixels usado pelo formato vídeo para gravar informação. O efeito fica exagerado por conta dos filtros de nitidez utilizados no processamento da imagem. O resultado são contornos duros, típicos do vídeo. Um filtro de suavização – aqui simulado com um filtro blur – mistura detalhes e suaviza as bordas, que é o efeito anti-aliasing. Em fotografia, o resultado fica suave demais, mas essa suavização é aceitável em um filme.

tipo prosumer conseguem capturar quadros inteiros à velocidade de 24 ou 25 qps. Isso pode ser chamado modo de varredura progressiva, isto é, 24P ou 25P, dependendo da velocidade dos quadros. Enquanto a velocidade de 24 qps propicia um movimento suave na tela de cinema, 24 ou 25 qps em vídeo pode não produzir a mesma suavidade na tela de tevê. O modo de varredura progressiva é ideal quando é preciso tirar quadros de clipes ou quando se deseja transferir vídeo para filme.

A iluminação pode ajudar a disfarçar que você está trabalhando com vídeo digital: usando uma iluminação bem suave, é possível evitar altas luzes queimadas. Câmeras de nível profissional exibem alertas – um padrão tipo zebra ou áreas piscantes na imagem – para indicar partes superexpostas do quadro (*veja a página 174*).

Bem mais difícil é simular uma profundidade de campo limitada. Se sua câmera permite ajuste manual de abertura, você deve calibrar a objetiva na maior abertura possível (o menor f/number). Em condições de muita luz, talvez seja necessário usar um filtro de densidade neutra, para obter a exposição correta. Tente abarcar o máximo possível no enquadramento, usando uma distância focal mais longa, ou se distanciando bastante do plano de fundo. Mas essas medidas de nada ajudam com tomadas feitas com grande-angular. Em última análise, a única maneira de reduzir a profundidade de campo é usar uma câmera com sensor maior.

Baixo contraste
Por menor que seja a luz, o contraste é sempre grande no vídeo; mesmo em dias muito nublados (como neste detalhe), o lado claro das superfícies dessas estátuas douradas de Bodhisattva, em Hong Kong, fica branco no vídeo. Em filme, as áreas claras teriam uma cor dourada.

Original

Efeito filme

Correção de cor
Outra maneira de melhorar a aparência do vídeo é processá-lo em um programa de edição não linear (NLE), que permite certa correção cromática. No dia encoberto em que esse material foi gravado, as cores resultantes pareciam sem vigor (*acima, à esquerda*).

Isso foi corrigido com a ajuda da função Color Corrector do software de NLE (*acima, à direita*). Filtros plug-in que dão "aparência de filme" podem ser obtidos em aplicativos profissionais de NLE.

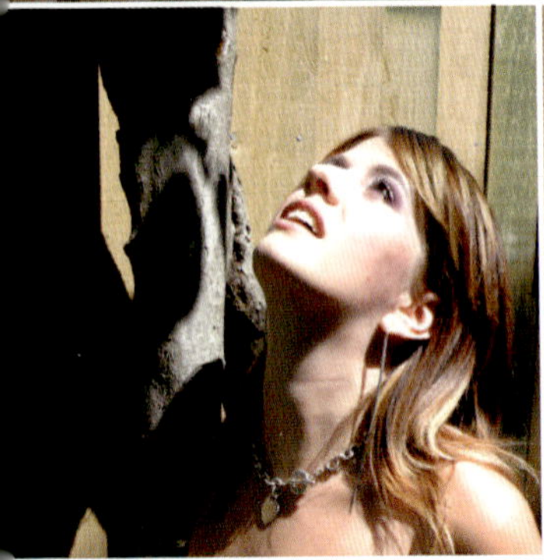

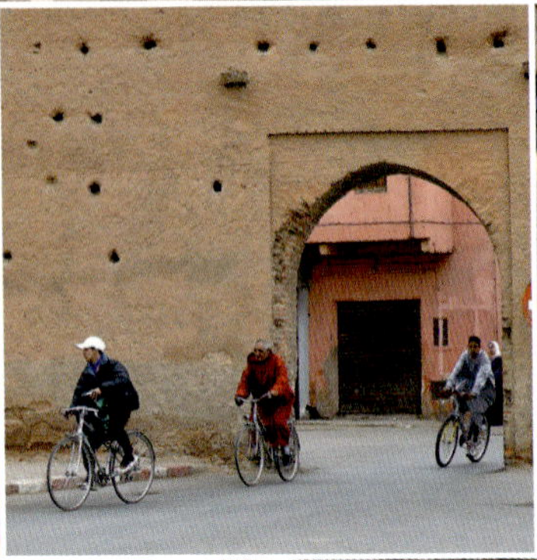

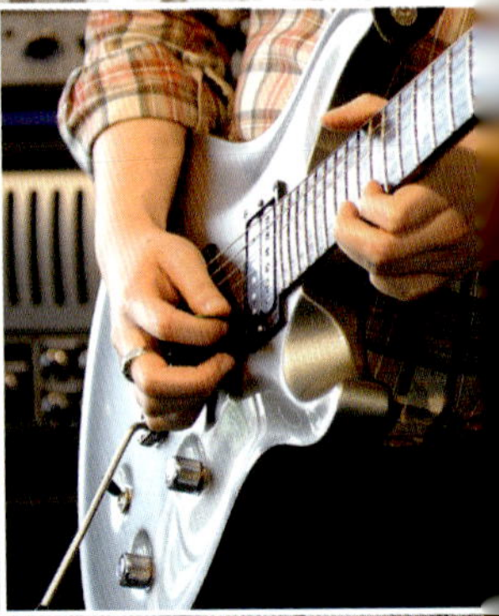

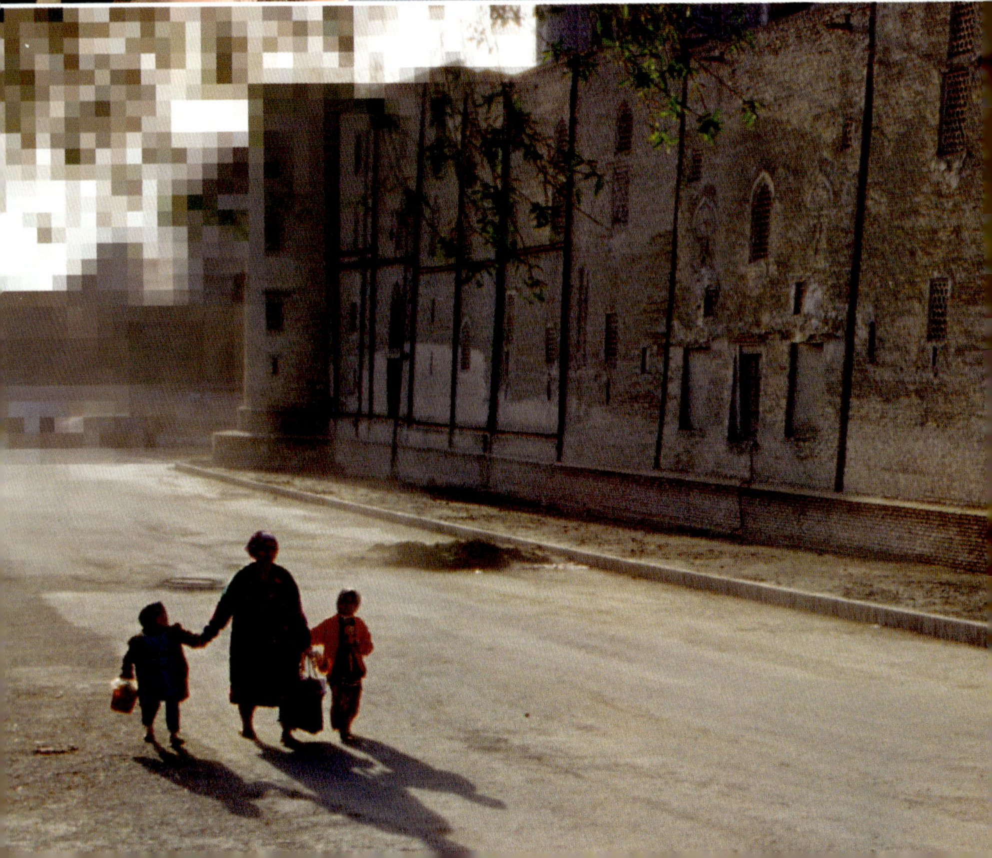

3
Entendendo e usando a luz

Propriedades da luz

Entender a luz e suas propriedades é fundamental para quem pretende trabalhar com vídeo. Este capítulo aborda as muitas características da luz, como qualidade, direção, cor e quantidade. Também explica a relação entre luz e atmosfera e faz um exame detalhado dos arranjos de iluminação. A seção "Solução rápida" traz soluções para problemas de exposição.

Controlando a luz

O controle da luz permite que você dê um toque distinto a cada um de seus filmes, ou mesmo uma aparência singular a seu trabalho. Neste capítulo, ilustrações e diagramas fornecem os fundamentos para que você aperfeiçoe a técnica de iluminar. Aprenda praticando as ideias de iluminação aqui apresentadas; depois, faça experiências para encontrar suas próprias soluções. A seção "Solução rápida" sobre problemas de iluminação o ajuda a evitar algumas das armadilhas mais comuns.

Capturando a luz

Usando diferentes técnicas de iluminação, você pode dar a seus filmes de vídeo uma sensação de tempo e lugar, transmitir atmosfera ou sentimento e até mesmo criar um estilo visual. São acréscimos à sua capacidade de contar uma história.

Consciência da luz

Como o fotógrafo, o bom *videomaker* está sempre consciente da luz. Quem já não sentiu uma mudança de atmosfera quando uma grande nuvem de repente encobre um sol brilhante? Ou as mudanças menos dramáticas que ocorrem ao longo de um dia ou entre as estações do ano? Ou mesmo a mudança de luz quando vamos de um aposento a outro da casa?

A qualidade da luz

Percebemos a luz, difusa ou suave, pelo efeito que ela causa às cenas à nossa volta. Ela se manifesta em sombras fracas, quase inexistentes, de bordas vagas. Sabemos, assim, que a luz se espalha por todos os lados, sem se concentrar em nenhuma direção. Isso é o resultado de uma grande fonte, talvez um céu nublado.

Por outro lado, quando vemos sombras nítidas com uma grande diferença entre as áreas mais claras e as mais escuras, com formas perfeitamente delineadas e cores intensas, deduzimos que a luz se concentra em uma direção principal. Temos aí o resultado de uma luz aparentemente oriunda de uma fonte pequena, como um *spotlight*.

Mudança de exposição
Um pôr do sol é capaz de criar um romântico retrato de casamento. Mas, se estiver bem na frente da câmera, o sol poderá afetar a leitura da exposição e deixar o plano de fundo escuro demais. Compense isso aumentando a exposição (*veja as páginas 86 e 87*).

Explorando a luz suave
Nessa tomada de jovens guepardos brincando sob um céu nublado do Quênia, a única sombra visível está debaixo do buraco fundo da velha árvore. A luz suave do dia encoberto é ideal para realçar a textura do pêlo dos felinos e seus delicados matizes.

Luz difusa
O fino véu de uma nuvem alta (*acima*) suaviza o forte sol mediterrâneo, sem, contudo, eliminar as sombras. É a iluminação perfeita para o intricado trabalho em pedra desse edifício em Pisa, na Itália.

Usando luz lateral
Nesta cena, graças à luz forte que incide lateralmente, a cabeça do veado, para onde quer que se volte, apresenta um distinto padrão de claro e escuro. Continue filmando para captar essa diversidade.

Estilos de iluminação

Uma das maneiras mais diretas de imprimir um estilo visual a seus filmes é por meio da iluminação. Usando determinada luz consistentemente, você pode transmitir suas intenções de forma clara. Pense na iluminação assustadora vinda de baixo no filme *A bruxa de Blair* ou em muitas outras obras de terror. Diversos musicais e comédias fazem uso de uma iluminação uniforme e estável, que sugere leveza de conteúdo e significado. Em contraste, filmes de ficção e aventura costumam utilizar luz lateral dramática, como se vê, por exemplo, em *O terceiro homem*, *O exterminador do futuro 2* e *Blade Runner*.

Direção da luz

Em um filme, a direção da luz contribui mais do que simplesmente um efeito artístico. Ela pode ditar todo o sentido do movimento e dar fortes indicações, embora indiretas, sobre a continuidade narrativa. Basicamente, a luz incide de seis posições: de cima ou de baixo, de frente ou de trás, da esquerda ou da direita.

Antes de considerar essas posições, pense a respeito de sua compreensão instintiva da luz. O sol – a fonte de luz natural – sempre brilha de cima ou de um lado, raramente de baixo. A altura, a força e a direção da luz informam sobre a estação do ano, a hora do dia e a direção da viagem.

A luz criada pelo ser humano veio originalmente do solo, na forma de pequenas fogueiras, e esse tipo de iluminação, vinda de baixo, geralmente lança sombras assustadoras e de aparência sobrenatural.

De cima ou de baixo

A iluminação vinda de cima imita a luz do sol; assim, é a que parece mais natural, enquanto a iluminação de baixo, com suas conotações antinaturais, é geralmente usada para sugerir o desconhecido. Entre essas duas posições, a luz horizontal, um pouco acima ou um pouco abaixo do nível da cabeça, pode conotar iluminação doméstica e a segurança do lar.

De frente ou de trás

Nosso instinto é nos posicionarmos com o sol pelas costas, pois isso nos dá a melhor visão de qualquer coisa que venha em nossa direção. Um motivo iluminado de frente (isto é, com a luz vindo de trás da posição da câmera) parece menos ameaçador e mais reconfortante, pois tudo é visto com maior clareza e mais detalhes. Em contrapartida, um motivo iluminado por trás aparece em silhueta, e essa forma escura, que oculta detalhes, pode se mostrar ameaçadora. Entretanto, se a luz vinda de trás é muito forte, o motivo fica circundado por um halo de claridade, sugerindo inocência ou bondade.

Da direita ou da esquerda

Durante uma ação em uma cena ou sequência de cenas, a incidência da luz – venha ela da direita ou da esquerda – informa o espectador acerca do sentido em que a ação se desenrola.

Suponha que seu protagonista caminha com o sol à sua direita, mas logo se vê envolvido em uma encrenca. Se ele foge com o sol à sua esquerda, o espectador sabe inconscientemente que o protagonista está correndo de volta para casa. Ou suponha que você esteja gravando uma conversa entre duas pessoas: se você filma sobre o ombro de uma delas com a luz vindo da esquerda, depois corta para filmar sobre o ombro da outra, deve

Luz de cima
Com luz de cima, essa cena parece clara e ensolarada. Entretanto, o contraste é grande demais para os sensores do vídeo, deixando as altas luzes muito brilhantes e queimadas (*acima*). Para evitar isso, reduza a gama dinâmica, preenchendo as sombras com refletores ou luzes (*à esquerda*).

haver uma troca correspondente na direção da luz – esta deve parecer como oriunda da direita. Caso contrário – e pode ser que ninguém note –, isso poderá ser perturbador para o público, ainda que de modo subconsciente.

Se você filmar sem interrupções, não cometerá tal erro; o problema ocorre quando, por exemplo, você pára para um descanso e ao recomeçar coloca as pessoas sentadas em posições diferentes e a câmera já está posicionada. Aí, sim, estará criando um problema de continuidade (*veja as páginas 60 e 61*).

Iluminação uniforme

A iluminação geral e uniforme de ambientes fechados é um artifício criado pelas necessidades e limitações do videoteipe e da televisão. As casas, na verdade, são iluminadas de diferentes maneiras, com algumas áreas mais escuras do que as outras.

Na vida real, uma iluminação uniforme pode significar um céu nublado, um dia aborrecido, a correria do dia a dia urbano e a atmosfera insalubre da cidade.

Entretanto, a iluminação uniforme continua sendo o tipo mais favorável para o vídeo, pois nem sombras, nem altas luzes entram em conflito ao serem gravadas. Já se disse que luz nenhuma é suave o suficiente para vídeo, e a iluminação uniforme transborda suavidade.

Luz de trás
Flagrados enquanto se divertiam em uma reunião familiar italiana, esses meninos deixaram atrás de si um mundo fortemente iluminado, em que nada pode ser visto, a despeito da luz. Uma generosa exposição do primeiro plano realça os detalhes nos meninos.

Luz uniforme
Normalmente banhada por um sol forte, essa muralha em Marrakech oferece um interessante pano de fundo para o ir e vir das pessoas na rua. Com luz áspera, o alto contraste degradaria as cores da imagem. Aqui, em um dia nublado, a muralha é iluminada com perfeição.

Luz lateral
Com forte iluminação à esquerda, as curvas da guitarra e as formas esculturais das mãos do músico são capturadas com perfeição. A superfície refletora jogou luz na objetiva quando o músico se mexeu levado pelo fluxo da música.

A cor da luz

Muita perícia e dinheiro são investidos para controlar a cor na realização de um filme cinematográfico. As fontes de luz têm de ser filtradas cuidadosamente com gelatinas coloridas a fim de se obter balanço de cor, e, mesmo assim, são feitas correções posteriores antes de se tirarem as cópias para distribuição. Com vídeo digital, a necessidade de cores consistentes e precisão continua grande, mas os recursos eletrônicos fazem boa parte do trabalho. O balanço de branco é o processo que compensa a temperatura de cor de uma fonte de luz, a fim de obter uma gravação cromática precisa.

Qualidade da cor

As câmeras digitais de vídeo fazem ajustes automáticos do balanço de branco com base na cor predominante da iluminação. O objetivo é garantir que cores neutras, branco ou cinza, fiquem realmente neutras; presume-se, assim, que as demais cores serão registradas de modo mais ou menos exato. Isso para que as paredes brancas de uma sala pareçam brancas quando iluminadas tanto pela luz do meio da tarde como pela luz do fim de tarde. A correção do balanço de branco no vídeo digital ocorre quase como uma consequência direta do modo como as cores são examinadas e depois codificadas no sinal do vídeo, mas o sistema pode se confundir se uma verdadeira cor neutra não ficar perfeitamente definida. Nesse caso, você tem de ajudar a câmera.

Matizes cambiantes

Ao filmar de um elevador em um *shopping center* de Hong Kong, a câmera foi corretamente ajustada para o balanço de cor das luzes incandescentes, para que se obtivessem cores precisas, inclusive as neutras. Mas, à medida que o elevador ascendeu para a luz do dia, o balanço de cor não foi automaticamente ajustado. Isso produziu um véu fortemente azulado, e o vermelho dos táxis se transformou em magenta.

Obtendo o correto balanço de cor

Sob as lâmpadas incandescentes de um restaurante, a louça parece claramente amarelada (*foto de cima*). Mas uma correção total (*foto de baixo*) deixa a mesa escura demais. Já uma correção parcial (*foto da direita*) chega ao balanço certo, produzindo uma imagem mais satisfatória.

Ajuste com cartão cinza

A melhor maneira de garantir que a câmera está fazendo um balanço de branco correto é simplesmente exibir diante dela uma cor neutra. Cartões impressos com um cinza médio padrão são encontrados no mercado e custam pouco. Primeiro, ajuste a câmera para o modo manual ou hold; depois, coloque o cartão diante da objetiva da câmera e faça o balanço de branco.

O método de ajuste varia ligeiramente de câmera para câmera, por isso verifique o procedimento correto no manual de instrução.

Temperatura de cor

A cor, ou a qualidade da luz que dá a impressão de matizes, não tem uma temperatura. Mas a temperatura de uma fonte de luz incandescente está relacionada com a cor da luz que emite: quanto mais quente a fonte, mais fria ou mais azul a luz; já as temperaturas mais baixas produzem luz vermelha ou amarelada.

A temperatura de cor é medida em graus Kelvin (K, em que 0 K corresponde ao zero absoluto); 5.000 K é a temperatura da cor das luzes domésticas; 6.500 K é a das lâmpadas de tungstênio halógeno; 9.300 K é a temperatura de cor de uma típica luz diurna.

Quantidades de luz

Quase todas as câmeras digitais de vídeo funcionam com controle automático de exposição. A exemplo do que acontece com o balanço de branco, o controle de exposição é quase uma consequência direta do modo como o sinal de vídeo é processado. A quantidade de luz que incide sobre o sensor do vídeo – isto é, a exposição – é controlada pelo tempo do obturador (ou o equivalente eletrônico) e pela abertura da objetiva, ambos determinados automaticamente. Além disso, o próprio sensor pode ajustar sua sensibilidade à luz incidente, também de modo automático. Ao contrário da fotografia digital, há um limite para o tempo de obturação, pois este tem de se adequar à velocidade de quadros do vídeo (por exemplo, 30 quadros por segundo), e, claro, tem de ser o mais veloz possível para capturar o movimento sem borrá-lo.

Controlando a exposição

Na maior parte do tempo, você não vai precisar se preocupar com controle de exposição. Enquanto a câmera cuida de todos os ajustes, o visor ou a tela LCD mostra o sinal de vídeo que está sendo gravado, de modo que você dispõe de dados constantes sobre a precisão do controle de exposição. Mas sistema algum pode acertar o tempo todo. Por exemplo, seu motivo pode ser um alvo pequeno – um rosto ou uma flor, digamos – cercado de grandes áreas de escuridão. Os sistemas automáticos provavelmente deixarão a imagem superexposta, queimando o motivo. Ou você pode estar seguindo uma figura que se desloca da luz e desaparece no escuro, e a última coisa que você quer é que a câmera aumente a exposição quando a tomada alcança a parte escura.

Para resolver esse problema, sua câmera pode ter uma função chamada fotômetro de ponto ou Memory hold. Usando essa função, você seleciona um ponto na cena como a base para a tomada. Cuidado, porque algumas câmeras mantêm a exposição até o cancelamento do ajuste, enquanto outras voltam à função automática normal no fim do clipe. Conheça bem o modo como sua câmera funciona.

Amplitude dinâmica
Ao deparar com uma amplitude dinâmica grande demais, você tem de decidir quais tons manter e quais perder. Aqui, considerei os tons da águia mais importantes do que o céu azul.

Alterando a exposição automática
Esta sequência mostra como a exposição automática responde à mudança de luz. A câmera expõe corretamente o close-up de uma árvore de folhas vermelhas na Nova Zelândia, mas, quando erguemos a câmera, o céu claro reduz a exposição. E, quando ela é corrigida para o céu, a árvore fica quase preta.

QUANTIDADES DE LUZ **87**

***Workshop* de fotografia**
O brilho da caixa de luz nessa biblioteca escura provocou um ajuste da exposição automática que deixou tudo subexposto, exceto a própria caixa de luz. Mas, quando a caixa foi parcialmente coberta, o sistema de exposição registrou a mudança e, uma vez reduzida a gama de luminância, fez a correção (isso pode ser visto no visor da câmera de vídeo), propiciando uma boa exposição geral. Observe que a cor da imagem também melhora durante o processo.

Trabalhando com pouca luz

Outro problema é a falta de luz, que deixa a imagem escura demais. Se a câmera tentou dar suficiente exposição, aumentando a sensibilidade, a alternativa que resta é complementar a luz (*veja as páginas 92 a 97*). Isso pode ser impossível ou indesejável – por exemplo, se você não quer perturbar o motivo.

Algumas câmeras permitem que você mude para luz negra ou infravermelha (*infrared* – IR, em inglês). Isso pode depender de fonte extra de IR ou do IR proveniente do motivo (todo animal de sangue quente e toda máquina em atividade emitem luz infravermelha), permitindo que você grave em total escuridão; porém, as imagens ficarão em preto-e-branco e um tanto granuladas.

Exposição no vídeo

A exposição em uma câmera de vídeo significa o mesmo que em fotografia: a quantidade de luz incidindo no conjunto de sensores depende do tempo de exposição e da abertura da objetiva (o ajuste que controla a quantidade de luz que passa através da objetiva). Entretanto, em vídeo, a velocidade de 30 quadros por segundo limita o tempo de obturação. As modernas câmeras de vídeo têm um controle adicional para variar a sensibilidade ou ganho do chip do sensor. Com pouca luz, a sensibilidade aumenta; em condições de muita luminosidade, ela diminui.

Solução rápida Controle de exposição

Luz difusa ou suave é geralmente fácil de expor, pois a câmera ou você precisam ser muito precisos. Luz dura ou contrastante é mais complicada. A diferença entre claro e escuro pode ser maior do que a capacidade do sensor do vídeo de lidar com tanto contraste. Você é que tem de decidir qual a melhor exposição. Geralmente é preciso transigir, já que a exposição perfeita é impossível.

Problema: seguindo as mudanças

A exposição muda à medida que você segue um motivo de uma parte da cena para outra, de modo que o motivo às vezes fica escuro demais e outras, claro demais.

Análise

O sistema de exposição automática está sempre medindo as condições de iluminação e respondendo às suas mudanças, tentando dar a exposição correta. Se o motivo vai para a sombra, o sistema aumenta a exposição, clareando a imagem, quando o que você deseja é o contrário, isto é, que a imagem fique mesmo no escuro.

Solução

Desligue o automático e fique no manual, ou, mais exatamente, no modo Memory hold ou fotômetro de ponto, nomes

Seguindo as mudanças
No início da sequência, a câmera grava com exposição correta. Isso deveria se manter durante toda a tomada, mas não foi o que ocorreu (*veja no detalhe acima*). O fundo escuro predomina, resultando em superexposição.

diferentes para o mesmo efeito, pois ambos permitem determinar uma exposição que será mantida durante toda a tomada. É você, portanto, que terá de decidir por uma única exposição para a sequência inteira, e a única saída nessas situações é o meio-termo. Em geral, é mais desejável que o motivo fique escuro demais ao entrar na sombra do que claro demais ao ingressar na luz.

Problema: ausência quase total de luz

Às vezes a luz é tão pouca que quase não se enxerga nada, mas você pretende filmar mesmo assim – em uma festa, por exemplo –, e jogar mais luz na cena pode perturbar o motivo.

Análise

A luz visível pode ser pouca ou nenhuma, mas seres vivos emitem luz infravermelha (IR); nesse caso, é preciso ter uma câmera que possa gravar à luz infravermelha.

Solução

Todos os sensores do vídeo digital são sensíveis ao infravermelho, mas muitos dispõem de um filtro permanente cuja função é evitar que o IR afete a gravação normal. Em algumas câmeras, contudo, é possível deslizar o filtro para o lado quando são ajustadas no modo Night-shot ou IR. Esse modo não grava cores, mas consegue captar imagens em escuridão quase total. Uma lâmpada IR extra pode melhorar a iluminação; ela não é visível aos seres humanos e a muitos animais.

Sem luz
Em um elevador com um mínimo de luz, o modo Night-shot permite a gravação de uma cena normalmente impossível.

O resultado, porém, é uma imagem apenas em preto e branco e com muito ruído (granulada) – mas é melhor do que nada.

Problema: Contra a luz

O motivo fica muito escuro quando o plano de fundo é corretamente exposto. Quando se tenta corrigir esse tipo de exposição, o inverso ocorre: o motivo fica corretamente exposto, mas o fundo, superexposto, resulta claro demais.

Análise

O motivo recebe mais luz por trás do que pela frente: a luz principal está diante da câmera, por isso o motivo fica na sombra. Resultado: uma gama de luminância muito ampla entre motivo e fundo – muito extensa para a capacidade do sensor.

Solução

Usar os controles da câmera é uma solução apenas parcial, pois é impossível determinar uma exposição que faça justiça ao motivo e ao fundo. Uma possibilidade é posicionar uma luz ao lado da câmera, a fim de iluminar melhor o motivo. Isso reduz a gama de luminância e ajuda o sensor. Outra possibilidade é usar um filtro graduado, mais escuro na metade superior e transparente na metade inferior (*veja a página 26*).

Problema...

Contrastes da cena

Contra um céu claro e nebuloso, os detalhes do primeiro plano ficam subexpostos, enquanto a exposição do céu também não está correta. Se a exposição do céu for corrigida, o primeiro plano ficará escuro. Por outro lado, se houver correção da exposição do primeiro plano, o céu resultará em um branco lavado.

... Solução

Usando luzes

Nos primeiros tempos do cinema, uma iluminação extra era indispensável quando se filmava em interiores. O aumento da sensibilidade das emulsões, com a miniaturização dos formatos, acabou liberando as operações da câmera, tanto no tocante ao manejo quanto na quantidade de iluminação necessária.

Entretanto, poucas coisas conseguem transformar magicamente uma locação em um espaço repleto de romance, mistério ou paranóia mais do que uma luz posicionada de modo cuidadoso. O uso de luzes extras para melhorar a aparência dos seus vídeos distingue o *videomaker* sério. Você pode se contentar com a luz disponível, mas estará se privando de descobrir grandes possibilidades criativas.

A desvantagem de luzes complementares, fora o trabalho extra que exigem, é a necessidade de uma fonte de energia: ou você trabalha próximo de um suprimento de força, ou terá de transportar uma pesada bateria. O segredo é usar o menor número possível de luzes, em unidades ao mesmo tempo pequenas e razoavelmente potentes.

Motivação da luz

Se existe um segredo nesse ofício de iluminar filmes, é simplesmente que toda luz deve ser "motivada". Isso significa que qualquer luz ou fonte de luz visível para o espectador devem parecer um elemento natural da cena.

Um rosto na escuridão torna-se repentinamente visível, quando um raio de luz emerge nas trevas, para depois desaparecer novamente no escuro das sombras. Consegue-se o efeito balançando-se uma lâmpada diante do rosto do ator, mas o que o espectador vê é o farol de um carro dobrando a esquina. Iluminar um rosto com uma tocha é uma opção tosca, mas, se o roteiro determina ser essa a única luz disponível, como no filme *A bruxa de Blair*, esse tipo de iluminação pode acabar dando à fita o selo de uma obra *cult*.

A motivação significa que o ângulo da luz, sua intensidade, relação com a ação visível e cor também devem parecer parte natural da cena. Isso se aplica especialmente à luz principal, já que ela não aparece no enquadramento. As luzes dentro da tomada, ou seja, visíveis ao espectador – lâmpada de mesa, luz vinda de um corredor ou vela – garantem sua própria motivação.

Luz sobre a câmera

Uma luz montada sobre a câmera é a pior maneira de iluminar uma cena. Esse tipo de luz frontal deixa o motivo chapado e cria uma enorme dificuldade para adequar sua luminosidade ao resto do ambiente. É claro que em muitas circunstâncias, como em um documentário no qual as condições são precárias, esse tipo de luz acaba sendo a única alternativa. Mas o melhor é evitá-la tanto quanto possível, a menos que seja o efeito pretendido.

Equipamento básico

O equipamento mínimo é mesmo uma lâmpada fixada sobre a câmera. Mas, para um trabalho mais elaborado, é preciso contar com lâmpadas montadas sobre pedestais leves. O *kit* básico de iluminação deve incluir:
- 1 *spot* para luz direcionada;
- 1 unidade de luz para iluminação geral;
- 2 pedestais;
- 1 conjunto de barn doors;
- difusores e gelatinas.

Esse *kit* é útil para head shots, entrevistas ou para iluminação extra do ambiente. Um equipamento mais profissional pode ser caro, mas procure acrescentar ao *kit* básico outro spot, uma soft-box e um jeito de ajustar a luminosidade das lâmpadas.

A abordagem Dogma

Dogma é um movimento cinematográfico que começou na Dinamarca em 1995 e que prioriza a personagem e a vida real. Um dos dogmas do movimento é a exclusão de qualquer tipo de luz que não seja natural. Essa opção estilística é parte das dez regras do "voto de castidade", que evita qualquer intervenção tecnológica, como efeitos especiais e registro de som e imagem separadamente (o chamado *wild track*), chegando mesmo a excluir o uso de tripés. Sejam quais forem suas contradições filosóficas, o estilo Dogma prioriza de modo extremado a naturalidade do fazer cinematográfico, com a exclusão de qualquer artifício tecnológico que não seja o absolutamente inevitável. O filme *Italiano para iniciantes*, de Lone Scherfig, a primeira diretora mulher do Dogma, é um belo exemplo do estilo e merece ser visto.

Iluminação adicional

Em algumas situações, como quando se filma dentro de um estúdio de gravação, as possibilidades de iluminação ficam limitadas. Neste exemplo, não foi possível mudar a luz principal sobre a guitarra-base, mas um *spotlight* dirigido em ângulo contra a parede criou um círculo de luz vivo e interessante. A motivação para a luz, neste caso, é muito simples: ela cria um efeito visual decorativo, dando variedade ao fundo.

Claro e refrescante

Com luz suave e aberta em níveis altos, a máscara (gobo) do tipo janela (*veja a página 97*) no fundo tem sua intensidade reduzida, as sombras não são pesadas e o contraste geral é baixo. Não é o tipo de luz para grandes dramas ou situações intensas – ao contrário, sugere verão e brisa refrescante entrando pela janela aberta.

Efeito dramático

Essa iluminação, de chave dura e lateral e o gobo imitando uma janela ao fundo, não pretende transmitir alegria. Com suas sombras pesadas e alto contraste, ela sugere um cenário grave. Uma vez que é fácil conseguir uma imagem de alto contraste em vídeo, grave um teste primeiro antes de filmar toda a cena.

Arranjos de iluminação

Para trabalhos em vídeo, o arranjo básico de iluminação compreende três luzes: uma luz principal; uma luz de enchimento, para suavizar as sombras criadas pela principal; e uma contraluz, para separar o motivo do fundo. Esse arranjo pode parecer estereotipado, mas é fruto de incontáveis tentativas de encontrar algo melhor. Mesmo quando explora apenas a luz ambiente, ao estilo Dogma, o diretor de fotografia posiciona o ator de modo que seja iluminado de três diferentes direções. Qualquer variação desse esquema geralmente pressupõe uma situação especial, como, por exemplo, aquela em que motivo e fundo quase se fundem ou que determinados detalhes importantes se perdem nas sombras. Pode-se dizer que a iluminação de três pontos é emocionalmente neutra, constituindo, portanto, um bom ponto de partida para os *moviemakers*.

O arranjo

Planejamento é essencial em iluminação: permite que você posicione as luzes de modo que obtenha a iluminação e a aparência pretendidas, além de economizar tempo no set de filmagem. O planejamento possibilita ainda a colocação das lâmpadas nas posições mais adequadas sem a necessidade de mudar móveis ou tropeçar em objetos irremovíveis como lustres ou guarda-roupas.

Ao posicionar as luzes para uma cena que implique movimento, como o caminhar por uma sala, certifique-se de que a iluminação é suficientemente ampla para cobrir todo o movimento sem mudança de brilho – a menos, é claro, que o diretor pretenda o contrário.

Trabalhar com método também é vital. Você está lidando com equipamento potencialmente perigoso, por isso os cabos devem estar desenroscados e as luzes, dispostas de modo seguro e fora do caminho do elenco e da equipe técnica.

Construindo as luzes

Ao examinar as seguintes sequências de iluminação, é importante entender que não existe certo ou errado definitivos a respeito de qualquer arranjo de luz. Iluminação forte e fulgurante no rosto com sombras duras na parede é mais apropriada para certo tipo de trabalho – filmes de suspense ou de terror, por exemplo – e inadequada para outros, como histórias de amor ou fitas de época. Do mesmo modo, uma iluminação uniforme, sem sombras profundas, que mostra tudo claramente, é a marca registrada de novelas e filmes feitos para a televisão. É possível criar tensão com esse tipo de luz, mas você e os atores terão de trabalhar duro porque a iluminação não ajuda o emocional da cena.

Gama dinâmica

Enquanto o filme cinematográfico suporta uma amplitude de contraste (na verdade, relação de luminância) de aproximadamente 96:1 (cerca de 7 stops de diferença entre as partes mais claras e as mais escuras), o vídeo digital está limitado a uma relação de mais ou menos 30:1 (menos de 5 stops). Essa latitude bem mais estreita significa que a iluminação para vídeo deve ser mais suave – isto é, deve ter uma relação de luminância pequena para evitar altas luzes queimadas ou "quentes". Na prática, isso demanda o uso extensivo de telas de difusão e o enchimento das sombras com refletores.

Amplitude do sensor
Esta série de imagens representa a gama dinâmica que há para gravar com um típico sensor CCD das câmeras digitais de vídeo – indo de -2 stops de subexposição a +2 stops de superexposição. A gama segura vai de 2 stops com exposição correta a 2 stops com superexposição; nesta gama, as cores são registradas com algum detalhe. Nesta imagem relativamente de alto contraste, note como a mancha de luz à esquerda da modelo mantém o brilho independentemente da exposição que se faça.

Um dos prazeres em criar um filme é o fato de ser uma atividade multidimensional: não se trata apenas de composição do enquadramento, ou de diálogo e som, ou de iluminação. Todos os elementos se conjugam, de modo que, a exemplo da trilha sonora (que só é boa quando passa despercebida), a iluminação também deve fazer parte da ação sem ser notada. Muitas cenas em *Chicago Cab* (de Mary Cybulski e John Tintori) mostram pessoas sendo transportadas de táxi. No entanto, conforme as luzes das ruas incidem sobre as janelas do veículo (de um filme projetado por trás), a iluminação dos atores não varia, como seria natural. A maioria dos espectadores não percebe essa artificialidade, mas o equívoco é subliminarmente destoante.

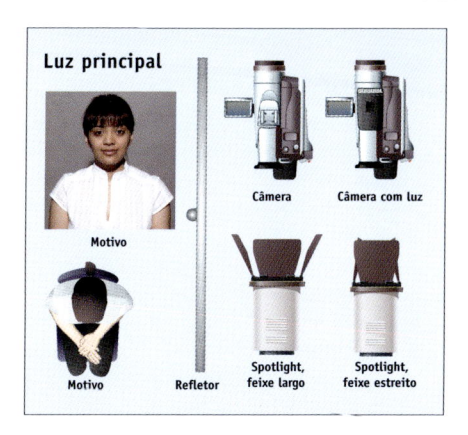

Luz principal

Motivo — Refletor — Câmera — Câmera com luz — Spotlight, feixe largo — Spotlight, feixe estreito

Do lado

Luz principal lateral
Um único floodlight com um feixe relativamente estreito ou com uma lâmpada colocada perto do motivo causa vários problemas. A luz se torna dura nos tons da pele; a sombra densa criada pelo motivo distrai a atenção; a irregularidade da iluminação é indesejável; a motivação da luz é pobre. Enfim, este é um arranjo nada natural.

De frente

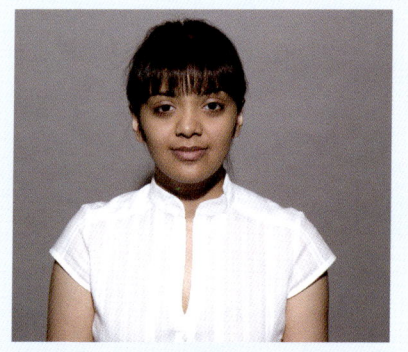

Iluminação frontal
A iluminação frontal, como a de uma lâmpada montada sobre a câmera, pode gerar resultados aceitáveis se não houver outra maneira de ao mesmo tempo iluminar e operar a câmera. Neste caso, o melhor é afastar o motivo da parede para que a sombra não apareça no quadro. Filme de uma posição um pouco abaixo do nível dos olhos, ou a lâmpada criará sombras pesadas neles.

Arranjos de iluminação (continuação)

Quebra-luz flexível

Luzes fora de centro, mas voltadas para a câmera, podem criar flare na imagem: mesmo que você não veja a lâmpada, a luz é capaz de atingir as partes internas do pára-sol e refletir na objetiva. E, uma vez dentro dela, a luz pode refletir para frente e para trás até atingir o sensor. Uma solução é colocar um pequeno quebra-luz para esconder a luz: o quebra-luz é fixado na câmera por um braço flexível, e este, por sua vez, é fixado na sapata quente da câmera ou no soquete do tripé. O quebra-luz pode ser substituído por um refletor ou usado para segurar outros acessórios (veja a página 25).

Floods e spots

O flood e o spot são as principais unidades de iluminação para vídeo. Apontados diretamente para o motivo, as lâmpadas produzem uma iluminação dura, com sombras fortes e perfeitamente definidas. Esse tipo de luz pode ser suavizado colocando-se diante dela algum material difusor ou direcionando a luz contra um pano, papel ou parede reflexivos. Mudando-se o foco de uma lente embutida na unidade, altera-se a abrangência da iluminação, de uma luz difusa, ou flood, para uma luz estreita, spot. Com a mesma unidade, obtêm-se, pois, uma luz mais concentrada e forte, como é a do spot, ou uma luz mais espalhada e fraca, como a do flood.

Um só flood – 1

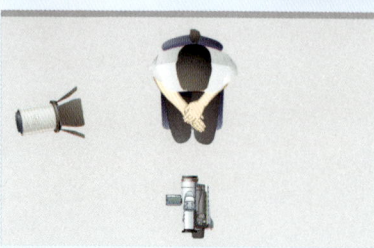

Um só flood: sombras pobres
Com uma única luz, você consegue sombras fortes, tanto no objeto como fora dele. Mas você pode trabalhar com esse arranjo único se, por exemplo, o fundo for um ambiente amplo com uma janela que sirva de fonte secundária de iluminação. Mas aqui a sombra no nariz não é agradável ao olhar.

Um só flood – 2

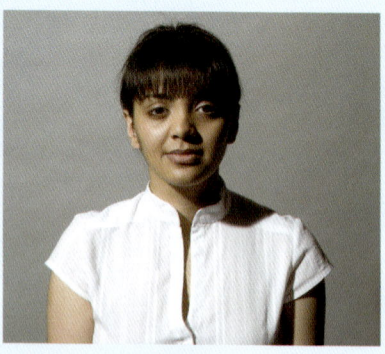

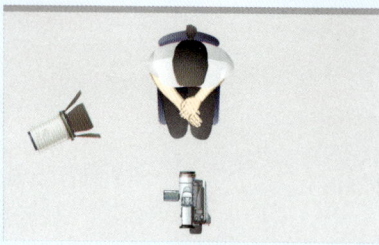

Um só flood: sombras melhoradas
É possível melhorar bastante a sombra no rosto apenas mudando um pouco a posição da luz ou da cabeça do motivo. O arranjo aqui é padrão; a sombra na ponta do nariz é eliminada e se evita a sombra em uma das faces.

ARRANJOS DE ILUMINAÇÃO **95**

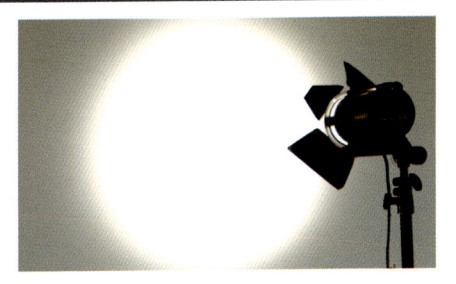

Definindo floods e spots

O feixe aberto (*acima*) dessa floodlight mostra uma distribuição de luz clara, circular e uniforme, com rápida queda de intensidade nas bordas e pouca franja colorida; é uma fonte de luz de alta qualidade.

O feixe do spot (*à direita*) é muito mais intenso, mas também exibe um perfil bem claro, preciso e perfeitamente circular, sendo ideal para limitar a luz exatamente ao pretendido.

Luz rebatida – 1

Luz principal rebatida
A única maneira de conseguir uma luz suave adequada ao tom de pele no vídeo digital é fazer com que a fonte de luz tenha uma grande abrangência em relação à área a ser iluminada. Se você não dispõe de uma soft-box para espalhar a luz, aponte a unidade de iluminação contra alguma superfície refletora. Aqui, as paredes brancas do ambiente são perfeitas para refletir a luz principal.

Luz rebatida – 2

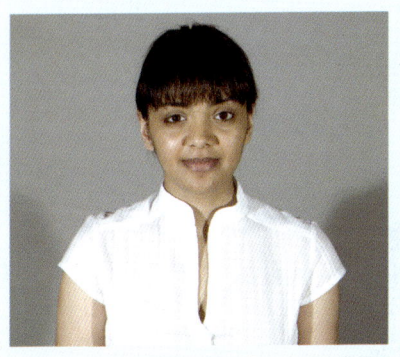

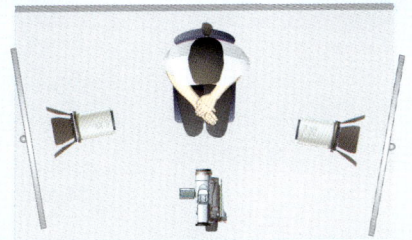

Luz principal e de enchimento
O divertido é quando temos duas luzes para trabalhar. Nesta vista, as sombras são deliberadamente mostradas para que você possa avaliar a potência relativa das lâmpadas – ambas rebatidas aqui. Neste arranjo, elas são quase iguais: a iluminação é suave, com sombras apenas sugeridas, pois uma das lâmpadas está ligeiramente mais perto do motivo. Iluminação suave é a que melhor cria a "aparência de filme".

Arranjos de iluminação (continuação)

Balanço a partir da exposição

A combinação de luz e controle de exposição cria um recurso poderoso que toca todos os aspectos da imagem, do conteúdo emocional, por meio da precisão cromática, à composição. Controlar a exposição não é apenas fazer os ajustes corretos da câmera; é moldar a imagem para obter seus propósitos artísticos. Por exemplo, você pode transformar uma silhueta ameaçadora em uma visão angelical cercada de luz simplesmente alterando a exposição, sem qualquer outra mudança.

Balanço da exposição

Com uma exposição ajustada entre o fundo claro e o primeiro plano escuro, o efeito propiciado pelo enquadramento da janela é bastante forte, realçando-se o perfil do motivo. Essa é a exposição correta se você pretende dar ênfase à forma em detrimento do detalhe. Uma exposição maior, privilegiando o rosto, deixa o fundo lavado – ela é correta para mostrar detalhes faciais.

Luz principal – 1

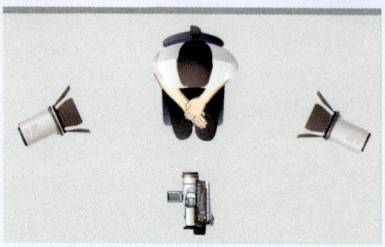

Luz principal e enchimento mais fraco
É possível ver pelas sombras e pela luz no rosto que a lâmpada colocada à direita da modelo é mais forte – é a luz principal. A lâmpada na posição oposta é mais fraca, por isso ela não enche completamente de luz o lado sombreado, mas permite que se vejam detalhes. Posicione a modelo um pouco longe da parede para que as sombras fiquem fora do enquadramento.

Luz principal – 2

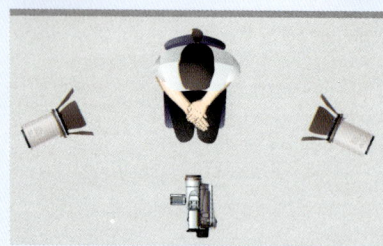

Luz principal e enchimento mais forte
Quando você dá mais força à luz anteriormente mais fraca do arranjo, a situação se inverte, e a que era luz de enchimento passa a ser a principal, mudando o sentido da iluminação. É uma boa maneira de dirigir a atenção do espectador para o melhor lado do motivo.

ARRANJOS DE ILUMINAÇÃO **97**

Usando máscaras (gobos)

Uma maneira barata de variar os efeitos de iluminação é criar sombras diferentes no fundo. As máscaras, ou gobos, são feitas de metal ou de algum outro material resistente ao calor e recortadas em diversos padrões. Ao serem atravessadas pela luz, imitam sombras de árvores, molduras de janela ou formas abstratas (*veja à direita*). São relativamente baratas, mesmo as profissionalmente cortadas a *laser*. Você mesmo pode confeccioná-las, mas por motivos de segurança use material não inflamável, como folha de metal. As sombras podem ser projetadas com contornos definidos, duros. Para isso é preciso colocar a máscara entre a lâmpada e a lente de um projetor, para que este projete a imagem do gobo sobre o fundo. Para um efeito mais suave, basta colocar a máscara na frente de uma lâmpada ou do spot.

Três diferentes máscaras de iluminação

Luz principal – 3

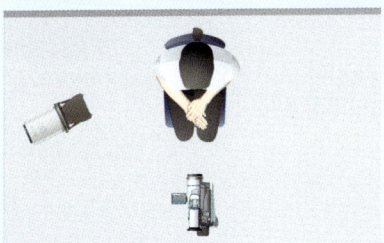

Luz principal de spot com enchimento e subexposição
As luminárias modernas são muito flexíveis e podem ser usadas para arranjos não convencionais. Aqui, em vez de uma luz principal aberta, a lâmpada foi focalizada em uma pequena porção, realçando o rosto mas conservando os detalhes na sombra. Uma exposição para as áreas claras ajuda a dar mais personalidade à iluminação.

Luz principal – 4

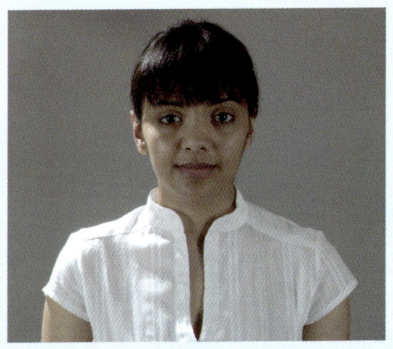

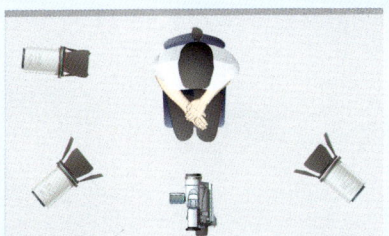

Luz principal com enchimento e contraluz
Aqui uma terceira luz realça ainda mais a modelo, mas são necessárias luzes que possam ser facilmente controladas. Uma luz colocada atrás e de um lado do motivo – para dar um toque no pescoço e ombros – é capaz de criar altas luzes interessantes, mas cuidado para não exagerar no efeito.

Solução rápida Problemas de iluminação

O problema maior do vídeo digital é sua limitada gama dinâmica – isto é, com que quantidade de luz entre claro e escuro ele consegue lidar. A reduzida latitude de exposição é outro problema: determinar a exposição correta é algo que exige sutileza. Eis aqui algumas maneiras simples de lidar com luz difícil e uma técnica de iluminação para imagens compostas.

Problema
É impossível controlar um alto contraste causado por luz direta do sol. A exposição também não é nada fácil.

Análise
Os raios diretos do sol não são difusos, pois viajam quase paralelos. O resultado são altas luzes intensas e sombras muito escuras. Mas um olhar atento nas sombras revela que ali também há alguma luz, nesse caso difusa.

Solução
Use a luz difusa nas sombras e filme do lado delas tanto quanto possível, especialmente com pessoas. Tente encher o quadro com o rosto ou o corpo do motivo, para que não haja muita claridade no fundo. Lembre-se

Iluminação ao ar livre
Em pleno sol de verão da Croácia, uma linda menina me chamou a atenção. Como não havia sombra, só restou uma maneira de gravar um breve retrato: usá-la para encobrir o sol e filmá-la contra a luz. Seu rosto pareceu escuro demais, mas o resultado foi surpreendentemente bom.

de que qualquer brilho na imagem tem probabilidade de ultrapassar os limites – padrão de transmissão legal.

Problema
Está muito escuro para filmar e não se vê quase nada; mesmo assim, você gostaria de captar o momento, se possível. Mas você não quer usar luz artificial, para não quebrar o clima ou tirar a naturalidade das pessoas que estão sendo gravadas.

Iluminação e clima
Em um restaurante escuro, mal dava para ver a comida, quanto mais gravar. Mesmo assim, consegui algum resultado, pobre em cores, muito granulado e fora de foco, mas foi melhor do que nada. A imagem em movimento ficou mais aceitável do que os stills extraídos da gravação, como o da foto.

Análise
Antes, a falta de luz constituía um empecilho recorrente na elaboração de um vídeo, e você se via diante de duas alternativas: ou usava luz artificial, ou simplesmente não gravava. Com as modernas câmeras digitais de vídeo, a pouca luz existente necessita ser muito amplificada antes que se possa gravar a imagem.

Solução
Os modernos processadores de imagem são capazes de registrar baixos níveis de luz e aumentar a sensibilidade de modo impressionante. De fato, algumas câmeras podem gravar em escuridão total, com alguma ajuda de uma lâmpada infravermelha. As câmeras modernas conseguem gravar em praticamente qualquer circunstância. O preço disso é uma imagem bastante granulada, cheia de ruído e artefatos. Entretanto, quaisquer elementos da imagem, mesmo excessiva granulação, podem ser usados proveitosamente em gêneros como suspense ou terror.

Problema

Você precisa gravar algumas imagens a fim de prepará-las para serem usadas com imagens de outro vídeo.

Análise

A ação em primeiro plano precisa ser iluminada com uma cor que possa ser facilmente separada dos tons de pele.

Solução

Você tem de iluminar a ação com uma tela azul – também chamada de tela verde, chroma-key ou color keying. Pendure uma tela adequadamente colorida atrás da pessoa que você vai filmar, evitando que a luz sobre a pessoa atinja a tela azul. Telas azuis ou verdes são mais usadas porque são as cores opostas aos tons da pele, permitindo que o software de edição não linear elimine o fundo e o substitua por outra imagem. É claro que, se seu motivo for um mecânico usando um macacão azul, por exemplo, o chroma-key deverá ser vermelho. Lembre-se de que o MiniDV não é um bom formato para esse processo: as bordas duras tendem a criar composições denteadas. Um filtro do tipo blur pode ajudar a melhorar o processo, pois suaviza os contornos da imagem.

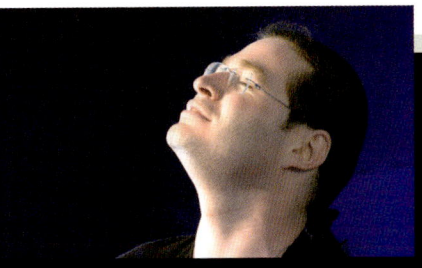

Tomada com tela azul
Este músico foi gravado contra um fundo azul – uma tela azul comprada pronta. Esse azul é facilmente removido por uma máscara durante o processo de composição, e imagens do equipamento de som podem ser colocadas atrás dele.

Tomada composta
Aqui, o azul foi eliminado e substituído pela imagem do console de áudio. Perceba que houve o cuidado de fazer com que a luz no rosto do músico se adequasse à do console.

Problema

Vista a olho nu, a iluminação é bem eficiente: o motivo é bastante iluminado por trás contra um fundo escuro. Mas a câmera de vídeo não vê da mesma maneira.

Análise

A gama entre claro e escuro que uma câmera de vídeo consegue gravar confortavelmente – sua gama dinâmica – é bastante limitada. Embora problemas desse tipo sejam previsíveis sob forte luz solar (*veja a página anterior*), não se espera o mesmo em ambientes fechados, mas a gama de luminância da cena pode ser excessiva. Além disso, os padrões de vídeo não toleram a gravação de superbrancos – áreas brancas muito brilhantes –, como papel.

Solução

Se possível, você tem de usar refletores e difusores: neste exemplo (*à direita*), um difusor colocado sobre a janela que ilumina o músico ajudaria. Objetos brancos, como o pedaço de papel, podem ser substituídos por outros de coloração mais escura. Ademais, a exposição deve ser ajustada para que os brancos mais brilhantes não fiquem brancos demais. Nessa situação, isso deixaria as áreas sombreadas muito escuras, perdendo-se muito da cor e dos detalhes.

Iluminação de janela
A luz direta da janela incidindo sobre o papel causaria problemas para qualquer mídia de gravação. Embora ilumine agradavelmente o rosto e o pescoço, ela tem de ficar menos branca na pós-produção.

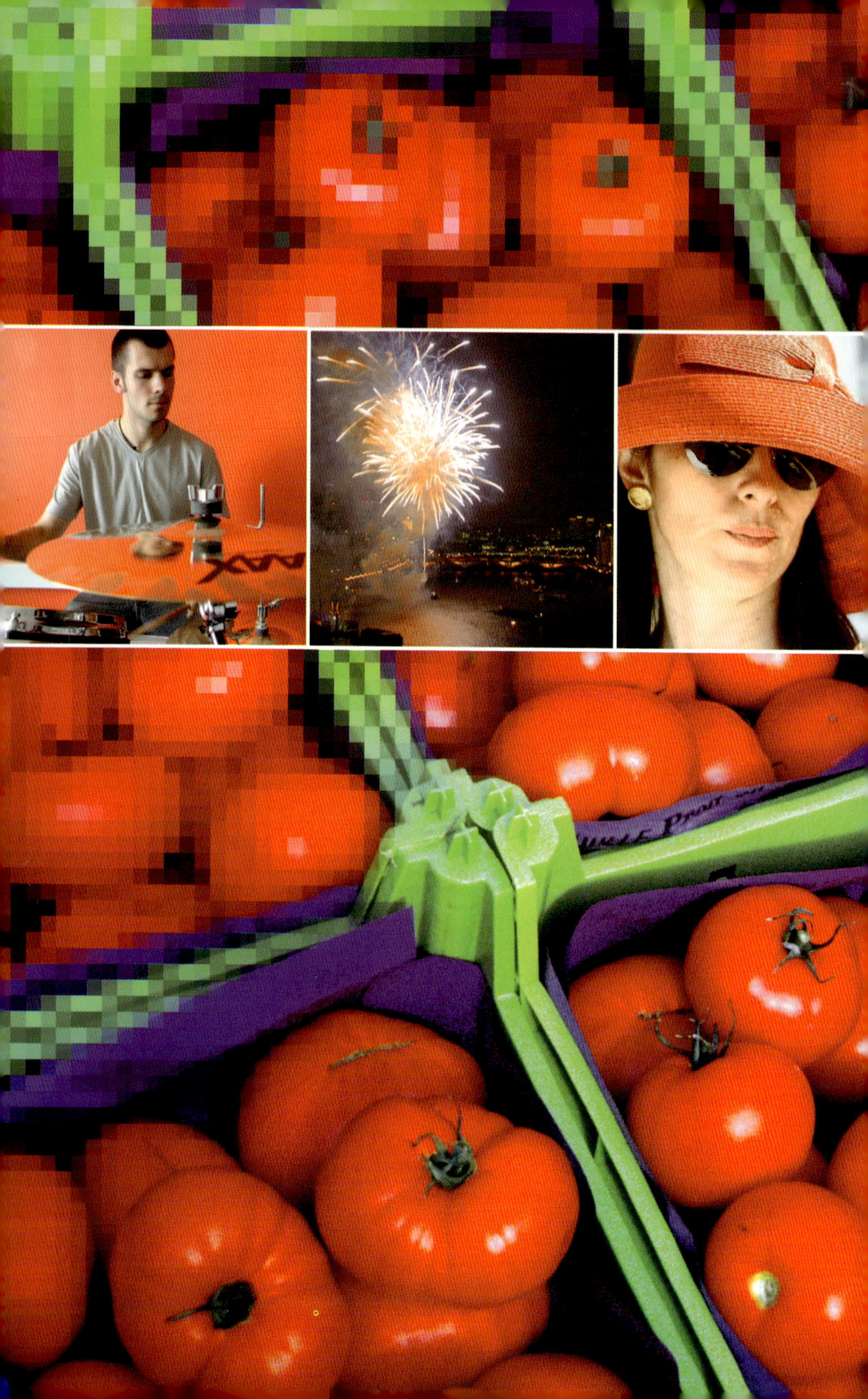

4
Projetos de vídeo digital

Inspiração
Às vezes é difícil saber que projeto tocar ou, uma vez definido, como começá-lo. Este capítulo traz uma série de ideias para seu próximo vídeo, bem como sugestões que o ajudarão a levar seu projeto à tela.

Transferindo conhecimento
Um filme é a soma de suas partes, e essas partes podem ser conjugadas de infinitas maneiras para se criarem trabalhos absolutamente distintos. Graças a extensas ilustrações extraídas dos principais quadros, este capítulo mostra o modo como cada um desses projetos pode ser filmado e editado. Também são apresentadas técnicas simples que eliminam a necessidade de equipamento sofisticado e cenários custosos.

Dicas e sugestões
As dezenas de dicas e sugestões do capítulo permitirão economia de tempo e de trabalho em seus projetos de vídeo. E a realização desses projetos trará mais satisfação para você e para o espectador.

As principais abordagens

Tendo já alguma experiência no uso da câmera e talvez investido em alguns acessórios, você está equipado para fazer filmes, pelo menos teoricamente. Há duas principais maneiras de fazer filmes com vídeo digital.

Uma escola de pensamento diz que, para fazer um filme de sucesso, interessante e envolvente, é preciso planejar até o último detalhe. Isso significa começar por um roteiro.

Outra admite que algum planejamento é necessário, mas acredita que o excesso interfere na criatividade e não tira proveito do fluxo natural da vida; um filme perfeitamente roteirizado seria, então, uma camisa-de-força. Esse método de trabalho poderia ser definido como uma abordagem glauberiana – de Gláuber Rocha, que afirmava que o filme ideal é o feito com "uma ideia na cabeça e uma câmera na mão".

As duas abordagens têm virtudes e defeitos, e cada qual se presta a um tipo diferente de cinema. Faça você a escolha, com base no orçamento e no tempo disponíveis.

Seguindo o roteiro

Um roteiro completo deveria permitir que qualquer um fizesse o filme por inteiro, sem a necessidade de quaisquer outras instruções. Mas mesmo o roteiro mais detalhado não consegue descrever com precisão os movimentos e enquadramentos de câmera. O roteiro é um mapa que possibilita navegar pelo processo de realização do filme. Ele pode ser tão detalhado quanto se deseja, com detalhes a respeito de tudo, de enquadramentos aos diálogos e ações dos atores. Essa abordagem é adequada a um filme curto – talvez a história de dois estranhos que se conhecem, passam algum tempo junto e depois seguem caminhos separados.

O roteiro também pode ser uma espécie de lista de tomadas – uma série de anotações sobre os principais assuntos e locais de filmagem. Isso é mais apropriado a um estilo documentário, como o casamento de um amigo ou uma viagem do tipo inesquecível. Em ambos os casos, o importante é que você não se esqueça de nada, para que não se arrependa depois. Para mais detalhes sobre essa maneira de trabalhar, veja as páginas 180 e 181.

Outra vantagem de uma lista de tomadas, mesmo no caso de uma filmagem cheia de improvisações, é identificar e antecipar problemas. Você sabe que vai precisar de uma grande-angular para abrir a cena, mas sente que uma tomada panorâmica seria aborrecida e estereotipada; em vez disso, então, você decide começar com um detalhe e abrir o enquadramento para revelar toda a cena.

● DICAS E SUGESTÕES

Quando estiver trabalhando com um roteiro, não se sinta preso a ele, mas leve em consideração os seguintes pontos:
- Leia e releia o roteiro durante a filmagem: você não vai se lembrar de tudo.
- Se tiver alguma inspiração, saia do roteiro, desde que não interfira no esquema de trabalho previamente traçado.
- Tenha em mente que o custo de uma fita é diminuto; por isso, filme mais do que considera que será necessário.

Clipes roteirizados
O roteiro pedia cenas típicas da vida diária na praia, e foi exatamente isso que se filmou. A variedade de cenas do filme nos informa que o operador de câmera sabia exatamente o que era necessário e foi atrás.

UM ROTEIRO SIMPLES	
Sinopse: mostrar como é importante ter consciência da segurança durante as férias na praia.	
Título: *Ajuda na praia* Página: 1	
VÍDEO	**ÁUDIO**
Close-ups de pés chapinhando na água. Abre daí para mostrar grupos de pessoas indo em direção à praia. Crianças brincando, carregando brinquedos de praia. Mais grupos chegando. Vista de um estacionamento atrás de umas árvores. Câmera segue grupos passando por dunas de areia.	Som de pés chapinhando na água. Vozes excitadas e risos de crianças.
Zoom mostrando pessoas já na praia, brincando nas ondas. Algumas tomadas curtas de diferentes atividades. Gente correndo, sentada, lendo, tomando sol, comendo. Animais também.	Ruído das ondas, vozes distantes.
Guardas salva-vidas à vontade, papeando e tomando refrigerante.	Choro de criança a distância, parcialmente abafado pelo rumor do mar. Sons emitidos por gaivotas.

Um roteiro audiovisual (*acima*) ajuda a planejar, antecipar e estruturar a filmagem. Organizado para que cada página corresponda a 2 minutos de tempo de exibição, o roteiro também pode ser de grande auxílio posteriormente, acelerando o processo de edição.

Filme primeiro, edite depois

Filmar sem roteiro é como todo mundo começa em cinema. Vamos para a rua, câmera na mão, prontos para filmar o que aparecer na frente. Essa é também, combinada com planejamento posterior, a maneira natural do documentarista. Com alguma experiência, você consegue gravar com eficiência; mas, inicialmente, menos planejamento significa mais trabalho depois.

É aconselhável filmar mais do que o necessário quando se usa um roteiro e muito, muito mais quando se trabalha sem ele. Tente imaginar o que será necessário mais tarde durante o processo de edição.

●DICAS E SUGESTÕES

Um trabalho sem roteiro pode ser mentalmente muito desgastante, pois é preciso se lembrar de tudo o que precisa ser filmado.
- Filme de todos os ângulos e posições possíveis, para que tenha mais opções na hora de editar.
- Filme o motivo com diferentes distâncias focais.
- Se possível, faça uma lista de tomadas (ou peça para alguém fazê-la) à medida que for filmando, para que você saiba o que foi gravado – isso é especialmente útil para cenas que não esperava captar.
- Leve pelo menos duas fitas a mais do as inicialmente imaginadas como necessárias.
- Leve também duas baterias carregadas de reserva.

Clipes sem roteiro
Uma visita não roteirizada a alguns jardins acabou resultando nessa miscelânea de tomadas, sem qualquer lógica ou ordem. Ter clipes de variadas extensões significa que haverá muito trabalho na edição para conseguir um resultado final equilibrado.

Novo bebê

A chegada do primeiro bebê a uma família é sempre motivo de celebração e compra da primeira câmera de vídeo. O bebê é razão de alegria, encantamento e amor. Mudanças acontecem quase que de hora em hora, e o vídeo permite captar os primeiros momentos da criança, os quais, posteriormente editados, ficarão como recordação por toda a vida.

Contando uma história

Com um motivo tão disponível, o problema não é o que gravar, mas o que não gravar. Mesmo assim, um equívoco muito comum ao se filmar um bebê é fazer tomadas curtas; isso faz com que o filme salte de uma cena a outra muito rapidamente. O vídeo de um bebê ficará muito mais agradável se contar uma história, em vez de consistir em uma simples sucessão de cenas aleatórias.

Uma narrativa do tipo "um dia na vida de um bebê" pode ser óbvia, mas é melhor do que imagens desconexas. Você pode começar, por exemplo, com uma vista do quarto, enquadrando todos os cartões de parabéns ao recém-nascido, antes de revelar os delicados movimentos dentro de uma cestinha de dormir, que antecipam que uma pessoazinha está prestes a acordar. Faça com que o espectador tenha um pouco de trabalho, perguntando-se sobre o significado desses movimentos; depois, corte para os olhos do bebê, que se abrem e contemplam o móbile que balança acima do berço, e aí então a história começa.

O vídeo de um bebê deve, claro, estar repleto de cenas da criança, que é o que todos esperam. Por isso, crie algum suspense, fazendo com que o espectador deseje ver o bebê. Comece com algo diferente, talvez os cartões de parabéns e os presentes prenunciando o motivo.

Focalizar o bebê é, claro, muito recompensador para os pais, mas a progressiva consciência dele a respeito do mundo que o cerca é sempre fascinante para qualquer um. Os pais podem soltar uns murmúrios embaraçosos, que devem ser gravados também.

● DICAS E SUGESTÕES

Seguindo essas dicas, seu vídeo do bebê ficará uma delícia de ver, e será motivo de inveja para muitos pais.
- ● Mantenha a câmera parada: quando a criança tiver maior mobilidade, use um ângulo mais amplo para permitir que os movimentos entrem e saiam do enquadramento.
- ● Chegue bem perto, afinal o motivo é muito pequeno.
- ● Lance mão de contrastes para expressar seus sentimentos acerca da vulnerabilidade, do tamanho e da delicadeza do bebê.
- ● Não use iluminação extra ou grave com luz direta do sol, pois perderá os delicados tons de pele do bebê.

Como os bebês são pequenos, relativamente quietos e raramente se dão conta da câmera, você pode filmar primeiríssimos planos sem limites. Faça bom proveito dessa oportunidade, pois não dura muito. Os resultados são quase sempre valiosos.

NOVO BEBÊ **105**

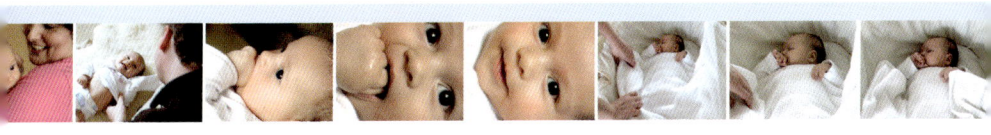

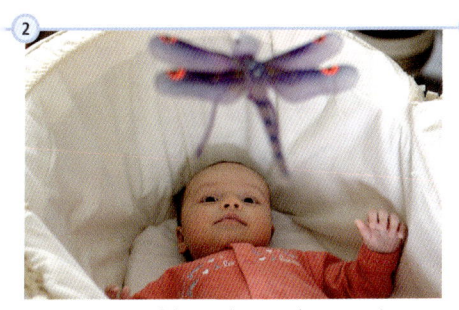

2

Pequenos movimentos do berço podem ser usados para sugerir que o bebê acorda. Atormente um pouco mais o espectador, cortando para algo inesperado, como o móbile colocado sobre a cama, antes de fazer uma panorâmica para baixo e finalmente mostrar o bebê.

3

Antes que o espectador comece a ficar entediado, corte para um outro aspecto da mudança na vida dos pais. O contraste de tamanho e forma entre adulto e bebê é sempre motivo de fascínio.

6

É fácil perder o dia a dia e o prosaico na realização de seu filme; pode parecer que ninguém estaria interessado nos detalhes mundanos. Mas o simples ato de colocar o bebê na cama, por tudo o que isso significa em termos de simbolismo e amor, pode ser visualmente gratificante.

Aqui, permitimos uma paleta de brancos muito limitada, com tons de pele em luz suave, para criar uma sensação de calma e paz. O movimento das mãos da mãe contrasta com a imobilidade da criança. Mantenha a câmera firme durante toda a cena.

Festa de aniversário

O segredo para fazer um bom vídeo de uma festa é a iluminação. Tudo o mais está lá em abundância: rostos felizes, decoração alegre e gente disposta a colaborar. Mas, infelizmente, a iluminação também é a única coisa sobre a qual você provavelmente terá pouco controle ao gravar uma festa para a posteridade.

Verificando o local

Se possível, examine o local antes do evento. Tente agendar a visita de reconhecimento para o mesmo horário em que a festa está marcada e "cronometre" essa visita de acordo com o tempo que o evento terá. Se ao ar livre, verifique as posições junto de uma parede que estará fora da luz direta do sol.

Encontrando enquadramentos

Como parte desse exame, fique atento a arcos ou detalhes de uma varanda – esses elementos arquitetônicos podem ser usados para ajudar no enquadramento das pessoas. Talvez você consiga filmar através de uma janela do lado de fora, um outro recurso interessante de composição. E, melhor do que tudo, tente alcançar uma posição alta para uma boa visão geral das coisas. Se possível, construa uma plataforma que o deixe acima da ação; uma escada presa ao chão pode ser uma boa solução, mas não deixe que as crianças a escalem quando não estiver sendo usada.

Considerando iluminação extra

Veja se é possível ter luzes extras sem estragar o clima. Se a festa é durante o dia, abra as cortinas e remova telas. Spotlights ou lâmpadas de mesa (de preferência as de tungstênio halógeno de baixa voltagem) podem incrementar a iluminação sem estragar o clima, pois permitem efeitos de luz sem aumentar os níveis gerais de iluminação.

O melhor mesmo é gravar festas ao ar livre em um dia de luz difusa. Ao contrário da maioria das pessoas, que anseiam por um dia ensolarado, os *videomakers* são os únicos participantes da festa que não desejam que o sol apareça.

Comece a cena com um close-up dos doces e decorações que, na festa, transformam a casa em um palácio. É uma maneira de iniciar o vídeo de modo envolvente, tendo como fundo sonoro o burburinho das pessoas se divertindo. Depois abra o enquadramento para uma tomada geral do evento.

Notei uma criança pequena caminhando com insegurança e vi a oportunidade de mudar o ritmo. Entremeando os close-ups do bebê com as agitações das crianças mais velhas, você pode deixar o filme mais interessante.

DICAS E SUGESTÕES

Pode ser difícil ficar concentrado ao gravar uma festa. Mas tenha os seguintes pontos em mente, que podem ajudá-lo:

- Ao filmar crianças, enquadre-as tanto na altura delas como na sua. Um tripé pode facilitar as coisas.
- Participe da festa quando puder: assim você evitará parecer um estranho com uma câmera na mão.
- Continue gravando ou finja. Se você filma e pára constantemente, vai chamar a atenção para si.
- Faça seu trabalho render; sentar com os adultos é a melhor maneira de perder boa parte das tomadas necessárias.
- Não fale ou ria enquanto filma, embora isso não seja nada fácil de conseguir quando o clima é de festa.

FESTA DE ANIVERSÁRIO **107**

2 Corte para um local diferente e para uma outra tomada geral, a fim de mostrar as principais áreas onde a festa acontece. Aqui, estamos no jardim. Depois de começar com uma tomada aberta, você pode ir fechando em zoom para focalizar a atividade a distância.

3 Não é necessário cobrir em detalhe a chegada de cada convidado, por isso corte direto para as atividades da festa. Isso faz um contraste interessante com o material gravado antes do início do evento e ao mesmo tempo dá uma sensação imediata do clima da festa.

5 Assim que as crianças começam a brincar, elas esquecem a câmera. Essa seqüência em plano médio segue as crianças correndo atrás das bolhas. Não feche muito o enquadramento, pois elas se mexem com uma rapidez incrível; logo, dê-lhes bastante espaço no quadro.

Se você ficar fechando e abrindo o enquadramento o tempo todo, o resultado será cansativo para o espectador, pois este terá dificuldade de acompanhar o que está acontecendo. Os sensores relativamente pequenos do vídeo ajudam na gravação, dando uma boa profundidade de campo.

Festa de aniversário (continuação)

6

Não siga uma ação por muito tempo. Depois da frenética corrida atrás das bolhas, a pintura dos rostos é uma oportunidade de reduzir o ritmo. Um primeiríssimo plano com uma distância focal relativamente curta leva o espectador para dentro da ação.

7

A brincadeira passa-passa oferece um novo ângulo, com uma trilha sonora potencialmente divertida. O perigo aqui é permitir que o filme fique muito tempo no assunto. Eis, portanto, uma oportunidade de pôr em prática suas habilidades de edição, selecionando apenas os melhores momentos.

10

Em seguida, cortamos de volta para os jogos da festa, desta vez mostrando que eles não têm a menor graça para quem fica de fora, especialmente lá para o fim de um jogo. Aqui, o brinquedo que guarda as guloseimas resiste à destruição, e o resultado é que alguns convidados acabam entediados, e só os mais determinados continuam na brincadeira. Essa seqüência mostra como é importante continuar filmando, aconteça o que acontecer. Depois, na edição, é fácil cortar as partes do filme que não interessam.

FESTA DE ANIVERSÁRIO **109**

8

Um corte aqui revela um espectador inusitado. Na verdade, o gato da família estava observando um passarinho, não a brincadeira. Cortando das brincadeiras para o gato e vice-versa, você pode dar a impressão de que o bichano está atento a elas.

9

Ou quem sabe o gato não estaria de olho no cachorro, que acompanha os adultos enquanto eles arrumam as cadeiras para o próximo jogo? Referências cruzadas entre o gato e o cão podem ajudar a criar continuidade e estrutura narrativa.

11

A destruição do brinquedo desencadeia uma corrida para pegar as guloseimas. Chegue perto para capturar a atividade e as vozes excitadas das crianças. Você também pode gravar os comentários dos observadores adultos como contraponto à cena frenética.

12

O bolo de aniversário é quase um símbolo universal dos votos de felicidade; por isso, esse momento não pode ser perdido. Prepare-se para ele conversando com a pessoa responsável pela organização da festa, para que você esteja pronto e posicionado para gravar.

13

Procure dar a cada um dos convidados algum tempo na tela. Além da imagem, talvez seja interessante pedir que cada um deles fale alguma coisa para a câmera.

14

Eu pretendia terminar o vídeo com a aniversariante sonolenta e cansada de toda a agitação. Mas, quando gravei um pouco do brinquedo de guloseimas destruído balançando ao vento, uma das convidadas passou correndo e foi embora. O final perfeito.

Natureza

Filmes de paisagem, plantas ou animais pedem tomadas longas e movimentos suaves e firmes. A edição não necessita de um cunho dramático, a menos que, por exemplo, você tenha a rara felicidade de capturar um predador atacando a presa.

Contando a história

Muitos vídeos sobre a natureza costumam ser aborrecidos. Assim, a dificuldade é manter o interesse do espectador. Estamos todos familiarizados com a narração sussurrada *off* sobre a natureza e a vida selvagem, mas isso é acrescentado depois a fim de não obscurecer os sons captados *in loco*. Se você não pretende acrescentar *off*, precisa, primeiro, captar o material necessário e, depois, editá-lo.

Ângulos incomuns

Uma maneira eficiente de envolver o espectador é usar ângulos e perspectivas inusitados. A mais fácil é a posição agachada, baixando a câmera ao nível do chão. Isso funciona bem sobretudo para filmes sobre o meio ambiente ou história natural: a perspectiva inusitada tem o dom de prender a atenção. A tela LCD giratória da maioria das câmeras digitais de vídeo constitui uma vantagem inclusive em relação às melhores camcorders profissionais.

1

Começamos com uma tomada aberta para criar o clima. O sol brilhante e o céu azul são convidativos, mas limitados pelas árvores. Em vez da tradicional panorâmica percorrendo o cenário, apresentamos uma tomada inesperada.

4

Agora vamos para um local diferente – uma piscina um pouco mais abaixo da correnteza, fazendo um corte seco ou dissolvendo para essa cena. A piscina está cheia de jovens trutas, e o som cria um vínculo entre a correnteza e a piscina.

5

Podemos dar um chicote no zoom (o mais rápido possível) para mostrar mais detalhes do nosso principal motivo. Agora podemos identificar a truta com facilidade. Mas, se os movimentos do peixe são agradáveis aos olhos, a luz não é muito atraente, por isso vamos rapidamente adiante.

● DICAS E SUGESTÕES

Se você sonha fazer vídeos como os documentários sobre a natureza exibidos na televisão, tenha em mente os seguintes pontos:

- Comece abordando um assunto que você conheça e que esteja a seu alcance imediato – por exemplo, uma reserva biológica de sua cidade. Não é necessário viajar para longe.
- Seja paciente. Gastar tempo é tudo o que você tem a fazer; talvez sejam necessários dias para capturar apenas 10 segundos de um material aproveitável.
- Peça ajuda a algum especialista local. Talvez consiga partilhar esconderijos e conhecer hábitats pouco conhecidos.
- Lembre-se de que um tripé pesado é fundamental para boa parte de um trabalho de filmagem da natureza.

NATUREZA

2

Como as árvores restringiam uma panorâmica no sentido horizontal, optamos por uma vertical, descendo do céu até enquadrar o capinzal balançando ao vento. Após uma pausa para o espectador admirar o movimento, a tomada desce um pouco mais até enquadrar o riacho.

3

Enquanto mostramos um pouco mais da correnteza, elevamos os níveis de áudio para captar o som das águas, em preparação para o próximo corte. O ideal seria chegar mais perto da correnteza, para aumentar naturalmente o áudio.

6

Em contraste com a iluminação chapada da seqüência anterior, agora filmamos uma cena na qual uma luz deslumbrante ilumina a dança frenética das trutas. Como transição, podemos abrir o enquadramento lentamente e dissolver para a próxima cena. Essa seqüência é o fundo perfeito para uma pequena narração *off* que revele alguns fatos sobre a correnteza e sua importância para a vida selvagem da região. O som dos peixes batendo-se contra a água, que pode ser gravado separadamente, também deve ser ouvido.

Férias (continuação)

6. Da ponte, demos um corte seco para uma cena mostrando um grupo de turistas. Essas garotas estão posando para um amigo fotógrafo, que as está alinhando contra o fundo da Torre de Pisa.

7. A atividade das garotas nos sugere observar um pouco a vida nas imediações. Aqui, alguns cães esperam pacientemente enquanto os donos discutem planos para a noite. Um bom microfone captaria muito do que estamos ouvindo.

10. Uma cena como essa, de um prédio repleto de venezianas e floreiras coloridas, pede uma panorâmica. A tomada foi feita com um tripé, para que corresse lenta e firmemente, dando tempo ao espectador para saborear os detalhes.

11. Agora dissolvemos (*veja a página 157*) dos prédios amarelos da cena anterior para a luz dourada do fim de tarde de verão. Mantenha firme essa tomada e evite a tentação de usar a zoom e fechar o enquadramento, pois tudo o que o espectador deseja é usufruir a vista.

12. Em seguida cortamos para uma cena à beira de um rio com um casal partilhando a beleza do fim de tarde. A rua está bem tranquila agora, e pouca gente passa. No canto do quadro, uma moradora dá uma pausa na volta das compras.

13. Assim que fechei o enquadramento para uma tomada mais próxima do casal à beira do rio, a garota levantou a blusa para coçar as costas. Momentos inesperados como esse dão um toque humano ao filme.

8 Outro corte seco para esse gato sugere que ele está observando os cachorros com interesse. Na verdade, as duas cenas foram feitas em momentos e locais diferentes, mas o espectador não precisa saber disso. Esse é o poder das imagens e da edição.

9 Se um local está repleto de cores brilhantes e vivas – como a parede desse hotel –, o problema (aliás, gostoso) é o que fazer com tudo isso. Você pode simplesmente manter as tomadas por 2 ou 3 segundos, como se apresentássemos uma série de fotografias.

14 Dissolvemos para uma sequência de close-ups de três amigos papeando animadamente na ponte. Infelizmente eles perceberam a câmera e parecem um pouco menos à vontade. Mesmo assim, isso não impediu que eles continuassem conversando e se divertindo.

Essa sequência poderá prosseguir até um fade-out. No meio da sequência, você começa a baixar o volume do som ambiente, acrescentando sua música preferida para terminar o filme. Depois do fade-out, você poderá inserir créditos, se desejar.

Solução rápida Permissões e acesso

Um cineasta esperto e tenaz não aceita facilmente uma resposta do tipo "Você não pode filmar aqui". Sempre é possível encontrar um jeito de contornar a situação. Aqui, consideramos algumas estratégias para diferentes obstáculos. A questão crucial a ser lembrada e nunca violada é: honestidade acima de tudo. Nunca garanta algo que não possa ou não vá cumprir. Não fique tentado a mentir ou parecer alguém que não é para obter alguma vantagem. Ou presta um desserviço a si mesmo e a outros cineastas.

Problema
Você está gravando em um espaço aparentemente público, e uma pessoa uniformizada lhe diz para parar.

Análise
Talvez o espaço não seja público. Uma área aberta ao público – como um *shopping center* – pode ser propriedade particular. Se você se parece com um profissional – usando câmeras ou tripés grandes –, é provável que lhe peçam para sair. Além disso, o uso do tripé às vezes é visto como um risco, pois alguém pode tropeçar em uma das pernas estendidas.

Espaço público
Praticantes de tai chi chuan podem não se incomodar em ser filmados se estiverem em um parque aberto ao público, mas, se desconfiarem de que você é profissional e seu objetivo é comercial, a reação poderá ser diferente. Para gravações longas, obtenha consentimento primeiro; talvez até consiga a cooperação deles.

Solução
Não pareça tão profissional. Use uma câmera pequena e grave com ela na mão. Se precisar de uma câmera grande ou de tripé, peça permissão. Será mais fácil obter permissão se disser que está gravando para uso pessoal, prometer trabalhar com segurança e oferecer uma cópia do filme ao proprietário do local.

Problema
Você não consegue filmar de uma posição privilegiada por causa de um obstáculo, como uma cerca ou grade.

Análise
Cercas e grades geralmente são erguidas para afastar pessoas ou olhares curiosos. Às vezes, no entanto, tais obstáculos são apenas uma inconveniência. Desde que os obstáculos não tenham sido erguidos para impedir que pessoas tirem fotos e, mais importante, que você não infrinja nenhuma lei ao fazê-lo, então terá de encontrar uma alternativa para filmar. Quem sabe não encontre um lugar até melhor.

Ponto de vista bloqueado
Uma mansão está protegida por grades que impedem uma visão clara de sua fachada. Filme assim mesmo, mas explore outras possibilidades também. Além das grades, por exemplo, há um lago, com uma fonte, refletindo o céu. Isso é tão interessante quanto o prédio e poderia facilmente ter passado desapercebido.

Solução
Uma possibilidade é tentar tirar proveito do obstáculo na filmagem: talvez ele diga algo a respeito da mentalidade do proprietário. Ou veja se você consegue extrair alguma vantagem artística dos padrões das grades. Os obstáculos podem forçá-lo a encontrar uma abordagem mais criativa. Por outro lado, você pode estender o alcance da câmera; com os modernos equipamentos de vídeo digital, é possível filmar com uma câmera montada em um boom ou monopé; claro, o método é bastante instável e deve ser usado como último recurso; uma alternativa melhor seria usar uma grua de minicâmera. Você precisará do *feedback* de um monitor, a fim de ver o que está gravando.

Problema

Você quer entrar em uma área ou zona restrita ao público em um evento ou em um estabelecimento governamental ou comercial. Bastidores do lançamento de um filme, camarins de um desfile de moda, áreas de alta segurança e vestiários de um jogo importante, por exemplo, são áreas de difícil acesso.

Análise

Você não tem direitos nem poder de barganha. Isso vai lhe custar planejamento, esforço, tempo e provavelmente uma boa dose de sorte também. Não espere resultados rápidos. Eventos regulares ou anuais podem ser um pouco mais fáceis, porque permitem que você planeje com antecedência.

Solução

O segredo é encontrar alguma coisa que possa oferecer em troca pela autorização ou cooperação. Descubra se existe algo que os planejadores do evento necessitem e que esteja a seu alcance, e as portas se abrirão. O truque, então, é fazer uma oferta tentadora. Isso pode significar tempo e planejamento e, de preferência, algum funcionário de alto escalão que possa dizer uma palavra por você. Tente gravar seu vídeo de espaços públicos e apresentá-lo aos organizadores, para mostrar a eles

Filmagem com obstáculos
Fazer um documentário sobre uma superprodução cinematográfica é uma perspectiva glamorosa, mas você pode não ser bem-vindo porque quase nunca há espaço suficiente para acomodar mais um em vista do grande número de pessoal técnico e artístico ali trabalhando. Talvez a possibilidade seja maior se você estiver preparado para trabalhar só, apenas com uma câmera na mão.

como o produto final ficaria bem melhor se você tivesse acesso direto ao evento. Se conseguir um encontro, mostre seus outros trabalhos de vídeo – seu estilo pode ser justamente o que eles precisam para um vídeo promocional. Construa sua reputação sendo confiável, seguro e profissional – nunca se sabe quem poderá lhe dar uma referência.

Problema

Você conseguiu um material excelente em sua viagem ou nas férias e pretende usá-lo comercialmente. Você não tem certeza de seus direitos nem dos direitos das pessoas filmadas.

Análise

Muita gente mundo afora – mesmo de regiões remotas – tem consciência dos direitos de imagem; sabem que podem reivindicar alguma forma de retribuição monetária por terem sido filmadas. Por isso você tem de ser cauteloso se pretende explorar seu filme comercialmente – por exemplo, com material isento de *royalty*.

Solução

Peça às pessoas filmadas que assinem um documento de liberação, permitindo que você use o filme a seu bel-prazer. Para garantir a liberação (essencialmente um contrato), o melhor é pagar certa quantia aos envolvidos. Muitas pessoas costumam concordar, uma vez que estão recebendo alguma coisa apesar de não terem feito nada.

Documento de liberação
Você filmou um rude marinheiro durante uma viagem a Dubrovnik. Você não pensa mais no assunto até que seu agente mostra o material a um diretor de arte, que mostra interesse em usá-lo em um comercial de televisão. Se você não tem em mãos um documento de liberação, terá de pesar os riscos e, talvez, reservar certa quantia caso movam um processo contra você por uso indevido.

Desfiles e paradas

Eventos públicos como carnaval de rua podem render um material de vídeo muito interessante; mas, com tanta coisa acontecendo, a tentação é simplesmente ficar parado, apontar a câmera para o desfile e deixar as coisas se desenrolarem à sua frente. Entretanto, um filme que torna tudo muito fácil para o espectador não é muito interessante de ver. O desafio está em gravar cenas envolventes, que realmente captem o clima e a imaginação.

Criar uma história

Narre o evento de forma indireta. Um desfile poderá se tornar aborrecido se o vídeo mostrar apenas isso; assim, tente usá-lo como fundo, como contexto, concentrando a atenção mais nos espectadores do desfile. Apresente o evento a partir de referências e detalhes indiretos. As roupas que as pessoas vestem e o ruído e a música de fundo vão deixar claro de que evento se trata, mas não deixe de incluir alguns carros alegóricos e participantes.

Captar o clima

Lembre-se de que os sons de um desfile carnavalesco podem ser tão coloridos quanto aquilo que você vê. Grave o máximo que puder e tente revelar o espírito do evento por meio do som.

Arquivar o original

Você pode não se dar conta, a não ser mais tarde, da importância que seu trabalho terá. Abraham Zapruder usou sua câmera amadora para filmar o presidente dos Estados Unidos em uma visita a Dallas. A data era 22 de novembro de 1963. Zapruder não imaginava que suas imagens tremidas do assassinato de Kennedy acabariam se tornando o filme mais analisado e debatido da história.

Por isso filme e continue filmando. A fita é barata, e a MiniDV ocupa pouco espaço, daí por que não há desculpa para voltar a usá-la quando ela contém material documental.

As imagens são de uma parada pelas ruas centrais de Londres. A espera em geral é longa antes do início de um grande evento, por isso tente captar um pouco da expectativa. Aqui, uma criança se distrai com um biscoito enquanto espera.

Para obter uma grande variedade de tomadas, você deve usar toda a extensão de sua zoom. Com uma distância focal longa ou telefoto – como nessa tomada –, você pode cortar facilmente para detalhes, embora seja difícil manter a câmera estável. Se possível, use tripé.

Como terminar o filme? As pessoas indo embora, talvez, ou os sons caindo no silêncio? A caminho de casa, notei as folhas que haviam sido esmagadas na rua pelo desfile. Tendo a flecha como símbolo, elas pareceram ideais para arrematar o filme.

DESFILES E PARADAS **119**

2

Mude a perspectiva com a objetiva zoom. Com primeiríssimos planos, tente captar trechos de conversa e, abrindo o enquadramento, o burburinho da multidão. Talvez você tenha de manter o enquadramento da multidão por alguns segundos, para captar sinais de excitação.

3

Quando sentir que já tem material suficiente da multidão, mude o ritmo e corte para o desfile. Haverá muita coisa para gravar; assim, escolha os participantes mais coloridos e interessantes. Ser seletivo é editar antes da edição.

5

A trilha sonora é um aspecto importante a ser considerado. Aqui, o motivo é mais do que simplesmente colorido; ele oferece música alegre, por isso vale a pena incluí-la. Deixe que a música continue na trilha sobrepondo-se a novas imagens do filme.

6

Se você tem o apoio de sons de uma fonte óbvia – como essa fanfarra de metais –, pode partir para abstrações visuais, como os reflexos dos instrumentos. Mantenha a tomada e deixe a ação entrar e sair do quadro.

8

Mas preferi surpreender o espectador, incluindo os fogos de artifício que iluminaram a noite algumas horas depois do término do desfile. Como as imagens dos fogos não funcionaram bem, alguns clipes foram sobrepostos na edição para "melhorar" o efeito.

●DICAS E SUGESTÕES

Alguns aspectos precisam ser levados em conta quando se filma um evento público, como um desfile: planejamento, segurança pessoal e burocracia.

- Obtenha antes passe ou autorização por escrito.
- Vista-se de forma conveniente – isso ajuda a tratar com autoridades –, mas tente não se destacar muito do resto da multidão.
- Verifique de antemão a rota a ser percorrida pelo desfile.
- Informe-se sobre a previsão do tempo para o dia em questão e use roupa e sapatos apropriados.
- Fique sempre atento com o que ocorre à sua volta, para evitar punguistas e movimentos de surpresa da multidão.

Casamento

Gravar um casamento pode ser uma experiência estressante. É uma tarefa em que você tem as responsabilidades de um profissional e muito poucas das vantagens. Não se pode deixar escapar nada; não é possível ensaiar ou regravar, ou mesmo dirigir. E, mesmo assim, esperam que você faça um trabalho de alta qualidade, sem o benefício da experiência ou da autoridade para chamar as tomadas.

Pensando na frente

Sempre verifique com antecedência as variantes do evento: a cerimônia, o registro oficial e a festa ou recepção, sem esquecer as transições entre uma e outra. Seu objetivo não é simplesmente gravar um evento – qualquer um pode fazer isso –, mas produzir algo que as pessoas vão desfrutar inúmeras vezes. Para isso, é fundamental deixar a ação fluir, exatamente como em um bom longa-metragem. Fora os gracejos bem-humorados durante a recepção ou algum discurso desconcertante, você não poderá surpreender o espectador com reviravoltas na história; afinal, todos sabemos o que acontecerá com o herói e a mocinha.

Planeje o filme e os tipos de tomada que pretende um dia antes. Isso permitirá que você se posicione, pronto para filmar uma introdução – por exemplo, uma passagem vazia antes de a noiva irromper na cena com seu vestido iluminando o espaço.

Encontre algum ângulo interessante ou inusitado dentro do tradicional ponto de vista ao nível da cabeça. Nesse clipe, flagrei o noivo entretendo os convidados enquanto todos aguardavam, ansiosos, a entrada da noiva.

Normalmente há elementos decorativos que ajudam a criar um clima de festa e os quais em geral são esquecidos. O casal de noivos ficará feliz de poder relembrar, por meio de seu filme, a maneira como o local foi decorado.

Variedade cultural

Conforme seu trabalho se tornar mais conhecido, você poderá ser contratado para gravar casamentos de culturas a respeito das quais você nada sabe. Caso não esteja familiarizado com o protocolo desses casamentos, você precisa passar algum tempo com membros da família ou com a pessoa que vai conduzir a cerimônia, a fim de aprender a ordem dos eventos e os momentos principais que precisam ser registrados. Descubra também se há algum momento sagrado que não deve ser gravado ou alguma área em que não poderá entrar.

Utilize um adaptador de grande-angular para captar uma vista dos convidados ouvindo os discursos. Mas saiba que isso causa uma distorção do tipo barril, isto é, as linhas retas tendem a se curvar para fora. Esse efeito pode ser desconcertante para o espectador; assim, use-o com parcimônia.

2

Uma vez gravada a inevitável entrada triunfal da noiva, começa seu trabalho criativo de cinegrafista. Detalhes do buquê e do vestido são mais interessantes do que tomadas dos convidados olhando e sorrindo.

3

Pequenos momentos são fáceis de perder, a menos que você esteja gravando o tempo todo. Fique sempre atento e olhe à sua volta, mesmo gravando. Fazendo exatamente isso, consegui flagrar a certidão de casamento segundos antes de ser guardada no bolso.

6

Para rituais importantes dentro da cerimônia, os quais variam de acordo com a cultura, encontre uma posição apropriada e comece a gravar antes de a principal ação ter início. Aqui, a gravação antecipada flagrou um delicioso momento de cumplicidade entre os noivos, antes de o bolo ser cortado. O corte afinal aconteceu e foi todo registrado, mas sem qualquer novidade – o melhor momento já havia ocorrido.

Casamento (continuação)

Tomadas vitais

A cerimônia de casamento é única e não pode ser repetida; por isso, é essencial que você grave todas as pessoas importantes – cada parente, especialmente os pais de ambos os lados – e cada momento do dia. Isso se torna um desafio quando a cerimônia vai chegando ao fim, pois pode ficar difícil continuar gravando; assim, comece cedo.

Um assistente pode ser de grande ajuda, pois ele tomaria notas do que já foi gravado e do que falta gravar. Se isso não for possível, faça uma lista de antemão do grande dia e vá riscando os itens à medida que forem executados.

Tente acompanhar o que o fotógrafo oficial está fazendo – aqui, ele está fazendo o retrato da noiva – e procure evitar a repetição. De um lado, ele pode gostar de vê-lo fora do caminho. De outro, por que repetir o que o fotógrafo já está cobrindo?

Como *videomaker*, você precisa começar a gravar antes de a ação principal realmente ter início, para dar ideia de observação casual. Aqui, o que parecia ser um grupo sem qualquer interesse especial acabou se transformando em uma seqüência gostosa, pois terminou com os amigos íntimos se abraçando calorosamente. Para seqüências como essa, o ideal é trabalhar com tripé, especialmente se for no fim do dia e você estiver ficando cansado e talvez com a mão já não tão firme.

CASAMENTO **123**

DICAS E SUGESTÕES

É fácil deixar-se levar pela emoção e pela agitação de um casamento. Mas alguns fatores importantes devem ser observados antes e durante o evento.

- Leve várias baterias de reserva e muitas fitas.
- Lembre-se de que a câmera registra tudo, inclusive comentários que você venha a fazer sobre o vestido da noiva, por isso seja discreto.
- Um tripé é essencial se você pretende dirigir tomadas com grupos de pessoas.
- Procure não atrapalhar o fotógrafo oficial, afinal o trabalho dele não é nada fácil.

8 Nenhum casamento no mundo estará completo se um parente não resolver contar alguma história para os convidados. Fique atento para uma oportunidade como essa e continue filmando – sempre é possível encurtar a cena na edição.

10 Um casamento é uma ocasião de as pessoas usarem suas melhores roupas. Você pode gravar retratos simples e, depois, juntá-los na edição, como uma espécie de desfile de moda. Não é necessário um trabalho especial de câmera: basta manter a tomada tão longa quanto possível e editá-la depois.

11 Intercale as tomadas mais formais com momentos mais inusitados. Na edição, depois, será possível jogar com uns e outros, variando o ritmo e acrescentando um elemento de imprevisibilidade, o que ajuda a manter o interesse do espectador.

12 À medida que as celebrações prosseguirem, você poderá se tornar mais ousado e partir para ângulos inusitados, mas tente manter a câmera firme e diminuir todos os movimentos.

13 Momentos de intimidade ocorrem a qualquer momento durante uma festa, mas podem não ser muito agradáveis em um filme que será visto muitos anos depois. Faça tomadas mais oblíquas e abstratas juntamente com outras mais óbvias.

Promovendo uma causa

O vídeo é um ótimo meio para promover uma causa. Você pode distribuir cópias em DVD ou VDC (*veja as páginas 194 a 197*) ou colocá-lo em um site dedicado à campanha.

Envolvendo as emoções

Quando estamos envolvidos em uma causa, é fácil esquecer que um estranho vendo o filme pode não saber nada a respeito dela. A primeira coisa a fazer, portanto, é envolver o espectador emocionalmente e, depois, contar-lhe sobre a causa. As necessidades da campanha não devem se sobrepor à necessidade de contar uma história. Neste exemplo, uma campanha para levantar fundos para um santuário de pássaros na África é apresentada por meio de uma visita a um centro de falcoaria. A história pretende explicar o vínculo e ao mesmo tempo apresentar um motivo atraente.

Parta do pressuposto de que nem todo mundo vai saber de imediato o assunto tratado no vídeo. Comece com algo misterioso para despertar a curiosidade. Aqui, usamos silhuetas contra o céu e os sons de pássaros e asas batendo.

Entusiasmo e capacidade de antecipação

Uma das coisas mais difíceis quando se faz um vídeo para uma campanha é saber quando se envolver. Não é fácil captar o clima de excitação quando se está entusiasmado com a perspectiva de mudar o mundo para melhor. Quando se faz um documentário, é preciso ver a longo prazo e planejar nesse sentido: nunca se sabe a importância que as pessoas e os eventos terão no futuro, por isso tente gravar tudo o que puder.

Envolva o espectador fechando o enquadramento em alguma ação. Um corte para um visitante segurando uma coruja e fazendo perguntas sobre a campanha permite que o narrador revele mais a respeito do centro e do trabalho que desenvolve.

● DICAS E SUGESTÕES

Ter uma boa causa para promover e pela qual lutar não o exime da necessidade de fazer um vídeo interessante por seus próprios méritos. Você deve tentar:
- Apresentar as informações na forma de uma história curta.
- Revelar os fatos metodicamente em um ritmo plausível, e não em uma rápida sucessão.
- Mostrar detalhes para contatos ou um endereço de site no final do vídeo.
- Distribuir algum tipo de material impresso toda vez que o filme for exibido, usando fotos extraídas do próprio vídeo como ilustrações.

Recorrendo a imagens ativas, que prendam a atenção, você pode relaxar um pouco com a narração e permitir que o espectador pense um pouco nas informações que lhe foram passadas. Deixe o filme falar por si mesmo por algum tempo.

PROMOVENDO UMA CAUSA 125

2
Uma boa maneira de dar as primeiras informações é recorrer a um especialista. Aqui, uma treinadora de pássaros dá detalhes de um centro de falcoaria e preservação, incluindo uma águia rara em Gâmbia. Ela conversa com pessoas que visitam o centro durante um fim de semana.

3
Cuidado para não cansar o espectador com uma pessoa falando por muito tempo. Cortamos para os visitantes enquanto a treinadora continua sua explicação. Isso pode ser um *off* – neste caso, misturado com os sons dos pássaros no centro de falcoaria, para criar clima.

5
Enquanto a visitante e a treinadora continuam conversando, cortamos para um close-up de um falcão, a fim de criar alguma variedade visual. Essa é uma boa hora para introduzir uma nova voz e, assim, evitar que o filme caia na monotonia.

6
Agora, revele de quem é a voz. É importante mostrar que seus protagonistas se importam com a causa. O treinador exibe a intimidade de seu relacionamento com os pássaros. Eis aqui um bom momento para mudar o curso da narrativa.

8
Termine a sequência anterior com imagens apropriadas – aqui, o pássaro pousa na mão do treinador – e inclua alguma narração para levar o filme a uma conclusão. Imagens fortes ficam na mente muito depois que as palavras foram esquecidas.

9
Finalmente, corte para uma tomada que obviamente marca o fim ou a proximidade deste. Uma porção de céu claro é perfeita para exibir agradecimentos e detalhes para contato a respeito da campanha: as palavras podem ser exibidas sobre o último quadro congelado.

Retrato de um lugar

Você pode se apaixonar por um lugar, seja porque lhe toca como se fosse sua própria casa, seja porque você conheceu alguém especial. Como captar essa emoção em um filme? Qual a melhor maneira de transmitir o espírito do lugar? Trata-se, aqui, de um exercício diferente da simples viagem de férias (*veja as páginas 112 a 115*), pois o que você pretende transmitir é o clima do lugar, e não os dias agradáveis que ali passou.

Filmando tudo o que puder

Retratar um lugar é ir filmando a esmo: grava-se tudo o que aparece pela frente. Acontece que às vezes você deixa de fazer determinadas tomadas que de outro modo faria se soubesse mais a respeito do lugar, mas esse exercício vai realmente abrir seus olhos e torná-lo um *videomaker* mais observador.

O interessante do vídeo digital está no fato de a quantidade de gravação só encontrar limites em seu orçamento e no número de horas do dia. Mesmo que você grave sem parar enquanto houver luz natural, o custo das fitas – talvez meia dúzia de cassetes – é irrisório quando comparado ao do filme cinematográfico.

Seja atencioso com familiares ou amigos viajando com você. Embora esse não seja um vídeo tradicional de férias, tente envolvê-los sempre que possível.

O ensaio visual

O retrato de um lugar oferece uma estrutura tão boa quanto outra qualquer. Durante a edição, você pode virar o ensaio visual de ponta-cabeça e de dentro para fora se quiser, mas pelo menos terá o material básico com que trabalhar. A abordagem clássica ajuda a garantir que você filme de modo construtivo.

Seqüências com grandes planos gerais dão ao espectador uma idéia sobre o que ele vai ver e para onde será levado, ao prover um contexto e criar um clima. Estamos em uma região montanhosa ou em um deserto? Estamos em um dia ensolarado ou cercados por sombras escuras? Isto será um filme divertido e leve ou um documentário sério?

Vistas panorâmicas são uma boa introdução a respeito de um lugar, especialmente se for algo de tirar o fôlego. Você pode começar gravando a paisagem em torno do local onde está hospedado, a fim de situar o espectador, antes de revelar outros aspectos da região.

Placas indicativas são valiosas e, quando usadas em close-up, especialmente úteis para cobrir erros de continuidade e para criar mudanças no clima do filme ou no sentido narrativo.

Vídeo e meio ambiente

Ser observador e estar atento são requisitos básicos para fazer um vídeo, mas você deve ter consciência do impacto de sua filmagem sobre o meio ambiente e sobre si mesmo. Incluir uma vista da aterrissagem de seu vôo pode ser difícil, porque a câmera gera um ruído eletrônico capaz de interferir no equipamento sensível dos computadores a bordo. Ou a gravação pode levá-lo a distrair-se e se esquecer de olhar para onde está indo. Uma regra importante é ficar atento a tudo à sua volta.

RETRATO DE UM LUGAR 127

2 Faça a panorâmica lentamente: enquanto grava, a velocidade da panorâmica pode parecer lenta, mas você deve passar a ideia de carinho pelo local. Evite usar o zoom de modo lento de uma geral para um detalhe; em vez disso, salte cada vez mais perto, em vários passos distintos.

3 Filmes deste tipo mostram o que acontece no lugar e a vida das pessoas. Nem tudo o que aparece no vídeo deve ser frenético: imobilidade e sossego também contribuem para a variedade de ritmo e tensão.

5 Determinada cena pode não parecer importante ou relevante no momento, mas você decide gravá-la mesmo assim. Quando flagrei uma esquiadora parando para atender ao chamado no telefone celular no topo de uma montanha, achei que se tratasse de uma visão inusitada. Depois me dei conta de que as pessoas faziam isso a todo instante. Alguns esquiadores conseguiam, inclusive, responder às chamadas sem interromper a descida pela montanha. Se conseguir captar o que eles estão falando, muito provavelmente estão comentando como gostam desse lugar também.

Retrato de um lugar (continuação)

6

Boa parte da vida em uma estação de esqui é utilizar os apetrechos necessários: uma série de sequências curtas de pessoas lutando para pôr botas e luvas e lidando com os esquis transmitirá mais a respeito do espírito do lugar do que as melhores descrições por escrito.

7

Em cenas caóticas, como a deste grupo de escolares se preparando para a descida, as velhas regras de composição se aplicam: tente incluir elementos que unifiquem ou estruturem a cena e tenha um ponto focal – aqui, é a criança já toda equipada olhando para a câmera.

9

Sequências de retrato levam o espectador para perto das pessoas no vídeo, permitindo que elas se envolvam na ação ou na vida do lugar; fornecem ao espectador a oportunidade de ver como é a aparência das pessoas e como elas recebem os turistas.

Quando você faz o retrato de um lugar, uma narrativa breve pode ser útil para dar estrutura às sequências. Colocar no filme uma sequência de almoço pode ser um sinal visual ao espectador de que você já está na metade do caminho.

RETRATO DE UM LUGAR **129**

8

Enquanto o sensor de autofocalização examinava o centro da imagem, a câmera ajustou o foco para o plano de fundo. E o retrato ficou desfocado por causa da insuficiente profundidade de campo. Você pode deixar os rostos em foco fazendo uma panorâmica em um deles.

● DICAS E SUGESTÕES

Ao sair para tomadas em locação, tenha em mente os seguintes pontos:

● Leve seu carregador de bateria: as baterias modernas são sensíveis à voltagem, por isso você precisa usar o carregador que veio junto com sua câmera.

● Coloque um filtro claro ou UV sobre a objetiva para mantê-la limpa.

● Use sacos plásticos para proteger a câmera de respingos, evitando gastos com estojos à prova d'água.

● Use roupas escuras ao filmar dentro de um carro ou da janela de ônibus, para não captar reflexos.

10

Pistas de esqui não se destinam apenas à prática do esporte. Para algumas pessoas, é um lugar agradável para fazer caminhadas, apreciar o panorama e batalhar na neve até chegar aos restaurantes. Para tomadas gerais com pequenos detalhes, o melhor é usar um tripé.

11

Nem tudo o que você grava tem de ser extraordinariamente bonito – você também quer mostrar a realidade do lugar. Essas tomadas de um táxi de neve fazendo o seu trabalho permite uma mudança de ritmo, bem como uma variação da trilha sonora.

12

Reserve um tempo para incluir um pouco da arquitetura local em seu retrato do lugar. Você pode começar com seu hotel ou chalé e depois mostrar outros edifícios bonitos ou diferentes, tanto na área como fora dela.

13

Para acionar a narrativa, você precisa de algumas ligações, para haver continuidade. Se, por exemplo, você deseja mostrar uma vista da praça da cidade, onde se ergue uma torre com relógio, você pode primeiro incluir um ponto de vista diferente da torre, talvez da janela de seu quarto de hotel.

# Evento esportivo

A distância emocional entre espectadores e participantes talvez seja maior em filmes de eventos esportivos. Tente cobrir essa distância: entre na mente e no coração do atleta, como fez Leni Riefenstahl em seu filme sobre as Olimpíadas de Berlim. Pense na solidão de um fundista ou na febre de vitória de um time de futebol, por exemplo.

Talvez você queira apenas registrar a cena do ponto de vista do espectador: torcendo por um amigo, enquanto documenta seus esforços em uma competição de atletismo. Seu amigo será necessariamente parte de um filme maior; ele certamente terá apenas uma pequena participação. Portanto, o desafio é criar um contexto para ela.

Não vá direto à ação; construa-a. Esta tomada dá a impressão de uma tarde agradável em um lago. O espectador contempla o cisne, mas outras coisas estão acontecendo. Assim que ele passa a ver outras partes da imagem, começamos a fechar o enquadramento com a zoom.

Antes do evento

A chave do sucesso de um filme esportivo é planejamento e preparação. Examine o local com antecedência, exatamente como um corredor ou ciclista examina o circuito.

Ao cobrir eventos menores, procure, antes, contatar os organizadores para ver se eles lhe darão um passe que lhe permitirá circular em áreas fechadas ao público. Isso lhe dará mais alternativas de ponto de vista e motivo. Caso consiga um passe, seja absolutamente responsável e confiável, ou tornará as coisas mais difíceis para si e para outros em eventos futuros.

A menos que você tenha dado alguma indicação, o espectador ainda não sabe o que está acontecendo. Mas agora, que prendemos sua atenção, podemos abrir o som para os anúncios que estão sendo feitos e que informam se tratar de uma competição de triatlo.

Durante o evento

O aspecto mais difícil quando se filma em locação é encontrar um ponto de vista mais alto do que o normal. Isso significa que você terá de chegar bem cedo, antes que os bons lugares já estejam tomados. Às vezes você se verá obrigado a segurar a câmera acima da cabeça e monitorar a tomada por meio da tela LCD escamoteável. A tendência é utilizar a faixa mais extrema da zoom durante a maior parte do tempo, mas sempre que puder use o acessório de grande-angular, pois isso vai obrigá-lo a chegar mais perto da ação.

DICAS E SUGESTÕES

Para gravar um evento esportivo em vídeo, você precisa ser ágil, atento e estar bem preparado.
- Fique atento aos profissionais: saiba onde se posicionarão, mas sem os atrapalhar. Se correrem para algum lugar, é por uma razão; siga-os.
- Memorize a ordem da corrida e o percurso do evento, pois você não terá tempo de olhar mapas.
- Beba bastante água: em dias quentes, você precisa manter-se hidratado. Talvez tenha de esperar um bocado de tempo até os atletas chegarem, por isso use chapéu e passe um bloqueador solar.
- Para ter ao mesmo tempo firmeza e mobilidade, tente usar um monopé em vez de um tripé.

EVENTO ESPORTIVO **131**

2

Esta pode ser uma das raras ocasiões em que um zoom longo e lento é a abordagem correta. Assim que vamos fechando o enquadramento, começamos a mostrar nadadores, muitos deles no rio. Os espectadores na margem fazem, sem saber, um divertido contraste.

3

Agora, queremos estar no centro da ação, como neste close-up de nadadores alcançando a margem. Temos uma ideia da quantidade deles, segurando a câmera firmemente enquanto eles entram e saem do quadro. Uma trilha dos sons das braçadas na água pode ser posteriormente acrescentada.

5

Não perca muito tempo com o comentarista; volte para a ação. Enquanto o som do anúncio continua na trilha, você pode ir para uma outra parte da corrida. Corte para um grupo começando o circuito. Note a mudança de plano geral, feito com telefoto, para uma vista com grande-angular, aqui. As sombras na rua na última tomada da seqüência dão uma dica do que pode acontecer logo, pois até esse momento havíamos ignorado os espectadores.

Evento esportivo (continuação)

6. Aqui, um grupo de ciclistas está correndo em um circuito que contorna a cidade. Esse pode ser um ponto para narrar alguns fatos importantes, como o número de participantes, o mais velho e o mais jovem, e assim por diante – antes de cortar para os espectadores.

7. Comentários de espectadores mais entendidos no esporte podem dar um toque inusitado ao vídeo. Óculos de sol são úteis: abordados educadamente, esses homens concordaram em ser filmados em close-up, e então eu consegui gravar o reflexo da corrida nas lentes.

9. Para reforçar o fato de que algumas disputas estão começando quando outras terminam, corte para o começo de outro evento. Aqui, a próxima leva de nadadores posiciona-se para a largada. Encontrar um ponto privilegiado é importante; infelizmente, o meu não era tão bom.

10. Um esporte multidisciplinar como o triatlo oferece boas oportunidades de corte rápido entre as corridas. Tente efeitos de câmera lenta e de imagens aceleradas na fase de pós-produção, para criar um turbilhão desconcertante de pedestrianismo, ciclismo e natação.

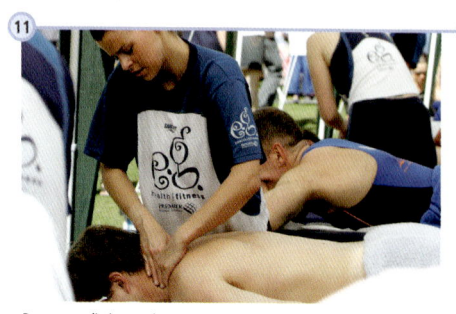

11. De repente diminua o ritmo para mostrar a exaustão dos participantes. Você pode manter a tomada do melhor flagrante por alguns segundos, para dar a sensação de imobilidade. O espectador se perguntará se o filme estará chegando ao fim ou terá mesmo acabado.

12. Ao final no evento, muita gente deita no chão e relaxa ao sol, mas você tem de continuar o trabalho. Agora você pode fazer tomadas que mostrem alguns dos outros aspectos do esporte, como a exaustão física.

EVENTO ESPORTIVO **133**

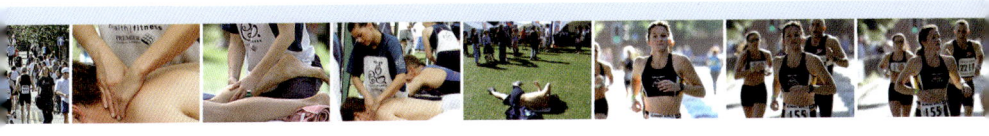

No corte seguinte, surpreenda o espectador com imagens mostrando a enorme equipe de apoio que torna possíveis os eventos esportivos. Em um jogo de futebol, pode ser um voluntário preparando um suco de laranja para o intervalo; aqui, uma auxiliar entrega copos de água.

Evitando confusão

Filmar um evento esportivo pode ser confuso se você não está participando dele. Mas o espírito do evento é sempre caloroso. Peça conselho a pessoas envolvidas na organização sobre aonde ir e quando.

Depois do evento

Caso não consiga uma credencial que lhe confira passe livre para o evento deste ano, tente obtê-la para o ano seguinte, enviando aos organizadores uma cópia do vídeo já editado, anexando um impresso com a seleção dos melhores quadros. Você poderá ser convidado para gravar o próximo evento.

É sempre bom fazer uma última surpresa para o espectador; aqui, é a revelação de que a corrida prossegue. Eu deixei que a corredora viesse exatamente em direção à câmera e ficasse fora de foco ao se aproximar e passar por mim. Com essa cena em que ela mostra uma expressão determinada, vamos para o fade-out e os créditos. Um final como esse abre caminho para acrescentar um outro evento, talvez um completamente distinto, pois o fade-out para branco pode levar a qualquer outra cena bem luminosa.

Vídeo álbum de família

O vídeo-álbum é o equivalente contemporâneo do álbum fotográfico de família. Ele reúne som, movimento e luz, para recriar memórias e momentos passados do modo mais direto. Claro, o vídeo-álbum compreende uma seleção de imagens do passado, mas ele pode ir muito além. Um vídeo-álbum é um modo maravilhoso de filmar as crianças à medida que crescem, preservar imagens de membros mais velhos da família ou fazer um documentário da vida cotidiana.

Preservando o passado para o futuro

Embora possa parecer favoritismo concentrar-se em apenas alguns membros da família, esse é o ponto do qual você deve começar. Se o pai está ocupado demais com os compromissos de trabalho, ou se os adolescentes ficam tímidos diante da câmera ou acham isso uma bobagem, concentre-se primeiro nos mais dispostos a cooperar ou nos membros da família mais disponíveis. Depois que você mostrar aos descrentes uma primeira edição do que já foi feito, eles poderão mudar de ideia.

Se algum membro mais velho da família tem alguma história interessante para contar, você deve encorajá-lo a fazê-lo para a câmera, mesmo que já tenha ouvido a história antes – talvez os filhos de seus filhos possam aprender algo quando virem o filme, no futuro. Deixe a fita correr e depois edite as pausas.

● DICAS E SUGESTÕES

Os vídeos de família, sobretudo os que cobrem muitos anos, costumam ser difíceis de planejar, coordenar e continuar interessantes, por isso tenha em mente os seguintes pontos:
- Varie sempre as tomadas: mesmo que seja alguém falando para a câmera, você pode fazer um close-up das mãos, da boca ou dos olhos, enquanto o som segue na trilha.
- Use imagens do maior número possível de gerações.
- Inclua os amigos dos filhos, mas obtenha antes o consentimento dos pais.
- Continue acrescentando imagens a seu vídeo-álbum. Muitas famílias começam com o nascimento de um bebê, prometem a si mesmas que continuarão a filmar, mas perdem o entusiasmo quando a criança começa a ir à escola.

1 Se lhe pedirem para fazer o vídeo de uma outra família, torne as coisas mais fáceis iluminando a área de modo uniforme. Assim, você pode filmar de vários ângulos, sem ter de mexer nas luzes. Para essa tomada, começamos com toda a família reunida.

4 Os adultos são os que mais ficam atentos à presença de uma câmera, reagindo sem naturalidade. Mas em geral não se incomodam em ficar no centro da cena quando necessário, por isso pegue um flagrante deles e volte rápido para as crianças.

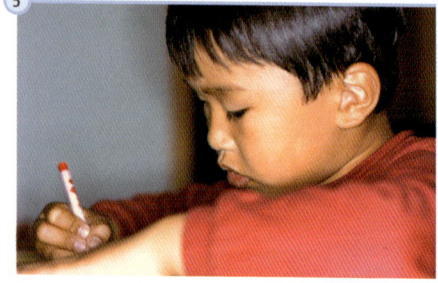

5 Se uma criança se refugia em um canto, distanciando-se de toda a agitação, pode ser que ela simplesmente queira ficar só. Se você a seguir, faça-o de modo discreto, usando uma distância focal longa e um tripé.

VÍDEO-ÁLBUM DE FAMÍLIA **135**

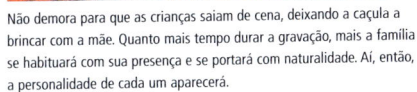

2

Não demora para que as crianças saiam de cena, deixando a caçula a brincar com a mãe. Quanto mais tempo durar a gravação, mais a família se habituará com sua presença e se portará com naturalidade. Aí, então, a personalidade de cada um aparecerá.

3

Você pode complementar a iluminação ambiente com uma luz sobre a câmera. Mas cuidado com superfícies brilhantes atrás dos motivos, como portas de vidro, espelhos ou janelas. Aqui, aparadores de cozinha captaram um flash de luz da câmera.

6

Se houver um centro de atividade, como esse túnel, tudo o que você tem a fazer é apontar a câmera para ele, sobre um tripé, e deixar correr a fita. Você pode ficar atrás da câmera para estimular a brincadeira ou simplesmente se ocupar com outras tarefas, como arrumar as luzes em outro lugar. Mude de tempos em tempos os ângulos de câmera, os ajustes da zoom e o enquadramento, ou terá de fazer todo o trabalho importante durante a edição. Exibir cenas já gravadas para as crianças pode estimular mais atividades.

Promovendo um negócio

Se as pessoas no trabalho sabem que você é um *videomaker*, seu chefe pode convidá-lo a fazer um vídeo promocional, para o site da empresa ou para uma feira de negócios. Como tirar o maior proveito dessa oportunidade?

Trabalhe profissionalmente

Faça o *briefing*, o orçamento, a gravação e a pós-produção com a disciplina de um *videomaker* profissional. As questões cruciais são: o que se exige, como deve ser feito, quanto se poderá gastar e quando deverá ser entregue. Ponha todos os detalhes no papel, por escrito.

Orçamento e plano

Conhecendo o orçamento, você pode planejar como gastá-lo. Talvez os escritórios precisem de uma demão de tinta e as plantas possam ser retocadas com o acréscimo de algumas flores. Você também pode precisar alugar as luzes ou uma câmera melhor.

O que está por vir no calendário de trabalho? Não os eventos sociais, mas o dia da graduação (se você trabalha em uma escola ou faculdade), o lançamento de um novo produto, um dia aberto para o público. Embora esses eventos durem uns poucos segundos na tela, merecem ser incluídos.

Satisfazer o cliente

A chave está em gravar o material desejado pelo diretor da empresa. O exemplo nessas páginas mostra um vídeo destinado a promover o trabalho do Guitar Institute, um centro de ensino de guitarra de Londres. A ideia do diretor era passar a imagem de uma escola atual, com um forte apelo aos jovens que querem se tornar estrelas do instrumento.

Segurança

Seja particularmente cuidadoso se precisar envolver outras pessoas na filmagem, sobretudo se elas tiverem de entrar em áreas para as quais normalmente não teriam acesso. Converse com os responsáveis pelo seguro e esclareça todos os detalhes pertinentes à segurança.

1 Pode parecer chato, pode parecer convencional, mas talvez você seja forçado a iniciar o filme com uma tomada que mostre a porta da frente das instalações da empresa. Entretanto, é possível ser criativo, antecipando o som de guitarras e de vozes no interior do edifício.

3 Abrimos lentamente o enquadramento para uma jovem estudante dando os primeiros acordes na guitarra. A luz do sol que entra pela janela é muito forte, queimando o lado direito da imagem, mas o cliente gosta do toque luminoso e moderno que a superexposição dá à tomada.

4 O corte seguinte revela outros sons de guitarra e entusiasmados instrumentistas. A luz do sol brilhante ajuda a criar uma atmosfera arejada, mas não se ajusta às exigências de uma transmissão de TV. O uso de um filtro de transmissão padrão na pós-produção reduziria qualquer superbranco.

PROMOVENDO UM NEGÓCIO

2

O passo seguinte e lógico depois do plano geral é mostrar a primeira coisa que um guitarrista faz com seu instrumento: afinação. Podemos ter o som de afinação com o burburinho geral do Guitar Institute em uma típica manhã de um dia de semana.

Os sons de fundo podem ser gravados separadamente e acrescentados depois. Mas pode ser difícil gravar um fundo que seja característico de uma locação e seja repetitivo.

5

Nessa cena, dois professores dão um show de execução. O microfone deve estar próximo do guitarrista que se encontra no centro da tomada, movendo-se quando a câmera faz uma panorâmica para enquadrar o outro. Agora já ouvimos os sons de uma aula em outra parte do prédio.

6

A mudança na trilha sonora é uma dica para a mudança de ritmo, e cortamos para uma professora vista através de uma janela. Com o som de uma banda tocando, pode entrar alguma narração explicando que aguardamos o momento certo para entrar em uma sala de aula.

Promovendo um negócio (continuação)

Autorização para uso de imagem

Se os funcionários de uma empresa estão sendo gravados para fins promocionais pela primeira vez, peça que assinem um documento autorizando o uso de suas imagens – afinal, ser filmado não faz parte das obrigações contratuais. No futuro, pode ser que um dos deveres do funcionário seja ajudar a promover a empresa, deixando-se fotografar ou filmar para fins empresariais. Se isso vier a ser acrescentado ao contrato de trabalho, não haverá necessidade desse tipo de autorização toda vez que um funcionário for fotografado.

7 Corte para um professor dando aula. Sabíamos, por conta de uma visita de reconhecimento, que essa sala tinha muita reverberação. Nessas situações, é melhor pregar um radiomicrofone no motivo do que persegui-lo pela sala com um boom.

9 Uma mudança de cor, um corte rápido e um estrondo da percussão dão um novo clima ao vídeo. Focalizar o baterista informa o espectador a respeito dos muitos instrumentos musicais ensinados no instituto, sem a necessidade de referência direta.

10 Aqui, abrimos o enquadramento para incluir o guitarrista na tomada, mostrando que a interação entre os estudantes é quase tão importante quanto as aulas. Qualquer que seja o motivo, você pode aumentar a abrangência do quadro usando um acessório para grande-angular.

11 Entre as seqüências mostrando as várias atividades no prédio, lembre o espectador do objetivo da instituição – neste caso, o ensino. Aqui, cortamos para uma guitarrista à espera do início da aula.

12 O som de uma porta se abrindo, seguido de ruídos vindos de outras salas, nos conduz a uma aula particular. O objetivo é mostrar ao espectador que o instituto oferece tanto aulas individuais quanto em grupo, sem precisar mencionar isso diretamente.

PROMOVENDO UM NEGÓCIO **139**

8

Em seguida cortamos para algumas tomadas, de vários ângulos, da mesa de mixagem, enquanto o áudio cresce lentamente com as vozes off dos músicos conversando e se preparando para tocar. Essa seqüência mostra que nem sempre é necessário manter o nível da câmera. Embora seja bastante perturbador para o público ter um horizonte em constante movimento, alguma variedade no ângulo de inclinação pode ser mais interessante visualmente. Aqui a câmera é inclinada em torno da mesa de mixagem como que fascinada pela profusão de botões e deslizadores.

13

Deixe a ação se desenrolar. Se tentar dirigir as pessoas enquanto fazem seu trabalho, elas poderão deixar de agir com naturalidade e começar a interpretar. Aqui, damos um close-up na mão de um professor enquanto ele orienta o aluno quanto à posição dos dedos.

14

Saímos para o corredor e vimos uma estudante indo embora com sua guitarra. Era a mesma garota que afinava o instrumento no começo do filme. Esse tipo de desfecho confere simetria ao filme, antes de irmos para um fade-out final com os créditos e os detalhes para contato com a instituição.

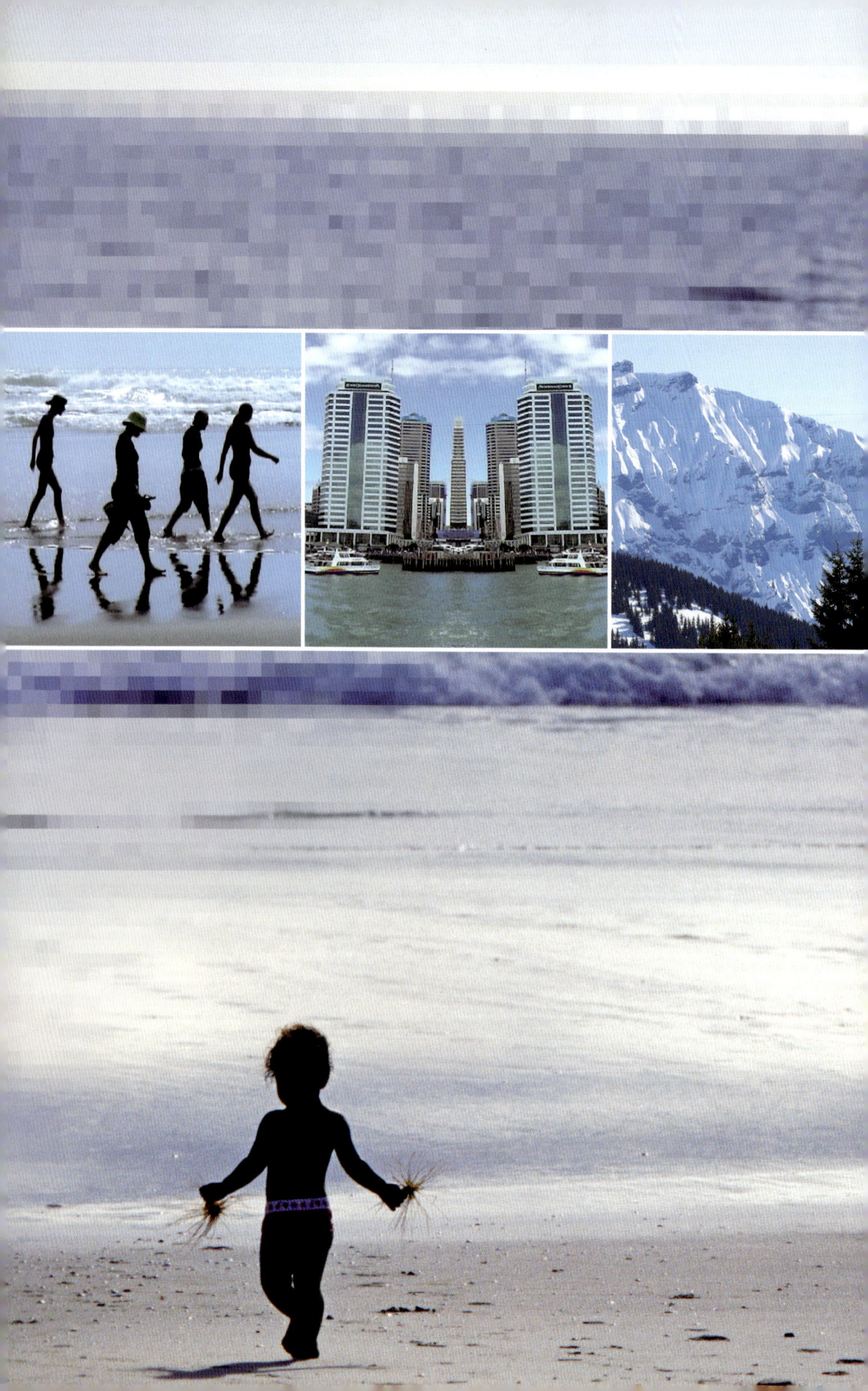

5
Edição e pós-produção

Princípios de edição de vídeo

Seu primeiro contato com edição de vídeo pode ser bem assustador. Este capítulo facilita sua entrada no mundo fascinante da edição não linear com explicações claras dos princípios, incluindo decupagem, rough cut e decisões de edição.

Edição

As técnicas da edição não linear são examinadas, com seus papéis e objetivos definidos. A seção "Solução rápida" traz dicas para a correção de cor e exposição e conselhos sobre problemas habituais, além de explicar técnicas para trabalhos com transições e efeitos.

Pós-produção

O capítulo mostra, ainda, como deixar seu filme mais requintado, preparando-o para um público mais vasto. Assim, explica como criar títulos e créditos e também como trabalhar com som, DVDs e VCDs e internet.

Princípios de edição

A edição de vídeo está longe de ter qualquer semelhança com a edição de filme. Pendurar pedaços de filme sobre um receptáculo, raspar a ponta do filme com uma lâmina e aplicar gotas de cola, tudo isso foi substituído por um clique no mouse, e as imagens tremeluzentes em uma pequena tela periscópica agora são imagens firmes e brilhantes em um monitor LCD.

Qualquer um que já tenha usado um computador reclama da íngreme curva de aprendizado de um ou outro aplicativo. Esteja, pois, preparado para a dificuldade quando deparar pela primeira vez com um software de edição não linear. Este capítulo explicará os princípios comuns aos aplicativos de NLE e tentará relacioná-los com o que você está tentando conseguir artisticamente. Esses princípios podem então ser empregados nos muitos aplicativos disponíveis no mercado. Os exemplos serão extraídos dos softwares mais profissionais, pois eles cobrem todas as necessidades da maioria dos *videomakers*. Mas você precisa comprar esses softwares para fazer vídeos de qualidade.

O que é edição

A citação seguinte, encontrada em um site sobre aconselhamento profissional, é bem verdadeira, mas ainda assim não toca em um ponto importante: "Os editores de filme e vídeo olham todas as imagens. Decidem quais partes não interessam e as cortam. E juntam as partes que interessam". O que o texto esquece, claro, é como se juntam as partes que interessam.

É desnecessário insistir em que o software deve ser sempre um instrumento da criação, mas é um mantra que vale repetir sempre e toda vez. Entretanto, para que o software seja um instrumento à sua disposição, você precisa ter domínio sobre ele. Isso demanda prática, prática e mais prática. Mas compreender os princípios básicos acelera o processo de aprendizado.

Edição de quatro pontos

Começamos com certo número de tomadas: é o material bruto que você gravou. Esse material pode ainda estar na fita dentro da câmera ou já ter sido baixado em seu computador. O filme, também chamado de "projeto" em alguns softwares, será composto de uma sequência de partes.

A natureza da edição não linear significa que, sob diferenças em grande parte superficiais, todos os aplicativos operam da mesma maneira, isto é, manipulando quatro pontos: dois no trecho a ser inserido, dois na sequência sendo criada. No clipe, o primeiro ponto define o começo, ou ponto in, e o segundo marca o ponto out, ou o fim do clipe. Esses pontos

Editar inserção

Processo pelo qual se acrescentam imagens novas em uma sequência já existente. Como a inserção não deleta nem substitui nenhum outro material, o comprimento da sequência aumenta. A simplicidade do movimento disfarça seu grande poder de interromper a ação com um à parte visual, permitindo que você mostre duas coisas acontecendo ao mesmo tempo, mas em lugares diferentes, ou a mesma coisa de dois pontos de vista distintos.

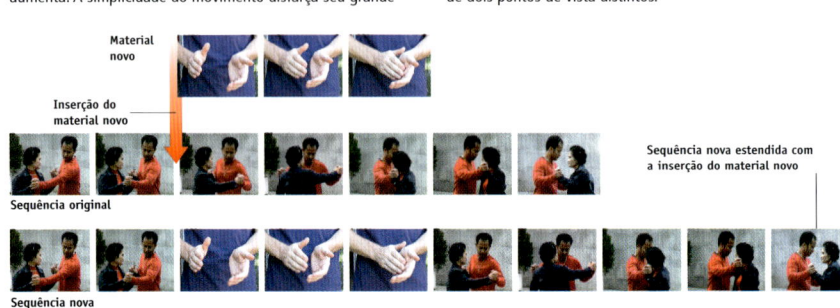

podem ser os verdadeiros começo e fim ou qualquer coisa entre ambos. O tempo entre os pontos in e out define a duração do clipe.

Na sequência, você precisa dizer ao software onde inserir o clipe: esse é o ponto in na sequência, enquanto o ponto out é onde o clipe termina e um outro começa.

Quando você estabelece quaisquer três pontos, o quarto é automaticamente determinado. Se você estabelece o comprimento do clipe e determina onde inseri-lo na sequência, então fica sabendo quando o clipe vai terminar na sequência. Além disso, a sequência fica mais longa. Por outro lado, você pode determinar que certo comprimento da sequência seja substituído por um clipe – isto é, você estabelece os pontos in e out dentro da sequência. Agora, quando você marca o ponto in do clipe, seu ponto out é fixado, porque o tempo entre as marcas in e out deve ser igual ao comprimento previamente estabelecido dentro da sequência. Nesses casos, a sequência terá o mesmo comprimento.

Visualizando as edições

Uma maneira de visualizar suas edições é imaginar uma parede de uma exposição com uma fileira de quadros lado a lado. Suponha que você queira inserir dois outros quadros no meio: se não quiser perder nenhum quadro já pendurado, você precisa decidir onde inserir os novos quadros, depois estender a fileira dos quadros existentes, afastando-os para dar lugar para os novos. Mas suponha que o comprimento da fileira de quadros seja fixa: se você remover algum quadro, terá de substituí-lo. Ou, para inserir novos quadros, você terá de retirar tantos quantos acrescentou.

Outra analogia é ver a edição não linear como semelhante ao processamento de palavras, no qual os clipes são sentenças, ou grupos de palavras, e um texto é como a sequência do vídeo. As inserções deslocam sentenças ou grupos de palavras: algumas inserções aumentam o comprimento do texto, empurrando todas as sucessivas palavras para mais longe do começo. Outras substituem ou sobrescrevem palavras existentes, mantendo o mesmo comprimento no final.

E, assim como ocorre no processamento de palavras – em que a verdadeira razão de se conhecerem teclas, atalhos e funções do aplicativo é poder se comunicar por meio da escrita –, a razão para aprender a utilizar o software de NLE é contar uma história de modo convincente e eficaz.

Overwrite (gravar sobre)

Usa-se o overwrite quando é preciso acrescentar material novo a uma sequência sem aumentar seu comprimento. A razão mais comum para isso é quando você precisa casar o comprimento do filme com o comprimento de uma música ou de um som qualquer: se o material overwrite se encaixa entre as deixas, não é preciso se preocupar com sincronização. Em geral, o overwrite usa imagens feitas ao mesmo tempo que a sequência principal, porém de um ângulo diferente.

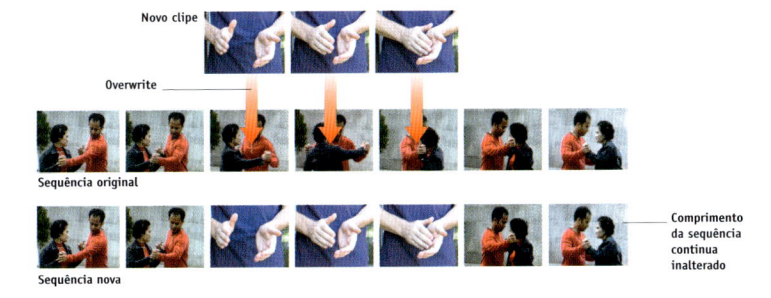

Novo clipe

Overwrite

Sequência original

Comprimento da sequência continua inalterado

Sequência nova

O processo de edição

A edição de vídeo tem muito em comum com a edição de texto. Quando se edita um texto, manipulam-se e ordenam-se os elementos básicos de palavras e sentenças, de acordo com regras gramaticais, com o propósito de comunicar de modo claro e eficiente. Cortam-se palavras desnecessárias, reagrupando-as a fim de que tenham uma fluência coerente. E se acrescentam surpresas, para manter o leitor interessado.

Na edição de vídeo, você trabalha com os elementos básicos dos seus clipes – auxiliados pela trilha sonora. Assim como os mesmos sentimentos expressos por um poeta, por um romancista e por um homem de negócios engendram textos muito diferentes, os mesmos clipes produzem diferentes resultados, dependendo do editor.

Falando de um modo geral, o processo de edição consiste nas seguintes fases:
- Colocar os clipes em uma sequência.
- Afinar os relacionamentos entre os clipes.
- Ajustar a sequência quando necessário.
- Determinar as transições entre os clipes.
- Balancear as cores e a exposição de cada clipe, para criar um todo unificado.
- Colocar o som e a música gravados no filme no tempo certo.

Edição não linear

A NLE é a chave para editar vídeo digital, pois oferece o que é conhecido no mundo da informática como "acesso aleatório". Enquanto a edição cinematográfica implica enrolar e desenrolar um carretel de filme até encontrar o ponto de corte e juntar dois pedaços, a edição digital não leva mais do que alguns segundos, com alguns poucos toques no teclado.

Os clipes de vídeo são arquivos de dados no computador, exatamente como os documentos do Word. Você pode saltar para qualquer ponto do clipe, assim como salta de um ponto a outro de um texto. Quando o filme está só em carretel, você tem de desenrolá-lo até encontrar o começo ou meio de um clipe. Isso não é apenas aborrecido, como também danifica a fita com o tempo. O processo de edição não linear só demanda o tempo de o computador encontrar e exibir os quadros: nas máquinas modernas, percorrer um videoclipe é um processo rápido.

Sua primeira sessão de edição

Neste capítulo, presumimos que você tenha aprendido, no manual da câmera de vídeo, como criar uma conexão ativa entre a câmera e o computador, para que a câmera seja reconhecida.

Você gravou horas de material, e uma pilha de fitas o espera em cima da mesa. Qual a melhor maneira de começar? Se você gravou seu filme na base do improviso – isto é, sem depender de um roteiro –, então este é o momento certo para visualizar a história que pretende contar e como será a aparência do filme. Isso ajuda a acelerar o processo de identificação de tomadas e sequências que funcionam e de outras que não tocam a história para frente. Se você gravou seguindo um roteiro, ou mesmo uma lista de tomadas, acessar o material bruto será muito mais fácil.

Se você gravou quase tudo o que aparecia pela frente, apenas como garantia, terá um bocado de trabalho na edição; precisará rever todo o material e decupar cada tomada. Depois de fazer isso uma vez, você nunca mais vai querer repetir a dose, ou vai preferir deixar essa tarefa para alguma pobre alma. Mas, caso o que esteja fazendo seja um documentário (*veja as páginas 188 a 191*), essa é a única maneira de trabalhar.

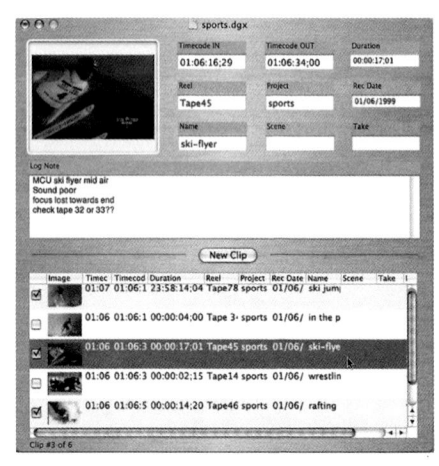

Imagine DV Log-X

Esse software especializado oferece controles convenientes e bons recursos que aceleram a decupagem. O aplicativo também controla muitos dispositivos – de DVCam e DVPro a equipamentos de vídeo analógico.

Decupando o material

O processo de decupagem dura tanto tempo ou mais que o total do material gravado. Você vai precisar olhar todo o material e, embora possa usar o fast-forward em uma parte dele, ainda terá de gastar algum tempo escrevendo os detalhes. A boa notícia é que, quanto mais completa for a decupagem, mais fácil será o processo de edição. A má notícia é que, na verdade, decupar pode ser extremamente chato e frustrante, pois tudo o que você quer é dar andamento à edição preliminar.

Se estiver usando software do tipo entry-level, você poderá ser forçado a decupar manualmente. Entretanto, os softwares profissionais permitem que você faça a decupagem de detalhes enquanto revê os clipes – na verdade, isso em geral é parte integrante do aplicativo. Uma alternativa mais barata aos softwares profissionais de NLE é um software especializado em decupagem, como o da Imagine: TPEX para Windows ou DV Log-X para Mac. Eles podem simplificar muito o processo, pois oferecem contagem progressiva automática, completamento automático de entrada e *storyboard* básico. Mais importante, as decupagens podem ser exportadas para trabalhar com editores não lineares do tipo padrão para a captura de trechos de vídeo.

Marcando os clipes

Uma tomada inteira sem valor para você pode ser ignorada na decupagem: simplesmente não a decupe e, assim, evite perder tempo e espaço capturando-a. Mas, se uma parte do clipe é aproveitável, você vai querer marcar o começo e o fim (na terminologia de vídeo, os pontos in e out) da parte que pretende conservar e, portanto, capturar. É a tarefa conhecida como marcar os clipes.

Alguns aplicativos de edição usam botões ou chaves para determinar os pontos in e out. Outros usam deslizadores na janela de pré-visualização. É aconselhável deixar "alças" curtas antes e depois dos exatos pontos in e out – 1 segundo ou 2 segundos antes do in e depois do out. Se marcar muito em cima, você não deixará margem de manobra – ou possibilidade de mudar de idéia – mais tarde e precisará fazer a captura novamente.

Decupagem e captura

Aplicativos entry-level de NLE simplificam o processo de edição, pois copiam arquivos de mídia da fita para o computador. Depois de gravar a fita, você a rebobina na câmera e, à medida que você faz a reprodução por meio do software, ele compacta os arquivos da câmera – da primeira à última tomada, sem pausa – enquanto os copia para o computador. Os profissionais preferem começar, rever, parar, reproduzir novamente e rebobinar numerosas vezes, a fim de minimizar a carga de material capturado, colocando assim no computador só o que eles têm certeza de que vão precisar. Entretanto, o movimento de parar, começar e rebobinar diversas vezes causa muito desgaste no mecanismo da câmera e talvez até na própria fita. Para fazer uma decupagem apropriada, a solução ideal, embora custosa, é usar um gravador de fita de vídeo (VTR) controlado pelo software de NLE ou decupar por meio da conexão DV do computador.

DV NTSC 48 kHz Anamorphic
DV PAL 48 kHz
DV PAL 48 kHz Anamorphic
DV to OfflineRT NTSC (Photo JPEG)
DV to OfflineRT NTSC Anamorphic (Photo JPEG)
DV to OfflineRT PAL (Photo JPEG)
DV to OfflineRT PAL Anamorphic (Photo JPEG)
DV50 NTSC 48 kHz
DV50 NTSC 48 kHz Anamorphic
DV50 PAL 48 kHz
DV50 PAL 48 kHz Anamorphic
DVCPRO – PAL 48 kHz
DVCPRO – PAL 48 kHz Anamorphic
DVCPRO – PAL to OfflineRT PAL (Photo JPEG)
DVCPRO HD – 1080i60 48 kHz
DVCPRO HD – 720p24 48 kHz
DVCPRO HD – 720p30 48 kHz
DVCPRO HD – 720p60 48 kHz
Generic Capture Template

Opções de captura

O menu pop-up oferece várias opções para decodificar a captura de vídeo; na verdade, uma conversão de formato. Para economizar espaço e acelerar a edição, uma boa escolha é o Offline, que usa imagens compactadas. Após a edição, o material com total resolução pode ser capturado.

150 EDIÇÃO E PÓS-PRODUÇÃO

Refinando a edição

Depois que você baixou vários clipes e os colocou em certa ordem, vai querer afinar o *timing* de sua edição e refinar as transições. Pode ser que o ajude a compreender alguns efeitos – como trimming, cropping e overwrite – ver que existem semelhanças com o processamento de palavras ou manipulação de imagens. Aqui, vamos olhar os mais comuns dentre os muitos ajustes disponíveis nos softwares de NLE.

Trimming e cropping

São ações essencialmente opostas. O trimming remove quadros selecionados do meio do clipe. O clipe fica, portanto, dividido nesse ponto (*veja abaixo*), e seu timecode ajusta-se para mostrar um tempo menor.
Já o cropping retira todos os quadros que não foram selecionados – geralmente do começo e do fim do clipe –, e isso também encurta o clipe.

Claro que também é possível dividir um clipe sem primeiro ter de fazer o trimming ou cropping, o que significa executar isso diretamente (*veja abaixo*).

Monitorando o comprimento do clipe

Ao trabalhar em seus clipes, começa a fazer o trimming e o cropping deles. Uma vez que você não está realmente descartando nenhum quadro, você pode subsequentemente refinar as edições, movendo os pontos in e out ou alterando a duração de um efeito de transição (veja as páginas 156 e 159). Mas observe os alertas de que seu clipe está curto demais para todos os efeitos que pretende implementar.

Dividindo clipes

Quando os clipes são importados pelo NLE, os breaks entre uma tomada e outra são em geral reconhecidos automaticamente, o que ocorre em todos os softwares básicos. Essa abordagem envia todas as tomadas da fita para o computador. Os softwares de nível profissional esperam que o editor marque os clipes com os pontos in e out, para que a captura se limite ao que se deseja.

Qualquer que seja a abordagem, haverá momentos em que será útil dividir um clipe em subclipes menores. Isso facilita a manipulação de clipes longos e ajuda a definir os pontos em que você pode entrecortar.

Em muitos aplicativos de NLE, você primeiro coloca a play head – o marcador que mostra de onde vem um quadro exibido – no ponto em que quer introduzir a divisão. Depois, chame o comando Split Clip, e o programa faz exatamente isso.

1 Localize a divisão
Para facilitar o trabalho com esse clipe, é preciso primeiro entrecortá-lo ou dividi-lo em partes; para isso, posicione corretamente o cursor de áudio.

2 Divida o clipe
Aplica-se o comando para dividir o clipe. Seu aplicativo oferece uma ferramenta parecida com uma lâmina de barbear, lembrando-nos de que o efeito é como fazer um corte no comprimento do filme.

3 Veja o resultado
O clipe dividido agora tem duas partes, cada qual com seu timecode e seu ícone. O comprimento dos dois clipes reunidos permanece o mesmo, pois ainda não se aplicou nenhum efeito de transição.

Invertendo a direção

Alguns fades e dissolves funcionam melhor com os quadros correndo de frente para trás, porque o movimento invertido de um clipe se funde melhor com o movimento para frente do clipe seguinte. Uma outra coisa a ser lembrada quando se usa esse efeito é que ninguém pode dizer se o movimento original de panorâmica é de fato o original (desde que, é claro, não haja nenhum indicador nesse sentido, como tráfego de veículos ou pessoas caminhando). Você pode ter feito uma panorâmica de uma vista da direita para a esquerda, mas no clipe anterior você filmou alguém apontando para a direita. Ao inverter a panorâmica, você pode manter todo o movimento fluindo na mesma direção.

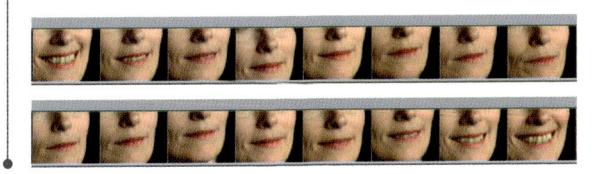

Inverso
Para inverter um clipe, selecione o clipe ou parte dele e chame o comando Reverse Clip Direction ou algo similar. No exemplo à esquerda, inverter a direção das expressões faciais altera bastante a mensagem emocional.

Overwrite

Assim como é possível substituir uma frase em um documento do processador de texto, selecionando-a e substituindo-a por uma nova frase, o que se chama de overwrite nada mais é do que a substituição de um clipe existente, ou parte dele, por um outro.

Há duas grandes razões para fazer overwrite em vídeo. A mais óbvia ocorre quando você encontra um clipe superior ao que foi utilizado – talvez uma tomada mais nítida ou com uma exposição melhor.

A razão menos óbvia nos afasta bastante de qualquer analogia com o processamento de texto. Um efeito overwrite oferece o que na terminologia tradicional de cinema se chama "rolo B" – isto é, você pode interromper um clipe com um aparte ou flashback e depois voltar para o clipe. A chave para isso é conservar o áudio durante todo o desenrolar do clipe principal – mesmo durante a exibição do material intercalado. Utilizações típicas do rolo B ocorrem, por exemplo, quando um entrevistado menciona determinado documento, e intercala-se a imagem do documento, ou quando você gravou um evento esportivo, e, entre as tomadas da corrida, intercalam-se tomadas do rolo B nas quais se vêem os espectadores torcendo.

Para que isso funcione, você tem de ajustar o software para que o áudio não seja substituído quando o material novo for colado em cima. Dependendo do software, você tem de selecionar Disconnect sound ou Extract audio with paste over, ou frases semelhantes.

1 Intercalando uma tomada
Durante a tomada de um lagarto, você quer cortar para uma outra mostrando a aproximação de um perigoso predador. Tudo o que tem a fazer é selecionar um trecho da aproximação do predador e fazer o overwrite. Geralmente isso está na play head, em que o quadro é congelado.

2 Reproduzindo o clipe
A área escolhida do clipe a ser objeto do overwrite aparece aqui selecionada – nem todos os softwares mostram isso. Quando a sequência é reproduzida, o filme corta direto do lagarto para o predador e volta para o lagarto, sem qualquer transição.

Solução rápida Correção de cor

Uma das figuras menos conhecidas da indústria cinematográfica é o colorista. É tarefa desse técnico altamente especializado harmonizar diferentes tipos de emulsão e corrigir os desequilíbrios cromáticos e erros de exposição cometidos pelo diretor de fotografia. O resultado final do trabalho do colorista é uma obra que parece ter sido realizada em um único e ininterrupto rolo de filme, com cor, contraste e exposição absolutamente consistentes. Na pós-produção de vídeo, você será responsável por tudo isso.

Problema

A cor do filme varia de uma tomada para outra. Isso se manifesta como mudanças súbitas no véu cromático entre cortes adjacentes.

Análise

A variação no balanço de cor se deve a dois fatores inter-relacionados: o balanço de branco do sistema eletrônico do vídeo e a temperatura de cor da luz predominante. Se a temperatura de cor da luz muda, o balanço de branco da câmera pode eventualmente não acompanhar a alteração, seja porque não conseguiu fazê-lo, seja porque o ajuste terá sido feito manualmente. Por exemplo, em um dia ensolarado, quando o balanço geral é quente, uma nuvem pode subitamente encobrir o sol, provocando um aumento na temperatura de cor e deixando a tonalidade mais azulada.

Solução

Para não ter de fazer muitas correções na pós-produção, o melhor é ajustar o balanço de cor da câmera manualmente, usando um cartão branco ou cinza antes de cada tomada: mire um ponto branco e pressione o botão correto ou acione a opção específica no menu (*veja as páginas 104 e 105*). Mesmo depois de um cuidadoso trabalho de ajuste, ainda haverá ligeiras diferenças, sendo, portanto, inevitável fazer certas correções na pós-produção. A decisão crucial é determinar qual dos clipes funcionará como master, ou referência, e o balanço de cor aí determinado servirá de base para todos os demais ajustes. Isso é especialmente importante com tomadas da mesma cena ou cortes adjacentes.

    Todos os aplicativos de edição não linear oferecem ferramentas, em graus variados de eficiência e capacidade, para correção de cor. Algumas aplicam a mudança a todo o clipe; outras, somente às partes selecionadas. Em certos aplicativos, as mudanças pretendidas precisam ser aplicadas a todos os quadros de uma sequência antes que possam ser vistas.

Problema...

Antes da correção
Esses dois quadros, extraídos de clipes adjacentes, foram gravados em diferentes momentos. No primeiro, uma lâmpada doméstica produz um colorido quente; no outro, uma parede iluminada pela claridade do céu ganha um tom ligeiramente azulado. É preciso, pois, harmonizar ambos os clipes.

... Solução

Depois da correção
Não foi fácil fazer o ajuste para reduzir os vermelhos e amarelos nas altas luzes, mas houve sensível melhora na harmonia de cor. Mas agora ficou evidente uma diferença de contraste entre os dois clipes, pelo fato de o clipe da direita ter sido feito com uma pequena zoom digital.

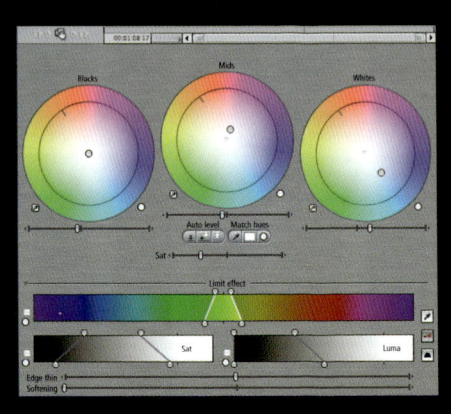

Ajustes de cor
O corretor de três pontos do aplicativo Final Cut Pro, da Apple, tem uma aparência tão profissional quanto assustadora. Mas é um programa muito eficiente, capaz de produzir efeitos sutis e efetuar grandes correções.

Solução rápida Correção de exposição

A maioria das correções de exposição em vídeo digital é fruto da necessidade de compensar os erros causados pelo sistema automático de exposição das câmeras de vídeo.

Problema

O clipe está escuro ou claro demais. Uma outra variante do problema se dá quando o sistema automático de exposição reage a mudanças de condição antes do desejado, como nos quadros à direita. Outra questão é saber se a gama de luminância do filme condiz com as exigências da teledifusão.

Análise

Os sistemas automáticos de exposição, por mais sofisticados que sejam, só podem fazer aquilo para que foram programados. Em geral, eles fazem a exposição correta o tempo todo. Mas o sistema não tem como saber, por exemplo, que não é natural uma sala ficar subitamente mais escura à medida que se faz uma panorâmica para uma janela clara. A melhor solução é impraticável, salvo em filmes de grande orçamento realizados em estúdio: a abertura vai sendo alterada por um assistente concomitantemente com a panorâmica. De qualquer modo, mesmo os mais cuidadosos operadores de câmera cometem pequenos erros de exposição, e o vídeo é intolerante a erros.

Solução

Inconsistência de exposição entre clipes, ou em um clipe, tem de ser corrigida na pós-produção. Todos os softwares de edição não linear oferecem algum grau de ajuste de exposição e contraste. Ao contrário da correção de cor, há padrões fixados pela indústria – pelo menos para os brancos e pretos. Para filmes caseiros, não há necessidade de se preocupar com eles, mas o segredo é evitar brancos muito luminosos.

Problema...

Exposição anterior
Em uma panorâmica da direita para a esquerda, a exposição desse quarto e do abajur está correta. Mas, quando a janela surge, a luz brilhante da esquerda faz a exposição automática reduzir a abertura da objetiva, deixando o abajur mais escuro. Vista isoladamente, a imagem está exposta de modo adequado, mas isso muda quando se vê a outra tomada.

...Solução

Exposição corrigida
Deixei parcialmente mais claros alguns dos primeiros quadros nos quais a janela aparece, a fim de manter a exposição no abajur – não importa que a janela fique agora mais superexposta. Nos quadros seguintes, o abajur desaparece de cena, e a exposição pode voltar ao que era na tomada original. Para seqüências como essa, você talvez tenha de corrigir alguns quadros por vez.

Monitor de forma de onda de exposição

O monitor de forma de onda é um recurso de todos os softwares profissionais de edição de vídeo. Ele exibe a luminância e a saturação do escaneamento da imagem da esquerda para a direita. Observe as formas de onda acima da linha mais alta no monitor, indicando que o abajur na primeira imagem está brilhante demais. Na imagem corrigida (acima), não permiti que a parte mais brilhante do abajur ficasse branca. Na forma de onda, os picos ficariam abaixo da linha superior e seriam, portanto, compatíveis com as exigências da teledifusão.

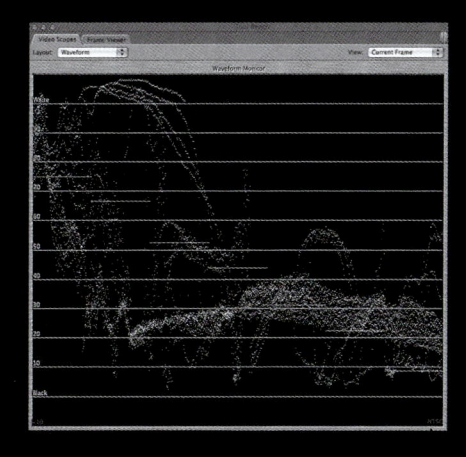

Transições (continuação)

Usando transições

Dependendo do tipo de transição usado, o comprimento total da sequência pode se alterar. Isso ocorre devido à sobreposição de dois trechos de um clipe, equivalentes à duração da sequência. Por exemplo, um cross-dissolve ou wipe (cortina) de 4 segundos precisa se sobrepor a 4 segundos do fim do primeiro clipe e a 4 segundos do começo do próximo. Portanto, o tempo total perdido da sequência é de 8 segundos.

Uma vez completada a transição, o resultado é essencialmente um clipe, ou seja, ele pode em seguida ser editado como qualquer outro clipe, juntamente com uma trilha de áudio. Assim, a velocidade de uma transição também pode ser alterada, ajustando-se a velocidade de *playback*.

Também é possível usar as transições com clipes de stills, mas, a exemplo de todas as transições, as mudanças precisam ser primeiro trabalhadas no computador antes de poderem ser vistas.

Wash

O oposto do fade (no cinema, pelo menos) é o wash ou branqueamento. A luminância aumenta no wash de saída (wash-out), de modo que a imagem fica mais clara e mais fraca em cores até atingir o branco total. É uma transição muito simples tecnicamente, mas com grande impacto emocional no espectador, sobretudo se o branco brilhante subsequente se mantiver por alguns segundos. Já o wash de entrada (wash-in) é um tanto mais complicado de usar, a não ser que venha depois de um wash-out. Isso porque começar um clipe com branco total, após um corte ou fade, é visualmente desconcertante. Por isso, os washes, como os fades, são em geral usados aos pares.

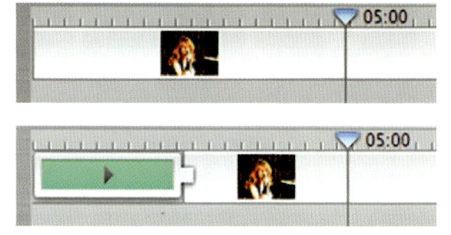

Duração do clipe

Quando se aplica um efeito a um clipe de cada vez, a duração não se altera. Esse clipe tinha originalmente os mesmos 5 segundos de duração que tem agora, após a aplicação de um *wash-in* de 2 segundos.

Efeitos de exposição

Efeitos produzidos com aumento ou redução deliberada da exposição foram originalmente explorados como efeitos especiais e não como transições, e a popularidade dos washes e fades no cinema se devia ao fato de poderem ser feitos com facilidade na própria câmera.

Nesse tipo de efeito, é como se a luz forte de um spot incidisse por breves segundos sobre a objetiva da câmera antes de se afastar. Aqui o wash é usado como transição – da cantora para o branco e daí até revelar, aos poucos, a banda.

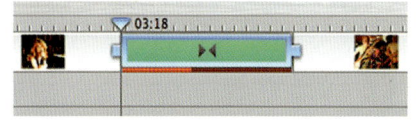

Barra de acabamento

A fina linha vermelha sob a transição (a área verde) não é tão longa quanto esta: isso significa que o acabamento – calculando a transição – ainda está sendo feito. Se você tentar uma pré-visualização, verá um alerta ou uma tela parcialmente preta.

Alerta de clipe curto

Se um clipe for curto demais para acomodar certa transição, você verá um alerta: "O clipe antes do título ou da transição é curto demais; ele deve ter pelo menos 03:14". Aumente sua duração combinando outros clipes ou diminuindo a velocidade de *playback*, desde que não interfira no de áudio.

Wipes (cortinas)

A cortina é ideal entre linhas narrativas paralelas – um exemplo doméstico pode ser o cachorro correndo pelo jardim enquanto o pai lê o jornal. Em uma cortina, o começo do próximo clipe empurra para o lado os últimos segundos do primeiro clipe, assim como a mão que se passa sobre uma janela embaçada revela o panorama do lado de fora. Você pode determinar a direção e o tempo da cortina.

Variantes

São muitas as variantes da cortina básica, como a máscara móvel que revela a camada de baixo (o próximo clipe) à medida que muda de tamanho, forma ou posição, escondendo simultaneamente o clipe anterior. Qualquer forma ou distorção da máscara gera um novo modo de cortina. A transição feita com um círculo que se fecha é outro tipo de cortina.

Cortina radial

A cortina radial nesse software de edição não linear revela o próximo clipe de baixo com uma rotação no sentido horário, semelhante ao que se vê no sistema de radar de um navio, frequentemente mostrado no cinema. Alguns softwares permitem que se escolha a direção da cortina. Como esse tipo de transição mostra ambos os clipes, ele reduz o comprimento total da sequência.

Cortina em círculo

Terminar uma sequência com um círculo que se fecha de fora para dentro é uma transição eficiente em cenas de muito movimento, como essa tomada de um show de rock. As justaposições não ficam elegantes, mas elas não precisam ser – a sensação de entrar e sair da ação é que importa. Algumas versões oferecem um círculo de borda suave, que é preferível ao de contorno duro.

Reduzindo

Reduzir um clipe para que fique cada vez menor, revelando progressivamente o clipe seguinte, é uma variante mais complicada de cortina. Ela funciona melhor quando a mudança ocorre entre imagens muito diferentes. Neste exemplo, os dois guitarristas simplesmente desaparecem na imagem abstrata, fora de foco, das luzes do show.

Reduzindo a nada

A sequência acima mostra o mais básico dos efeitos de redução: o clipe principal encolhe de tamanho, revelando aos poucos o clipe seguinte. Existem, é claro, muitas outras maneiras de reduzir; outros exemplos incluem a incorporação do movimento através do quadro, combinando-se redução e fade, e muitos outros.

Títulos e créditos

Graças à tecnologia digital, a aplicação de texto em filmes, ou titulagem, passou a ser uma tarefa bem mais fácil do que era no passado, quando exigia muito trabalho e especialização. Um dos métodos era filmar, quadro a quadro, letras de plástico sobre fundo preto e, depois, por meio de dupla exposição, sobrepor as letras à cena a ser titulada; um outro método consistia em partir feixes de luz para combinar uma imagem projetada com o texto. Mas o que se ganhou em conveniência perdeu-se em controle, pois ficamos limitados aos efeitos oferecidos pelo software. E é necessário um olho clínico para dar ao filme um texto interessante e apropriado.

Clima e duração

A titulagem é geralmente a última coisa a considerar, mas o nome do filme e grande parte da informação a ser colocada nos créditos podem ser decididos até mesmo antes do início das filmagens.

Não raras vezes, o método mais direto de titulagem revela-se o mais eficiente – por exemplo, os títulos podem ser gravados sobre um fundo vazio. Esse método simples, fácil e descomplicado é semelhante à cortina que se ergue no teatro: após a abertura, inicia-se a ação.

Uma sequência de títulos mais envolvente, na qual o texto aparece criativamente integrado às imagens iniciais, introduz um filme de narrativa mais pausada, em que predominam clima e atmosfera. A duração da sequência de títulos deve ser proporcional à do filme – ou seja, muito breve para um curta que dure menos de 10 minutos.

Fontes e ornamentos

A escolha da fonte – o desenho e a aparência das letras – é tão importante quanto o fundo contra o qual os títulos e créditos serão lidos pelo espectador. É um clichê, mas nem por isso menos eficiente, que fontes sólidas sugerem modernidade ou processos industriais e que as do tipo manuscrito antecipam informalidade ou juventude; já a fonte gótica é frequentemente usada em filmes de terror.

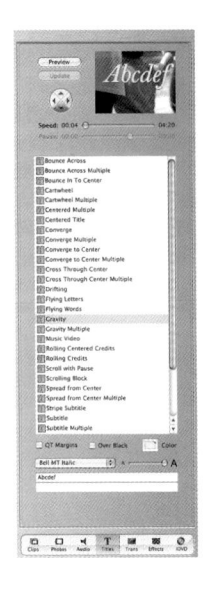

Efeitos de titulagem

Numerosos efeitos de animação de títulos são oferecidos até pelos softwares básicos. Entretanto, os mais simples, que se limitam a fade-in e fade-out, são em geral os mais eficazes. Alguns softwares permitem que se controlem a velocidade e o ritmo do efeito, a duração de uma pausa, se houver, bem como o tamanho e a cor do texto. Um outro nível de controle possibilita alteração da velocidade da própria sequência de títulos: você pode reduzir a velocidade das imagens de fundo, para que fiquem mais longas, assim como pode correr os títulos sobre um still.

Título e ação coordenados

Os títulos podem antecipar a história a ser contada no filme. Aqui, vemos as palavras aparecerem uma a uma, enquanto o sol irrompe por trás da nuvem. Quando o sol aparece em toda a sua plenitude, surge a última palavra, antecipando a cena seguinte.

Baralhamento

Nesse efeito, as letras aparecem baralhadas de forma ilegível, mas aos poucos vão se ordenando até revelarem o título. Utilizado nesta sequência – uma simples panorâmica em um pequeno jardim –, o efeito sugere que algum mistério ou enigma está prestes a surgir.

Títulos em zoom

Um trecho monótono de um projeto imobiliário pode ganhar certa dramaticidade com um título que surge do fundo da cena e cresce em zoom em direção ao primeiro plano. Ao terminar a sequência do título, a ação deve começar imediatamente.

Zoom e fade

Um efeito de zoom funciona bem quando aplicado sobre algo em movimento, como nessa imagem de uma gaivota em pleno vôo. A imperícia do operador de câmera ao acompanhar a ave, que se desloca aleatoriamente dentro do quadro, foi usada para interagir com o título. O último quadro mostra o título desaparecendo em dissolve ou fade.

TÍTULOS E CRÉDITOS 161

● DICAS E SUGESTÕES

Quando você cria títulos para um filme, também tem de atuar como *designer*. Uma cuidadosa seleção de tipos e efeitos antecipa o clima da fita e molda as expectativas do público.

● Os títulos não precisam aparecer nos primeiros quadros do filme; podem vir depois de uma sequência de introdução.

● Não se esqueça de mencionar todos que o ajudaram a fazer o filme e de lhes agradecer. Isso vale mesmo para as menores contribuições.

● Evite o uso excessivo de efeitos especiais com texto – eles podem desagradar ao espectador e prejudicar o restante do filme.

● Se houver muito texto a ser lido, dê uma pausa de tempo generosa para que o espectador possa absorvê-lo.

● Cortes ruins ou problemas de continuidade podem às vezes ser resolvidos com o uso de títulos, mas, se você usar um título de seção, talvez tenha de utilizar pelo menos mais um.

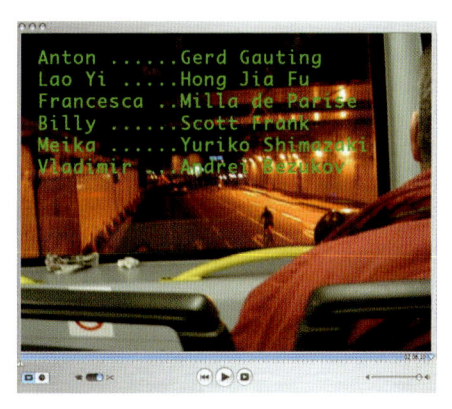

Estabelecendo a cena
Embora em tese você deva evitar fundos congestionados para títulos, às vezes isso pode funcionar bem com uma boa seleção de fontes e cores. Esses créditos de elenco apresentados sobre o pára-brisa de um ônibus dão alguma informação do que virá na cena de abertura.

# Usando efeitos

Os efeitos de vídeo digital também são conhecidos como filtros; assim, qualquer filtro usado na fotografia digital pode, em tese, ser encontrado aqui. A diferença no vídeo digital é que o filtro é aplicado em certo período de tempo. Além disso, a intensidade do efeito pode variar ao longo do clipe.

É preciso colocar o clipe na timeline antes da aplicação de um filtro, embora, dependendo do software, seja possível visualizar o efeito de outras maneiras. Isso é o ideal caso haja uma pequena janela de pré-visualização, uma vez que o efeito pode ser exibido em tempo real, principalmente quando se leva em conta que a maioria dos efeitos de filtro exige um bocado da capacidade e do tempo do computador para produzir uma imagem em tamanho normal.

Escolhendo os efeitos
A melhor maneira de escolher um efeito é permitir que ele escolha você. Alguns efeitos – como uma corrente de eletricidade que parece provir do motivo, ou uma estrela em órbita deixando atrás de si uma poeira cósmica – são bons como divertimento, mas não podem ser usados com frequência. Outros – como os que ajustam cores, brilho e contraste – serão utilizados muitas vezes: as diferenças entre efeito e ferramenta de pós-produção são aqui tênues.

Outro grupo de filtros simula procedimentos do passado ou qualidade ruim de imagem, como o que imita filme antigo.

Por que alguém haveria de gastar uma quantia substancial em um equipamento de última geração e depois editar em computador apenas para reproduzir as cores pobres e a projeção intermitente dos antigos filmes amadores? A resposta é simples: porque fica ótimo, e, quando usado com o assunto certo, o efeito é surpreendente.

Original

Matiz alterado

Mudando as cores
Uma mudança de matiz, como se vê aqui, pode ser usada para criar efeitos divertidos ou para antecipar uma alteração de lugar ou clima. Ao mesmo tempo, é possível deixar as cores mais ou menos vivas, bem como ajustar a luminosidade geral.

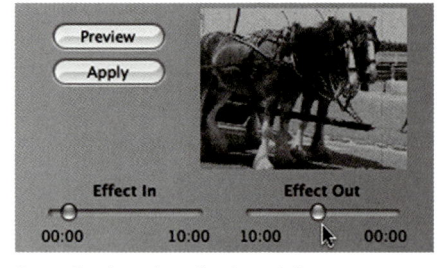

Controlando a duração dos efeitos
Existem controles que possibilitam determinar quanto tempo após o início do clipe o efeito deve alcançar máxima intensidade e quanto tempo antes do final do clipe ele deve começar a diminuir. Intervalos longos produzem transições suaves e firmes. Um ajuste zero no ponto de entrada dá início ao efeito com força total e de forma imediata; no ponto de saída, o ajuste zero mantém o efeito até o fim.

Controlando os efeitos
Botões deslizantes permitem que se ajustem a intensidade e o tipo de efeito. Entretanto, a falta de uma caixa que possibilite um ajuste com precisão numérica dificulta a reprodução exata em um outro clipe de um efeito que se tenha mostrado eficiente.

Aplicando efeitos

Depois de ter colocado um clipe na timeline, você pode aplicar um efeito. Dependendo do aplicativo, é possível ter algum controle sobre a intensidade do efeito, após tê-lo selecionado. O ideal é sempre poder controlar o *timing*: um seletor determina quanto tempo demora para que ele ganhe plena intensidade (o processo pode ser imediato ou lento); o outro controle permite a remoção do efeito (um ajuste zero se mantém ao longo da duração do clipe). Alguns efeitos tomam certo caminho – como no caso do Star Dust –, enquanto outros têm uma direção, como o Lens Flare: são necessários controles separados de direção e posição para esses efeitos.

Variedade de efeitos

São muitos e variados os efeitos oferecidos pelos softwares de edição não linear.

Efeitos como Aged Film, Sepia (uma tonalidade marrom de baixo contraste) e Monochrome imitam a aparência dos primeiros filmes do cinema. Esses efeitos costumam ser aplicados ao clipe ou à sequência inteira, em vez de serem introduzidos gradualmente.

Efeitos que ajustam cor, brilho, contraste ou nitidez, aplicados como efeitos especiais, diferem da pós-produção em intensidade. Quando exageramos uma mudança de cor, estamos aplicando um efeito especial e não um ajuste de balanço de cor na pós-produção. Usados desse modo, os efeitos são em geral mais bem aplicados e removidos gradualmente.

Mudando forma e conteúdo

Um grupo diferente de efeitos altera a geometria da imagem, mas não muda o tom ou a cor geral. Os filtros letter-box ou de ajuste para o formato 16:9, por exemplo, simplesmente mudam a forma dos quadros – seja escurecendo a parte superior ou inferior, seja distorcendo a imagem. Os filtros Mirror e N-Square também introduzem efeitos geométricos: o primeiro, espelhando metade da imagem; o outro, repetindo-a. Existem filtros que inserem elementos inteiramente novos no clipe. Nesse grupo, temos o Rain, que simula uma chuva forte, o Star Dust e o Electricity, que são divertidos, mas de uso limitado.

Mirror

N-Square

Efeitos Mirror e N-Square
O filtro Mirror produz um efeito visualmente interessante: ele duplica metade da imagem à semelhança de um espelho (*primeira foto*). Já o filtro N-Square tem um ajuste deslizante que permite escolher quantas vezes se deseja repetir a imagem (*segunda foto*). Com assuntos em movimento, esses efeitos podem ser magnéticos, e ambos são muito apropriados para projetos musicais e artistas.

Menu de efeitos
Como os efeitos são apresentados em ordem alfabética, é fácil encontrar o que se deseja, desde que se saiba o nome. As coisas ficam mais difíceis quando se procura um efeito com base na função que ele realiza. A melhor maneira de descobrir o que um efeito pode fazer é por tentativa e erro.

164 EDIÇÃO E PÓS-PRODUÇÃO

Aged film (filme antigo)

Sepia

Original

Tonalização forte

Tonalização intensa

Processos antigos

A aparência de filme antigo (Aged film) destrói por completo suas preciosas imagens de vídeo em nome da arte: esse efeito as deixa granuladas, reduz o contraste e a saturação, acrescenta arranhões e faz os quadros saltarem. O efeito Sepia (*acima*) é bem mais suave e bastante eficiente, desde que não usado em excesso. Ambos são muito aplicados em comerciais de TV.

● DICAS E SUGESTÕES

A melhor maneira de conhecer os efeitos é testar todos em diferentes tipos de clipes. Lembre também:

● Se seu software não permite que se aplique mais de um efeito no clipe, mesmo depois de tê-lo terminado, tente exportar o clipe como um filme de resolução total. Então, importe-o novamente, e você poderá aplicar um segundo efeito.

● Transições e títulos podem ser adicionados ao clipe com efeitos.

● Se você aplicar múltiplos efeitos e depois mudar de ideia, deletar um efeito simplesmente deleta um item na lista de decisões de edição. Delete-os um por um, na ordem inversa em que foram aplicados.

● Os efeitos geralmente exigem muito da capacidade do computador, por isso feche todos os aplicativos desnecessários.

Ajuste de cores

Um leve toque corrige as tonalizações e melhora a exposição, caso seja necessário. Mas um efeito mais intenso também é interessante – aqui, o objetivo é criar uma forte aparência gráfica (*segunda e terceira fotos*), que poderia abrir caminho a uma transição para o interior de um restaurante moderno ou uma exposição de arte. Isso é mais interessante do que a previsível imagem do clipe original (*primeira foto*).

USANDO EFEITOS 165

Original

Alto contraste

Extremo contraste

Brilho/Contraste
A exemplo dos ajustes de cor, um leve toque nos filtros de brilho e contraste é capaz de alterar significativamente a aparência de seu filme. Uma imagem de extremo contraste (*acima*) pode parecer atraente na tela do monitor, mas não funcionaria bem em uma tela doméstica porque as áreas brancas se mostrariam brilhantes demais e as áreas pretas não ficariam exatamente pretas.

Brilho suave
Às vezes, a imagem nítida e perfeitamente definida não é a mais apropriada. Para esse clipe de um dia ensolarado na praia, um brilho suave barra cores e detalhes e cria uma aparência de sonho.

Star Dust
Nem todos os filtros são projetados para trabalhos sérios. O Star Dust, por exemplo, que espalha uma poeira de estrelas no quadro e dá um toque próprio, pode encantar espectadores mirins.

Electricity
Outro efeito divertido é o que simula uma descarga elétrica, geralmente usado em comédias ou em filmes de terror. Tanto o Star Dust quanto o Electricity exigem muito do sistema operacional para serem processados.

Editando a trilha sonora

O crescente domínio da mídia entre os *videomakers* vem resultando em uma consciência maior da importância da trilha sonora. Quando se começa a trabalhar com vídeo, a gravação do som pelo microfone embutido da câmera não é apenas a opção mais conveniente mas também a que apresenta as menores dificuldades técnicas. Entretanto, à medida que se tornar mais ambicioso, você vai querer trabalhar com um microfone montado: as dificuldades nesse caso aumentam, mas a qualidade de som melhora substancialmente. Aqui, explicamos o funcionamento dos controles básicos de edição para uma trilha gravada juntamente com as imagens.

Determinando os níveis

Os diferentes aplicativos de NLE implementam o ajuste de níveis de diferentes maneiras, mas trata-se essencialmente de um exercício de controle de áudio. Um par de alto-falantes separados e de boa qualidade para o trabalho de monitoramento é fundamental: os pequenos alto-falantes que vêm com seu computador são bastante inadequados para a tarefa de monitoramento de áudio. Eles não possuem a amplitude dinâmica de que você precisa. Com os alto-falantes de seu computador e com níveis de saídas ajustados para normal, você pode rodar seu vídeo e avaliar se o nível de som está correto. Evidentemente, profissionais de som usam um dispositivo especial de medição, um sistema calibrado para obter som com qualidade broadcast. Com equipamentos destinados ao amador ou ao público em geral, o som é gravado em um nível técnico muito baixo para broadcast, embora adequado a fins domésticos.

Ajustes com base no tempo

Com os softwares básicos de NLE, do tipo entry-level, nem sequer é possível ajustar o volume. Isso já não acontece com softwares mais sofisticados; com estes, assim como é possível introduzir um efeito visual, você também pode aplicar ao som um fade-in e um fade-out. Em softwares como o iMovie da Apple, introduzir um fade é tão simples quanto clicar no indicador de volume na timeline e arrastar a linha para cima ou para baixo a fim de aumentar ou reduzir os níveis de áudio. A posição da transição corresponde à posição na timeline, de modo que você pode sincronizar mudanças com o que está acontecendo na tela.

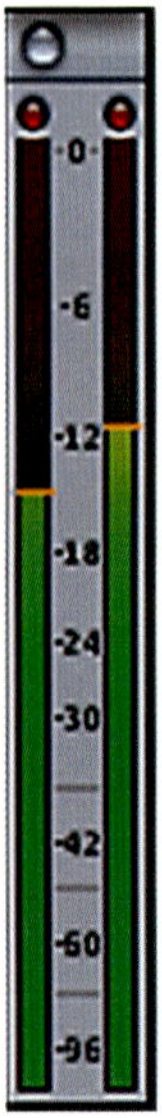

Medição dos níveis
Um display como esse é útil para o monitoramento objetivo dos níveis de áudio. Ele é graduado em decibéis e permite uma leitura constante da situação do áudio. As duas linhas verdes indicam que o áudio está presente nos canais direito e esquerdo.

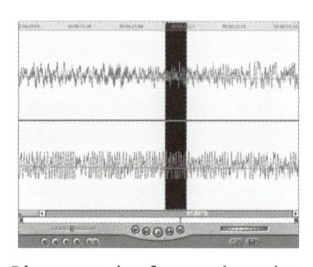

Sem volume
Com o controle Edit Volume desativado, a timeline do clipe mostra simplesmente o comprimento do clipe e seu quadro-pôster (o primeiro quadro) – não há "linha de níveis".

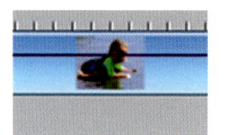

Diagramas das formas de ondas
Um dos prazeres do vídeo digital reside na maneira como ele aumenta a consciência para com o mundo do som. Um exercício fascinante consiste em relacionar as formas de onda com os sons que se ouvem. Nesse display bastante ampliado, a barra preta representa a duração de um quadro do vídeo NTSC.

Níveis de edição
Com o controle Edit Volume ativado, a linha púrpura de níveis aparece em toda a extensão do clipe. Ela está localizada no meio, indicando ausência de ajuste de volume.

Níveis baixos
Se o volume é ajustado para baixo, a linha de níveis aparece na parte inferior do display. Se o volume é aumentado, a linha naturalmente se desloca para a parte superior.

Os exemplos mostrados são do iMovie, uma interface de controle de áudio particularmente fácil de entender.

Editando na timeline

Para selecionar um item a fim de promover mudanças na trilha sonora, é necessário colocá-lo na timeline. Feito isso, você pode determinar o volume geral ou introduzir mudanças graduais, conhecidas como fades. Além disso, é possível retirar o canal de áudio e trabalhar nele independentemente do vídeo. Isso permite que você combine imagem e áudio de outra fonte ou leve o áudio para uma parte diferente do vídeo.

Fades

A passagem gradual, ou brusca, de uma trilha sonora para o silêncio é um elemento da edição de som. Os softwares de NLE põem isso em prática de diferentes maneiras, porém o método mais fácil é manipular a linha que representa o nível de áudio, seja na timeline, seja em uma janela separada. O ângulo de inclinação da linha indica a velocidade da mudança, que pode ser súbita – como quando uma porta se abre para uma rua movimentada – ou bastante vagarosa, isto é, um aumento gradual e quase imperceptível no volume, até que alcance níveis normais – como o som de uma motocicleta vinda de longe. Mas a escala ou ampliação da timeline pode ser alterada, e isso muda a inclinação.

Cross-fades

O cross-fade de áudio é uma transição semelhante ao cross-fade de vídeo: à medida que a trilha vai diminuindo até o silêncio total, a outra trilha cresce do nada para o nível normal. Embora isso possa parecer um outro truque, ele é na verdade o modo mais natural de a trilha sonora acompanhar a transição visual que ocorre no filme.

Por exemplo, quando se caminha da rua para dentro de casa, é feito um cross-dissolve da cena de rua para a das crianças brincando no jardim. A trilha sonora acompanha essa seqüência *pari passu*: aos ruídos do tráfego da rua, aplica-se um cross-fade para os sons de crianças brincando. Para essa transição, trabalha-se com duas trilhas de áudio separadas, "des-

vinculadas" do vídeo. A desvinculação permite que a transição de áudio tenha uma velocidade de transição diferente da do filme.

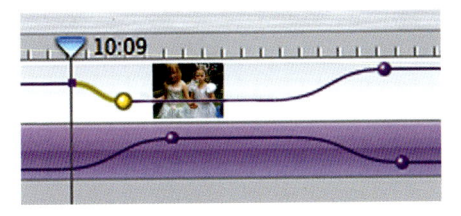

Combinando trilhas
Neste diagrama, o áudio do clipe (na linha de cima) é reduzido durante alguns segundos e, depois, aumentado novamente. Ao mesmo tempo, o áudio na trilha separada (em púrpura) é aumentado de zero (fade-in) e, depois, reduzido de volta a zero (fade-out).

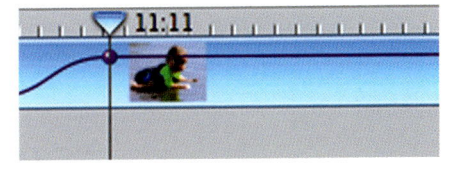

1 Fade-in
Aqui, o som é ajustado para fade-in de seu nível baixo em determinado ponto. Um clique na timeline define o ponto de entrada para o aumento do nível de áudio. Clique novamente na linha de níveis e a arraste para aumentar o nível e o programar em um fade-in gradual. (*Atenção: os rótulos das trilhas foram removidos para facilitar a visualização.*)

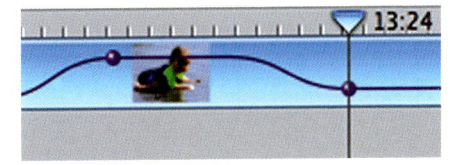

2 Fade-out
Aplica-se o fade-out da mesma maneira: clique primeiro para definir o começo dele, novamente em seguida e, então, arraste para definir tanto a velocidade do fade-out (quanto mais acentuado o declive, mais rápido o fade) quanto seu ponto de saída.

Editando a trilha sonora (continuação)

Extraindo áudio

Até aqui, a trilha sonora foi tratada como parte do vídeo: começando e terminando ao mesmo tempo, sincronizado com ele. Um passo fundamental na edição de trilhas sonoras em vídeo é separar os dois, um procedimento chamado de "extrair áudio". Uma vez extraído, o áudio permanece sincronizado com o vídeo, mas é possível desvinculá-lo. O clipe de áudio então se torna um arquivo de dados como outro qualquer, uma entidade distinta que pode ser dividida, cortada, ter partes extraídas e coladas em outro lugar, exportada e até mesmo usada em um outro clipe.

Desse modo, é possível combinar várias trilhas de áudio. Os softwares de NLE tipo entry-level permitem que você trabalhe com uma ou duas trilhas, mas os programas profissionais chegam a lidar com 100 trilhas sonoras.

Eliminando ruídos indesejados

É impossível evitar ruídos indesejados quando se filma em locação. Os ruídos mais fáceis de se lidar são os sons curtos, agudos e permissivos – picos de alto nível –, como o bater de portas, o latido de cães ou a buzina de automóveis. São mais difíceis os sons de duração mais longa, especialmente os de baixa frequência. Sons como o de avião voando, a sirene de emergência ou o disparo de antifurto significam que você terá de filmar uma outra tomada ou gravar o material separadamente na pós-produção.

Para eliminar ruídos breves e agudos, tente copiar um clipe de som ambiente e jogá-lo sobre a porção de áudio indesejável em uma trilha separada. Talvez você tenha de reduzir o nível da trilha com o ruído no ponto em que começa e, depois, aumentá-lo novamente: lembre-se de que os fades podem ser muito rápidos.

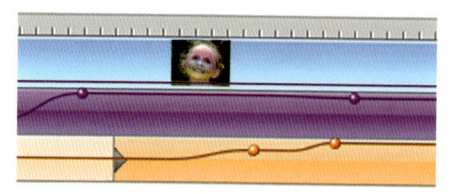

Back-timing

Uma técnica de edição interessante é sincronizar o clímax de uma ação visual com música apropriada. A técnica é chamada de back-timing, expressão usada no cinema: havendo o clímax de uma peça musical e sabendo de sua duração, o operador cronometrava o filme de trás para diante, a fim de determinar o quadro em que a música deveria começar.

E é exatamente isso que se faz na edição digital, só que de forma bem mais fácil: você importa a música e a coloca por baixo, fazendo imagem e música coincidirem em determinado ponto. Com uma cuidadosa escolha musical, você pode dar a impressão de que ela foi escrita, arranjada e executada especialmente para seu filme.

Fora de sincronismo

Na maior parte das vezes, o sincronismo perfeito é essencial – por exemplo, quando o espectador vê uma pessoa falando na tela –, mas essa não é a única maneira de editar som. Há situações em que imagem

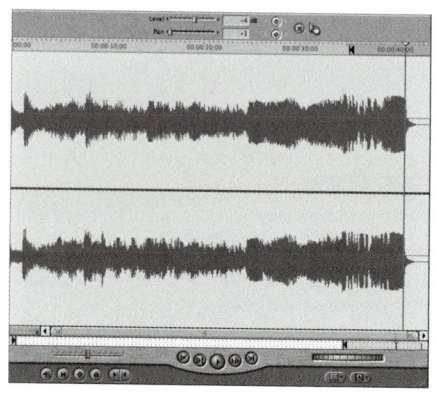

Duas trilhas de áudio
Aplicativos de NLE relativamente simples, como o iMovie, permitem que se trabalhe com duas trilhas de áudio (as duas de baixo). Para muitos objetivos, é tudo de que você precisa, além de evitar as complicações inerentes a um trabalho com múltiplas trilhas.

Sincronizando som
Para maior precisão na sincronização de áudio e vídeo, o mais fácil fazer é localizar o pico do som com os marcadores visuais, como se vê acima: a música cresce ritmicamente até um pico, seguido de um silêncio. Isso torna mais fácil sincronizar o som com o clímax do vídeo.

EDITANDO A TRILHA SONORA

e som um pouco fora de sincronismo geram o clima adequado. Em casos assim, a transição de áudio ocorre um pouco antes ou depois da ação. A falta de sincronia deliberada pode criar tensão e expectativa no espectador e com muito pouco esforço.

Esse assincronismo é usado de modo mais eficiente em um diálogo altamente dramático: enquanto o herói fala, corta-se para a heroína ouvindo, para em seguida ouvirmos sua réplica. A transição visual acontece antes da mudança no áudio: vemos a reação ao discurso enquanto o herói ainda está falando.

No âmbito doméstico, imagine-se filmando um parente idoso que fala de seu disco favorito e das lembranças que ele evoca. Você introduz um fade-in na música por alguns segundos, ainda com a imagem do rosto do parente a evocá-la. Somente então você corta para um close-up do velho disco girando na vitrola. A mudança na trilha sonora vem antes da mudança da imagem, e o efeito é muito mais forte do que se você tivesse sincronizado ambas.

Gravando *off*

Programas de NLE do tipo entry-level, como o Movie Maker do Windows ou o iMovie da Apple, facilitam a gravação de uma trilha *off* para seu filme. Você conecta um microfone no computador, determina o modo de gravação, certifica-se de que o filme está no começo e, então, fala. Fique de olho no nível de gravação, para ter certeza de que está falando em um nível normal, nem muito alto, nem muito baixo – talvez você tenha de praticar antes para fazê-lo corretamente. Decerto, a trilha *off* deve ser gravada como um clipe de áudio – assim, você pode acrescentar som ou ruído ambiente se quiser –, mas um clipe sincronizado com seu filme.

● DICAS E SUGESTÕES

Existem algumas regras simples a observar quando se trabalha com som.

● Ao monitorar os níveis de áudio, use um ponto de referência de no máximo -12 decibéis (dB) para a maioria das situações; diminua para -18 dB ou -20 dB caso espere alguns ruídos altos.

● Trabalhe em um ambiente com taxa de amostragem de 48 KHz (16 bit), se possível – isto é, grave seu vídeo digital com a taxa de amostragem de áudio fixada em 48 KHz.

● Não misture taxas de amostragem (*veja abaixo*); se necessário, mude a taxa de amostragem para 48 KHz antes de trabalhar nos arquivos. Nunca misture taxas de amostragem dentro de uma sequência criada a partir de fontes diversas – por exemplo, vídeo digital e CDs. Alguns sistemas não funcionam com fontes não casadas (*mismatches*); mesmo que o façam, *mismatches* podem causar outros problemas na produção.

● Faça a decupagem dos clipes de áudio, como faria com clipes de vídeo, caso use material de CDs, da internet ou de outras fontes. Isso permite que você saiba onde está seu material. O áudio em separado deve ter o mesmo nome que o clipe correspondente.

Qualidade de som

A qualidade do som digital varia com a taxa de amostragem – isto é, quantas vezes por segundo um som é medido para ser digitalizado –, bem como a frequência mais alta que pode, em tese, ser gravada. Para as mais altas frequências audíveis, devem-se tomar 48.000 amostras por segundo. O ajuste das taxas de amostragem em seu cartão de som ou câmera, ou quando se importa vídeo, precisa ser adequado o tempo todo.

Taxas de amostragem	Frequências mais altas	Formato/uso
48.000	24 KHz	DAT (*Digital Audio Tape*), hi-fi
41.000	20 KHz	CD de áudio, *non-web cross-plataform*
32.000	16 KHz	CD de áudio, *web cross-plataform*
11.025	5,5 KHz	Broadcast analógico
8.000	4 KHz	Voz

Criando seus DVDs

As invenções do formato DVD e das tecnologias a ele associadas levaram à mais rápida difusão de uma nova tecnologia de todos os tempos. Entretanto, a oportunidade que propicia aos aspirantes a *videomakers* precisou de alguns anos para se concretizar. Criar um DVD já foi um empreendimento custoso. Mas hoje, em virtude da liberalização dos padrões de DVD, da presença contante de gravadores de DVD nos computadores domésticos e de softwares de criação baratos (quando não gratuitos), vivemos um momento de revolução no tocante à distribuição de filmes. E, se seu computador não possui um gravador de DVD, você pode comprar um externo por um preço um pouco maior que o de um gravador de CD.

Authoring software

Os aplicativos de software atualmente disponíveis atendem a todos os níveis de exigência, desde a criação de um DVD simples, contendo apenas seu filme, até um DVD profissional, com capítulos, menus, opções com visão multiangular, stills, música e elementos interativos (*veja as páginas 36 e 37 para detalhes sobre esses programas*).

Após ter despendido inúmeras horas – ora frustrado, ora satisfeito, ora exausto – trabalhando em seu filme, estando feliz com os resultados alcançados e tendo feito o back-up do trabalho, você está pronto para queimar seu DVD. Aqui descrevemos os passos básicos, comuns a todos os authoring softwares.

Acrescentando capítulos

Capítulos são os episódios ou atos de um filme. É praxe acrescentar marcadores de capítulo em momentos cruciais ou cortes no filme – uma importante mudança de cena ou ritmo, ou um grande desenvolvimento no enredo. Os capítulos permitem que o espectador volte para uma parte do filme apreciada sem ter de rebobinar a fita inteira, como é o caso do teipe. Caso você esteja fazendo seu filme em um software de NLE capaz de criar capítulos condizentes com os padrões DVD, o momento de identificar os pontos de capítulo ocorre quando o filme está completo. Se não, você poderá adicionar capítulos quando trouxer o filme para o DVD authoring software. De qualquer modo, você deve dar aos capítulos nomes descritivos, como "Prelúdio" ou "Amy encontra Bill".

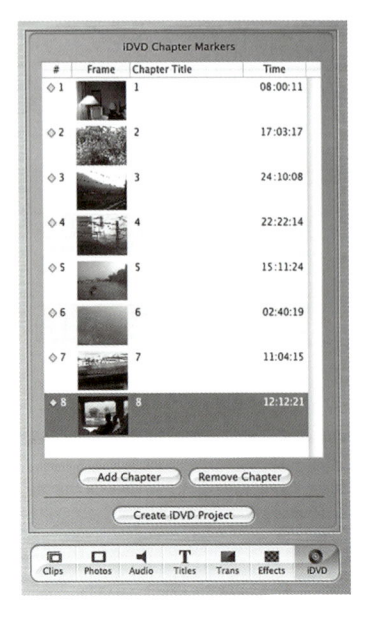

Poster-frame
Alguns aplicativos de DVD authoring permitem que você escolha o poster-frame para usar em um botão. Aqui, no iDVD, você seleciona um still retirando o tick da caixa de diálogo Movie e movendo o deslizador até que o quadro desejado apareça.

Marcadores de capítulos
Os marcadores de capítulos são colocados no começo de transições ou clipes, mas também podem ser postos em qualquer lugar em que a cabeça de reprodução (play head) esteja localizada. O poster-frame está disponível para o DVD para identificar o capítulo, e você pode nomear os capítulos de modo descritivo ou por números, como se vê à esquerda.

Codificando

O passo seguinte – independentemente do que pretende fazer com o filme – é codificá-lo em um formato apropriado a seu objetivo. Isso não é tão simples quanto parece, já que existem muitas possibilidades. Para DVDs, a escolha é direta: codifique seu filme como MPEG-2. Dentro disso, porém, há muitas escolhas; assim, deixe seu software fazer os ajustes básicos para começar – geralmente o MPEG-2 com VBR (*Variable Bit Rate*, que compacta os dados de modo mais eficiente). Se você tiver problemas para ver o filme – proporções de imagem ligeiramente inexatas –, talvez possa ser a codificação. Você terá de buscar um codificador mais sofisticado, como o Discreet Cleaner or Compressor, em vez daquele que lhe é oferecido por seu software de NLE.

Ao codificar para MPEG-2 com VBR, você deve contar com cerca de 4 GB para 60 minutos de vídeo – um pouco mais, um pouco menos, de acordo com a natureza do filme. Tomadas longas e lentas de figuras solitárias no deserto ao estilo *Lawrence da Árabia* compactam eficientemente, porém imagens claudicantes (*jerky*) feitas à noite – como as usadas em *A bruxa de Blair* – demandam uma capacidade de dados muito maior. Caso seu filme seja muito longo, você pode codificar como MPEG-1, mas a qualidade cai para o padrão de uma fita VHS.

Formatos de exportação
A lista completa de formatos de exportação é uma visão atordoante (*à esquerda*). Ela mostra todas as alternativas com as quais os profissionais podem lidar. Em caso de dúvida, deixe seu software tomar a decisão por você.

Vídeo digital em multimídia

Caso esteja criando discos multimídia, talvez você queira rodar o vídeo no contexto de uma apresentação multimídia. O Macromedia Director é um aplicativo de ponta capacitado a importar vídeo digital em QuickTime, QuickTime VR, AVI e em alguns formatos MPEG, desde que estes sejam importados como QuickTime. Os filmes em vídeo digital são sempre vinculados – isto é, o arquivo original de vídeo deve estar disponível ao Macromedia Director, preferencialmente dentro da mesma pasta, como todo o restante do material. Como os quadros de vídeo não são iguais aos de um "filme" feito no Director, o vídeo correrá normalmente. Encaixar o vídeo dessa forma permite que o programador multimídia use seu vídeo como se ele fosse um gráfico ou imagem que pode ser navegado(a) ou chamado(a). Mas fique atento à propensão de um filme de aumentar o tamanho de seu arquivo de apresentação.

Códigos regionais para reprodução de DVD

Também conhecidos como códigos de país ou travas de área, os códigos regionais são gravados em um DVD a fim de limitar o uso do disco aos locais em que é vendido. Portanto, um disco da zona 2 – vendido no Japão e na Europa – pode não rodar em um player da zona 4 – isto é, em equipamentos da Austrália e da América do Sul. Discos sem trava (também chamados de discos de zona 0) podem rodar em qualquer player. Muitos players – chamados de modelos multirregionais – são capazes de tocar discos de qualquer região. De fato, a maioria dos players pode tocar qualquer disco, mas são travados eletronicamente para certas regiões. É possível evitar essas travas, embora isso possa ser ilegal. Os DVDs que você criar não precisam conter travas de zona, a menos que pretenda limitar seu uso (se o conteúdo do DVD puder ser ofensivo em certas regiões, por exemplo).

Criando seus DVDs (continuação)

Desenho da interface

Uma característica fundamental do software de edição de DVD é a possibilidade de criar uma atmosfera, um "ambiente" para o filme. Desenhar uma interface é semelhante a projetar um site, ou seja, cria-se um ambiente visual com títulos para organizar a informação e botões que permitam entrar no filme. E, assim como no projeto de sites, os arquivos de DVD devem obedecer a regras rígidas no que diz respeito a seu tipo e sua localização.

Os detalhes sobre o desenho da interface fogem ao objetivo deste livro, mas isso não é problema. Todos os aplicativos profissionais oferecem uma variedade de modelos que você pode adaptar a suas necessidades. Além de trocar os letreiros, é possível escolher o estilo, o tamanho e a cor da fonte. Há também algumas opções de botões, e você pode etiquetá-los. Os botões estão ligados aos capítulos e por meio deles o espectador navega pelo filme.

Além disso, você pode importar imagens de sua coleção de fotos digitais, ou até mesmo stills de seu filme, para usar como pano de fundo. Note que geral-

Pré-visualização

Antes de transferir o filme para o DVD, é bom vê-lo para checar o resultado, pois a gravação é demorada e essa mídia ainda não é barata. Você pode detectar problemas como quadros cortados e sequências com má renderização, entre outros.

mente os pixels da TV não são quadrados, ao contrário dos da fotografia digital. Saiba, portanto, que podem ocorrer pequenas alterações no formato das imagens. Alguns aplicativos, como o Photoshop CS, reconhecem essa disparidade e ajustam os pixels que não são quadrados.

Modelos de menu

A cada novo software, aumenta o leque de opções de estilos de menu. Há uma variedade de panos de fundo que lembram, por exemplo, um postal pintado, um cartão de aniversário ou um livro antigo. No alto, à esquerda, *design* moderno adequado para a atmosfera urbana; à direita, a faixa vermelha faz a ponte entre o velho e o novo, em um filme sobre uma universidade moderna. Embaixo, à esquerda, o projetor antigo exibe uma cena do filme tratada com o efeito de envelhecimento; à direita, o visual moderno e limpo das pinceladas oferece outra solução.

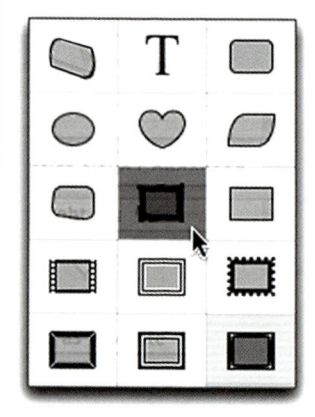

Estilos de botão

Os modelos de botão poupam o trabalho de desenhá-los. As etiquetas podem ser personalizadas. Há botões que exibem o pôster de alguma cena, outros rodam um trecho do filme. Pode-se alterar também o tamanho do botão.

Criando CDs de vídeo

É provável que seu computador já tenha um gravador de CD, já que este é praticamente um acessório padrão hoje em dia. Nesse caso, você pode distribuir seu filme em CD. É claro que nem a qualidade da imagem, nem a capacidade de dados é tão alta quanto no DVD (o que pode afetar a duração dos filmes), mas os CDs custam bem menos. São encontrados em dois formatos: VCD e SVCD.

Formato VCD

O VCD utiliza discos compactos comuns para guardar vídeos comprimidos em formato MPEG-1. As imagens medem 352 pixels x 240 pixels, em NTSC, e 352 pixels x 288 pixels em PAL – a redução no tamanho da imagem é, na verdade, uma compressão do arquivo, que diminui consideravelmente. No entanto, a compressão pode ocasionar perda de dados, sem possibilidade de recuperação.

Graças ao formato MPEG-1, os filmes em VCD podem ser rodados em DVD players e também em computadores com software apropriado. Note, porém, que, enquanto os discos CD-R de boa qualidade são reproduzidos sem dificuldade em qualquer aparelho de DVD ou CD, os CD-RW (CDs regraváveis) apresentam problemas em alguns CD players. Um CD de 700 MB armazena por volta de 60 minutos de vídeo com som estéreo básico (dois canais de áudio), sem *surround* (mais de dois canais).

Formato SVCD

O super-VCD é um formato desenvolvido pelo Comitê de Normas de Gravação da China visando conter o predomínio do DVD e permitir que os filmes digitais fossem acessíveis a um número maior de pessoas. O SVCD é amplamente usado na Ásia e se espalhou pelo mundo. Oferece uma qualidade de vídeo melhor que o VCD, pois se baseia no formato MPEG-2, de especificações superiores. Isso significa, porém, que é capaz de conter filmes de apenas 34 minutos de duração, aproximadamente.

Outra razão para sua qualidade superior e o correspondente aumento na quantidade de dados que armazena são as dimensões da imagem, maiores que no VCD: 480 pixels x 480 pixels para NTSC, e 576 pixels x 480 pixels para PAL. Embora rode no drive de CD ou DVD do computador, o SVCD nem sempre é compatível com os aparelhos de DVD domésticos.

Criando um VCD

É mais fácil fazer um VCD que um DVD, pois tem menos funções e, portanto, requer menos decisões. Como não possui capítulos, é mais adequado para filmes de curta duração. Em softwares como o Windows Movie Maker, basta clicar na opção Disc e selecionar, na caixa de diálogo, o formato VCD antes de pedir para criar o disco. Verifique se o gravador de CD está funcionando e se inseriu um CD vazio.

Como queimar um VCD

Fazer um VCD é muito fácil: arraste o arquivo do filme para um software como o Roxio Toast e selecione a opção Video; em seguida, clique em Video CD e em OK. Os arquivos são tratados como qualquer outro arquivo de CD, e podem-se adicionar outros arquivos mais tarde, até encher o CD.

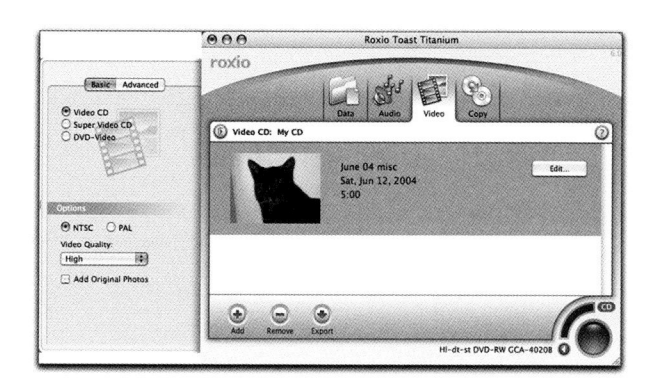

174 EDIÇÃO E PÓS-PRODUÇÃO

Solução rápida Problemas de reprodução

Quando seu filme deixa os limites da mesa de trabalho, corre o risco de problemas com formatos incompatíveis, normas de transmissão (broadcast) e sistemas antagônicos. Examinamos aqui dois dos problemas mais importantes. Mesmo que não pense ainda em broadcast, é bom aderir aos critérios legais.

Problema
Você envia seu filme a um profissional ou a uma rede de TV e o devolvem imediatamente. Não o viram, mas dizem que "não passou no controle de qualidade" ou "não atende aos critérios de transmissão".

Análise
No vídeo analógico, que geralmente inclui também a televisão, os sinais que carregam o vídeo e a sincronização são combinados. Se o sinal de vídeo está muito forte (por exemplo, se o branco está com muito brilho) ou a proporção entre o sinal e a sincronização ultrapassa certo limite (por exemplo, 10:4), então o aparelho que desenha a imagem na tela pode não funcionar corretamente. Cores muito saturadas ou muito fortes também constituem um problema. Outro requisito para a transmissão é que o filme utilize o espaço de cor 4:2:2, mas essa conversão não é necessária para uso doméstico.

Solução
A melhor solução é evitar o problema na captação da imagem. Primeiro, limite o contraste de iluminação a 5 pontos de abertura. Segundo, meça e ajuste cuidadosamente a exposição da câmera. Se esta possui o recurso *zebra stripe* (listra de zebra), ele indicará se alguma parte da cena está com excesso de branco (muito brilhante). Os aplicativos profissionais de NLE trazem um filtro que ajusta as cores aos padrões de transmissão.

Verificação de gama
Este recurso mostra que a luminância está muito alta (listras vermelhas), acima de 100%, enquanto as listras verdes indicam valores de luma a 90%–100%: a foto não está adequada para transmissão. A verificação de gama é útil ao fazer correções na NLE para garantir os limites padrões.

Excesso de branco
Na foto acima, a camisa branca do homem na sombra está dentro dos limites, mas o branco no homem ao sol está excessivo – não há nenhum detalhe nem cor, somente um sinal de vídeo muito alto.

Padrão zebra
Essa simulação mostra como o padrão zebra aparece no monitor de vídeo (algumas câmeras exibem barras verticais). As listras cintilam ou piscam para mostrar as áreas da imagem acima de 100 ou 75 IRE – quaisquer que sejam os limites definidos na câmera.

Problema

Imagens que parecem boas em seu monitor ficam péssimas, ou mudam de cor, em outro monitor. A reprodução dos matizes não é confiável, e o contraste varia.

Análise

Todos os monitores reproduzem o mesmo sinal de maneiras diferentes, a menos que ajustados a determinado padrão – isto é, calibrados. Os monitores domésticos variam muito, e não há o que fazer a esse respeito.

Solução

Você deve avaliar suas imagens em uma tela com padrões semelhantes aos do monitor de vídeo profissional. É preciso também calibrar o monitor de produção. Os monitores profissionais têm inúmeras vantagens sobre os aparelhos de tevê normais. Além de recursos que permitem mudar o formato e as taxas de varredura, a principal vantagem do monitor de produção é o modo Blue Only. Ao selecionar essa função, o sinal azul é enviado aos três canhões de elétrons do monitor, produzindo uma imagem em preto e branco. Assim, você pode verificar qual dos canais está apresentando os níveis mais altos de ruído. O Blue Only é necessário também ao calibrar o monitor.

Selecione as barras SMPTE (ou qualquer que seja o padrão de seu monitor) e ative o Blue Only, ou observe a tela através de um filtro azul-escuro – um Wrattren 47B, por exemplo. Usando os controles Hue e Luma, ajuste os controles Chroma e Hue (ou Fase de Cor) até que as quatro barras grandes se fundam com os retângulos pequenos que elas têm na base. Depois, ajuste o brilho para escurecer o centro das barras verticais pequenas sob a terceira barra escura. Ajuste o contraste se necessário.

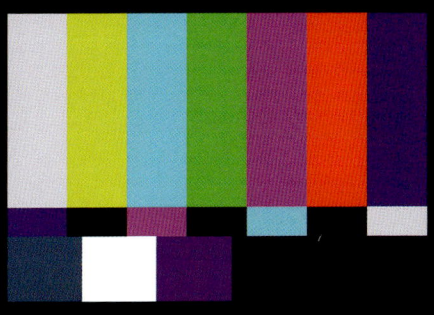

Barras SMPTE
Essas barras são os sinais ou padrões de teste mais utilizados para avaliar os equipamentos de exibição de imagem. Note que cada barra possui padrões precisos: se o padrão não for gerado adequadamente, não poderá ser exibido adequadamente.

SMPTE com Blue Only
A figura mostra como as barras SMPTE aparecem com a função Blue Only ativada antes da calibragem. Os retângulos pequenos que vemos sob algumas barras claras devem se fundir à barra grande correspondente, assim como o dos retângulos pequenos e mais finos sob a terceira barra escura.

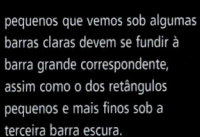

SMPTE com Blue Only: barras corrigidas
Assim ficam as barras com o Blue Only depois da correção: nenhuma barra longa é interrompida por alterações do luma, e mal se vê a pequena barra vertical sob a terceira barra escura. Por fim, o pequeno quadrado branco na fileira de baixo não é tão brilhante a ponto de perder a nitidez (*compare com a imagem acima*).

Como transmitir pela internet

Poder acessar a internet em qualquer parte do mundo e visitar páginas criadas em todos os lugares é extraordinário. E ainda mais incrível é poder assistir a filmes on-line graças ao *streaming video*, em que um servidor envia arquivos de vídeo compactados pela internet. Esses arquivos podem ser vistos durante o download, e a vantagem é que o usuário não precisa baixar todo o arquivo para começar a assistir ao filme. Seria o mesmo que beber de um copo que ainda está sendo cheio.

Decisões básicas

O vídeo digital requer que um grande volume de dados seja processado sem interrupção. Para uma boa transmissão do vídeo, você precisa combinar o tamanho da exibição e os níveis de compactação aceitáveis com a capacidade, ou largura de banda, de que o espectador dispõe. Se a conexão à internet é feita por modem, você não deve transmitir os dados a mais de 36 Kbps (kilobits por segundo). As conexões por banda larga, ou ADSL, têm velocidade de 256 Kbps ou mais. A grande diferença entre essas taxas indica que talvez seja bom você fornecer dois filmes, otimizados para os dois diferentes tipos de conexão.

O formato de transmissão será definido, obviamente, pelo computador que você usa. Se trabalha com a plataforma Windows, você vai preferir o Windows Media Technologies – um pacote de softwares distintos para criar, editar e reformatar conteúdos.

Para fornecer vídeos

O vídeo tem exigências especiais que requerem providências específicas no servidor que o distribui aos espectadores. Para transmitir vídeos pelo seu site, você precisa ver se seu servidor lida com vídeos. Se ele oferece esse serviço, então você só precisa carregar o vídeo no site da maneira habitual e criar para os visitantes um link para o download. Às vezes, porém, esse é um serviço especial pelo qual se paga à parte. De acordo com as taxas de transmissão que você utiliza, recomendam-se diferentes formatos: o Windows Media e o QuickTime funcionam melhor a taxas de até 512 Kbps. Consulte seu servidor para saber das últimas recomendações. E tenha em mente que a transmissão de vídeo transfere um monte de dados, o que pode exceder os limites de sua conta de banda larga.

O principal deles é o ASF (*Advanced Streaming Format*), para o qual é fácil converter outros formatos de arquivo, como WAV, AVI, MPEG e MP3. Os filmes são vistos pelo Windows Media Player. Os usuários do Apple Mac recorrerão ao QuickTime, que usa o software iMovie e exibe os filmes no QuickTime Player. Os filmes em QuickTime são compatíveis com o Windows Media Player e podem ser vistos em PCs.

Escolhendo o tamanho da imagem

Com o modem mais lento (28 Kbps), você só pode transmitir áudio: para uma imagem de 160 pixels x 120 pixels, a velocidade de transmissão é 1 qps (quadro por segundo). A 128 Kbps e em boas condições, podem-se transmitir imagens de 320 pixels x 240 pixels a 15 qps: a transmissão é cheia de trancos, mas é melhor do que nada. Com esse mesmo tamanho de imagem a 512 Kbps, chega-se a 25 qps; o filme roda suave a maior parte do tempo, com alguma gagueira ou hesitação ocasional. Ou seja, são as conexões de alta velocidade, como ADSL, que possibilitam a transmissão de vídeo.

160 pixels x 120 pixels

Trailers educativos

Pode-se aprender muito com os trailers, tanto os de filmes independentes como os de grandes sucessos de público, como este do *Homem-aranha 2*. Os trailers geralmente mostram os melhores trechos do filme. É possível fazer uma análise quadro a quadro do filme transmitido, o que é extremamente instrutivo. Você verá que nem mesmo os grandes estúdios fazem sempre tudo à perfeição.

Cinema on-line

Graças à ampla aceitação do QuickTime e, agora, do Windows Media Player, há uma grande quantidade de materiais disponíveis na internet.

Para uma melhor qualidade de imagem, você pode instalar o Real Player (ou o RealOne para o Mac OS). Esse software é pago, mas a compra dá acesso a muitos filmes comerciais e também a transmissões de rádio.

Com esse software, a menos que sua conexão seja muito rápida, até mesmo filmes curtos levarão algum tempo para começar. A recompensa por sua paciência, porém, é a chance de ver filmes que nunca chegaram ao cinema. Você pode também analisar os filmes e aprender técnicas úteis sem sair de casa.

Há inúmeras fontes na internet para acessar os filmes: uma busca com as palavras "filmes on-line" oferecerá centenas de milhares de resultados. Embora a qualidade varie, um bom número deles vale a pena. Há desde os arrasa-quarteirões hollywoodianos até curtas e animações independentes de 1 minuto.

Você pode usar esses filmes como ferramentas de aprendizado ou como simples inspiração. Se pagar por assinaturas, é possível ainda se livrar dos anúncios e baixar vídeos de melhor qualidade.

320 pixels x 240 pixels

640 pixels x 480 pixels

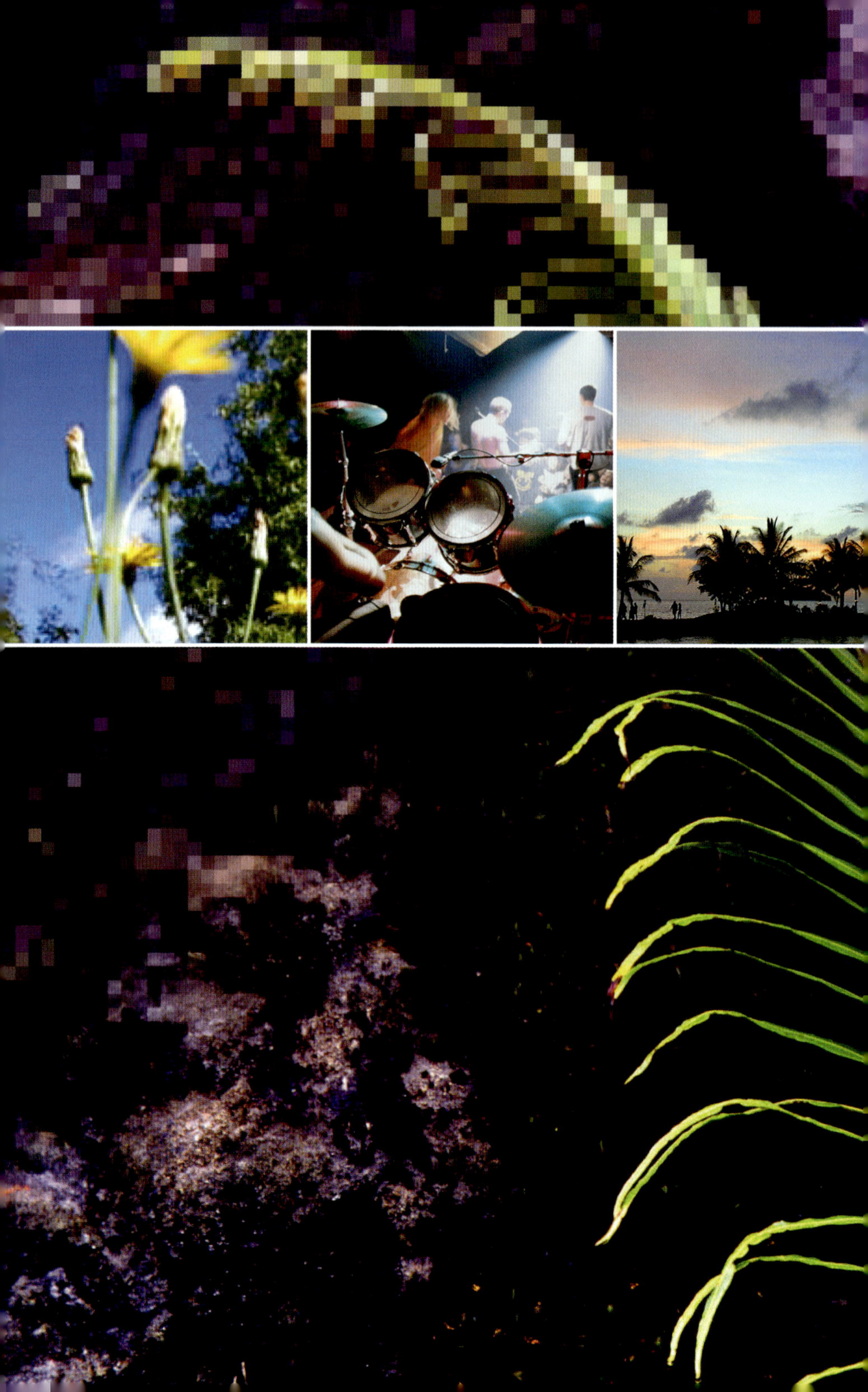

6
Vídeo digital avançado

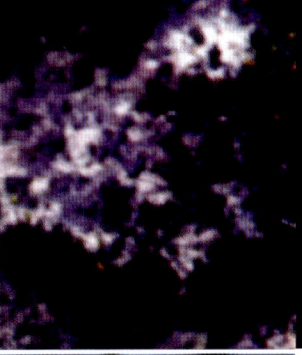

Gêneros de filmes
Avançar dos filmes domésticos para produções dirigidas a um público maior que a família pode ser um processo rápido e indolor. Este capítulo mostra como desenvolver e aprimorar seus talentos na produção de vídeos. Vários tipos de filmes são analisados aqui, com atenção para a estrutura e o argumento.

Desenvolvendo ideias
Para fazer um filme, você precisa antes ter uma ideia. Simples ou complexa, a ideia é a semente que faz germinar o projeto. O capítulo mostra como explorar todo o potencial de sua ideia antes de você começar a filmar.

Escrevendo roteiros
Também são apresentadas dicas práticas para produzir *scripts* e criar roteiros, além de maneiras diferentes de fazer o *storyboard*. A seção "Solução rápida" ajuda a resolver os problemas mais comuns durante o trabalho na locação.

Como tratar o tema

Com uma porção de curtas em seus DVDs, e depois de centenas de horas na frente do computador após dias de preparativos e filmagem, você vai se preocupar com outras coisas agora. É provável que já saiba o que quer fazer. Os gêneros fílmicos, a exemplo de outros estilos de atividade criativa, costumam escolher o autor antes que ele faça sua escolha.

Ser diferente

O futuro dos realizadores já não está nas mãos somente dos magnatas do cinema. As fronteiras e os limites antes implacavelmente impostos pela necessidade de recursos técnicos de escala industrial foram derrubados. Trabalhando com vídeo, você pode filmar centenas de horas sem ter de renovar a hipoteca da casa, e o preço de editar todas as fitas se resume ao custo da sua hora. Portanto, se quiser fazer isso – seja "isso" o que for –, você provavelmente poderá.

Uma das preocupações dos realizadores iniciantes é a ideia de que, quando você faz sucesso em determinado gênero ou estilo, está fadado a nunca sair dele. Se fez um vídeo pop de sucesso, é mais fácil, sem dúvida, seguir nesse estilo. Você já conhece o caminho e conta com uma primeira realização importante em seu portfólio. É mais fácil, portanto, conseguir esse tipo de trabalho.

Mas os diretores podem cruzar a fronteira dos gêneros. Por exemplo, embora Steven Spielberg esteja associado a filmes de ação e aventura, sua obra também inclui um *thriller* sobre um caminhoneiro maluco (*Encurralado*) e um arranca-lágrimas sobre um alienígena de coração mole (*ET: o extraterrestre*). Lars Von Trier, um dos fundadores do movimento Dogma, que se abstém de efeitos especiais e iluminação artificial (*veja a página 90*), fez um filme utilizando 100 câmeras (*Dançando no escuro*) e outro com 800 luzes (*Dogville*). Então, faça o que quiser, se quiser.

Hollywood se torna digital

Robert Rodriguez (*Um drinque no inferno*, *Prova final*, *Era uma vez no México* [acima]) pertence ao grupo cada vez maior de diretores que está trocando o filme pelo vídeo de alta definição. Ele foi iniciado no vídeo digital por George Lucas, que usou esse recurso em seus *prequels* da série *Guerra nas estrelas*. Rodriguez também fez parte do movimento que persuadiu os festivais de cinema a aceitar inscrições de produções feitas em vídeo.

Gêneros de filmes

Os estilos ou gêneros fílmicos evoluíram junto com o cinema: documentário, longa narrativo, filme B, filme de arte e outros. Existe até uma lista semi-oficial de 22 gêneros reconhecidos dentro da categoria longa-metragem, incluindo desde comédia romântica e *thriller* a psicodrama e filmes de época. De maneira geral, porém, a tendência hoje é que as fronteiras entre essas formas de fazer filme se tornem cada vez mais indistintas. Por exemplo, um filme biográfico sobre um autor de quadrinhos pode lançar mão de efeitos especiais para recriar ou simular o universo de seu tema (como em *Anti-herói americano*), enquanto um longa romântico pode recorrer a material documental para situar o protagonista no tempo e no espaço (como em *Forrest Gump*).

Tudo isso para dizer que o conteúdo ou argumento do filme é o que mais conta. Deixe que os outros decidam em que gênero ele se encaixa. Na prática, isso significa que você pode criar qualquer estilo de filme com um orçamento que pode pagar. Mas, primeiro, você precisa de uma ideia que o atraia – que o entusiasme pelo caminho até terminar o filme (*veja as páginas 194 e 195*). A etapa seguinte é escrever o roteiro (*leia abaixo*).

O documentário ganha as salas comerciais
Buena Vista Social Club, de Wim Wenders, foi o primeiro documentário a mostrar que esse gênero pode disputar o mercado dos filmes comerciais. Foi inteiramente filmado em vídeo digital.

O roteiro essencial

O planejamento de seu filme gira em torno do roteiro. É ele que mapeia a viagem do filme pelas cenas, descrevendo locação, iluminação, objetos de cena, ângulos e movimentos de câmera, além de fornecer diálogos e instruções para os atores (se for o caso). Para aprender o ofício, o melhor é começar com um curta de 10 minutos. Haverá muito tempo depois para progredir a um longa repleto de ação ou tentar um roteiro baseado em um romance clássico. Se seu filme não tem diálogos, você pode cogitar abrir mão do roteiro, mas perderá não só a divertida oportunidade de se ver às voltas com ele como também todas as suas vantagens, que só fazem melhorar o filme. Eis alguns dos inúmeros benefícios de trabalhar com um roteiro:

- Você sabe o que e por que está fazendo, e isso poupa tempo, esforço e material.
- Qualquer pessoa que o ajude saberá, em qualquer etapa do processo, o que você está fazendo e por quê.
- Os diálogos escritos podem ser melhorados durante as filmagens ou usados como base para o improviso.
- É muito mais fácil orçar a partir do roteiro do que de uma lista de locações ou itens.
- Sendo mais direcionado que uma lista de planos, o roteiro estimula a disciplina nas filmagens, o que, por sua vez, facilita a edição.
- O roteiro obriga você a visualizar os efeitos das mudanças de cena e de andamento, assim como ângulos de câmera e campos de visão. Para mais informações sobre *storyboard*, veja as páginas 200 e 201.
- O roteiro permite planejar as etapas de edição e pós-produção.
- Fica mais fácil planejar todos os requisitos, como iluminação, objetos de cena e som.
- O roteiro auxilia na pesquisa de locações.
- Pode-se planejar uma agenda de filmagem econômica, em vez de sair filmando cada ação na ordem em que ocorre no filme.
- O roteiro serve de trampolim para o improviso quando o espírito criativo baixa em você.

Nas páginas 198 e 199, você encontrará mais informações sobre roteiros.

Tipos de filme

A decisão de se dedicar seriamente à produção de filmes é marcada pela transição do contexto doméstico para a arena pública. Nesse estágio, você deve elevar o padrão do conteúdo e da apresentação de seu trabalho, além de assumir mais responsabilidades. Os tipos de filme que você faz então se tornam decisões de carreira – um meio-termo dinâmico entre o que você gostaria de realizar, o que é mais adequado a seu temperamento e suas habilidades, e o que é possível com os recursos e a locação de que dispõe. Nesse sentido, o que você grava é determinado, em parte, pelo modo como sua personalidade foi programada. Por exemplo, se não gosta de música popular, nem passará por sua cabeça a ideia de fazer vídeos pop, por mais que considere esse gênero vibrante, energético e altamente criativo no uso dos efeitos visuais.

A ideia motivadora

Seja qual for sua escolha, será útil definir o filme em uma única e breve frase. Tema, tese ou declaração de missão, o nome não importa – o importante é descrever, em poucas palavras, do que trata o filme. O melhor lugar para aprender a escrever essa frase são as chamadas que vêm na capa dos filmes comerciais em DVD ou VHS. Na indústria cinematográfica, eles são escritos quando o filme está pronto, mas você deve fazer o contrário: antes de mais nada, escreva a frase.

Documentário

Os filmes baseados em relatos reais, de acontecimentos ou de vida, parecem escrever-se sozinhos, mas requerem um grande trabalho prévio de pesquisa. É perfeitamente possível fazer tudo sozinho: produzir, gravar som e imagem e dirigir. É trabalhoso, mas também o jeito mais barato de fazer. Você talvez nem precise ir muito longe para encontrar um tema. Converse com as pessoas à sua volta, faça perguntas, realize pesquisas. Você pode descobrir que o frágil velhinho da porta ao lado foi repórter de guerra e ainda guarda na cabeça um monte de lembranças, além de pilhas de álbuns com recortes de notícias e fotos de época. É claro que você pode trabalhar também com temas mais ambiciosos (*veja as páginas 188 a 191*).

Projetos artísticos

Qualquer aspecto visual ou aural de seu mundo pode lhe servir de tema – os únicos limites são sua coragem, sua perspectiva pessoal e seu compromisso. O orçamento pode ser mínimo, e é possível levar o tempo que quiser, deixando que as ideias se desenvolvam espontaneamente. Além disso, você pode trabalhar com várias ideias de uma vez, aproveitando ao máximo as saídas para gravar. Sou fascinado, por exemplo, pelas luzes e pelo modo como a câmera parece representar a realidade quando, na verdade, está apenas registrando aquilo da maneira para a qual

Documentários
Sejam espontâneos ou totalmente planejados, os documentários podem ser feitos em qualquer lugar, a qualquer momento, com o menor orçamento e o equipamento mais básico. São um excelente treinamento para a produção de longas.

Criações artísticas
Em alguns aspectos, os vídeos artísticos exigem mais disciplina do que os outros – justamente porque não têm forma definida e nada os pressiona à conclusão. No entanto, apresentam orçamento baixo, e a qualidade técnica não é a maior prioridade.

foi projetada e construída. Meu projeto atual trabalha com as luzes artificiais da cidade vistas, de maneira também artificial, pela câmera. Com um tema desses, até mesmo a qualidade instável da imagem obtida com câmeras amadoras pode se tornar uma virtude.

Videoclipes
As técnicas do vídeo digital se combinam tão bem com a música popular que bem poderiam ter sido inventadas para ela. Os videoclipes são sempre curtos, há um estoque inesgotável de músicas a escolher, além de uma infinidade de músicos desconhecidos à espera de alguém que interprete seu trabalho de maneira criativa e imaginativa. E, ainda melhor, esse é um gênero que aceita tudo.

Curtas-metragens
Trabalhar em um curta é o mesmo que escrever um conto: você tem de montar a cena rapidamente e, ao mesmo tempo, levar o espectador para dentro da ação. Por outro lado, não é preciso desenvolver um enredo longo. O curta pode ser, por exemplo, sobre o que uma criança apronta no longo caminho para casa depois da escola. Para esse tema, nem é preciso usar diálogos, apenas som ambiente. Além disso, você pode fazer tomadas diretas – como se estivesse usando filme – ou usar todos os truques do livro sobre vídeo digital. Fazer curtas é, sem dúvida, o melhor exercício para chegar ao longa-metragem.

Curtas-metragens
Os curtas podem ser tratados como um gênero artístico ou como o elemento estrutural de um projeto maior. Dá para perceber a atmosfera sombria desse curta – *Breathe*, dirigido por Samantha Harrie – em um único quadro.

Híbridos
Essas categorias são bem menos rígidas. Na verdade, trata-se apenas de uma sequência de destaques cuja abordagem vai desde a menor intervenção possível – o documentário "puro" – até a concepção e construção de cada elemento – o gênero fantasia. Um documentário sobre mediunidade pode explorar efeitos do vídeo digital para "entrar" visualmente na mente do médium, enquanto um filme de ficção pode usar técnicas de documentário, como câmera móvel, iluminação local e atores amadores, para parecer documentário ou história real.

Videoclipes
O videoclipe é talvez o gênero que mais cresceu desde sua origem. Tornou-se tão difundido em tão poucos anos que existem emissoras de TV pelo mundo só dedicadas a ele. Caracteriza-se por ter a trilha sonora como fio condutor, e tem sido fonte de produções inovadoras, graças aos orçamentos generosos e à necessidade de causar impacto imediato. Mas é possível fazer videoclipes memoráveis e de baixo custo.

Elementos estruturais

O que é um filme? A resposta a essa pergunta tem inúmeras variações, mas se resume, em linhas gerais, a "Começa em tal lugar, acontece tal coisa e aí termina".

A verdade é que é muito difícil encontrar um filme que não siga essa estrutura básica. Primeiro se apresenta o cenário: onde estamos, em que período do passado ou do futuro, quem são os personagens e o que se passa em suas vidas. Então, acontece algo que perturba a paz ou a situação presente, obrigando os personagens a reagir, o que nos permite conhecê-los. Nem sempre é algo dramático: esse estágio do filme pode explorar os detalhes, usar o *flashback* para explicar por que as coisas são de tal maneira. Isso leva, por fim, à resolução, ou, se for um documentário, ao quadro completo que apontará para uma conclusão ou para a necessidade de mais investigação.

Definindo a estrutura

Nem os realizadores experimentais conseguem fugir a essa estrutura básica: as tentativas de romper com ela – por meio de *flashbacks* e relatos paralelos – servem apenas para reforçar que ela é fundamental. E é uma estrutura comum não só em filmes, mas também em peças, romances e poemas mais longos, e aplica-se também ao *design* e *layout* de exposições de arte e a peças musicais extensas. De fato, cabem aqui os termos usados na sonata (estrutura que predominou na música clássica europeia durante séculos): a primeira parte se chama exposição, em seguida vem o desenvolvimento e, para finalizar, a recapitulação – um lembrete do início. Se observar qualquer um de seus filmes favoritos, verá que a estrutura básica é provavelmente esta: exposição, desenvolvimento e recapitulação.

Apesar da estrutura, a realização de filmes admite uma infinidade de soluções criativas. É aqui que se reúnem todos os elementos estruturais que vimos em outras seções deste livro.

Ângulos de câmera

Todo plano exige um posicionamento da câmera; logo, todo plano é uma oportunidade criativa. Deixar a câmera em um tripé instalado em altura conveniente é uma solução fácil demais. O exemplo do grande diretor Orson Welles ilustra bem a importância do ângulo da câmera: durante a filmagem de *Cidadão Kane*, ele insistiu para que cavassem um buraco no chão do estúdio para manter a câmera baixa.

Hoje em dia, até as câmeras mais avançadas são projetadas para ser sustentadas no ombro ou na mão; assim, não há por que não tirar a câmera do suporte e trabalhar com movimentos suaves. Além disso, steadicams (que amortecem ou limitam movimentos pequenos), gruas e booms têm aluguel relativamente barato e são fáceis de usar com câmeras digitais, pois não precisam ser tão pesados quanto os que se utilizam na indústria cinematográfica. Outra vantagem fundamental é que o alimentador de vídeo da câmera pode ser conectado a uma pequena tela montada na base do suporte, facilitando assim monitorar a gravação. Além disso, as câmeras modernas podem ser operadas facilmente por controle remoto.

Horizonte em cena
Essa composição do curta independente *Al sur del desierto*, de Galel Maidana, mostra como o ponto de vista inferior dá destaque para a figura, enquanto a pilha de gravetos cria uma linha diagonal dinâmica.

Composição

Cada posição da câmera oferece dúzias de diferentes composições possíveis em cada comprimento focal. Se multiplicar o número de composições pelo número de comprimentos focais existentes, você verá que a oportunidade de ser criativo é imensa. Ao contrário de um fotógrafo, que só tem de compor uma imagem por vez, você terá de compor toda a tomada, combinando os movimentos de tracking da câmera com os movimentos dos atores. Por muitos anos, o formato quase quadrado da TV restringiu as possibilidades criativas na composição – afinal, o cinema widescreen foi inventado na década de 1950 – ao posicionar os atores em extremidades opostas do quadro ou preencher todo o espaço com ação caótica, técnica usada com muita eficiência nos filmes *Guerra nas estrelas* e *O Senhor dos Anéis*.

Aproximação
O vídeo pode transformar a visão de um jardim comum e descuidado. Basta você posicionar a câmera perto do chão e afastar as flores do caminho (à *direita*) para destacar elementos que o espectador geralmente não percebe.

O melhor ângulo
Há dúzias de ângulos diferentes para, por exemplo, uma conversa sob guarda-sóis – desde o alto (à *esquerda*) até o plano ou baixo, passando por todas as etapas intermediárias. Seu papel como cineasta é conhecê-los, avaliá-los e usá-los.

Elementos estruturais (continuação)

Close-up

Como disse o grande cineasta Joseph V. Mascelli, o close-up é uma das ferramentas narrativas mais eficazes à disposição do realizador. Se bem-feito e usado com critério, o close-up – especialmente o super-close – acrescenta clareza visual e impacto emocional à narrativa.

Os episódios da série de TV *CSI: Investigação criminal* dão lições de mestre na arte do close-up. As cenas mudam sem esforço entre cut-in close-ups – em que uma cena maior é recortada para mostrar a visão ampliada de uma parte – e cut-away close-ups. É assim que nos aproximamos de um objeto que se encontra em discussão, mas não era visível na cena anterior. Esse objeto pode ser visto de ângulos diferentes: uma pequena amostra de evidência recolhida pelo cientista ou apresentada objetivamente, com todas as suas características.

Há outro tipo de close-up que leva a câmera para o espaço pessoal da pessoa que está falando, às vezes fazendo um recorte nos lábios em movimento: é o chamado close-up subjetivo, também muito usado nos episódios do *CSI*.

● DICAS E SUGESTÕES

A melhor maneira de garantir a continuidade é delegar essa tarefa a alguém que verifique se tudo no quadro, cada detalhe, está igual entre uma tomada e outra. Cuide também para não cair em situações que serão problema na certa.

● Evite relógio em cena, especialmente se este tiver o ponteiro dos segundos. Cada tomada terá de começar exatamente na mesma hora.

● Evite objetos de cena que mudam de estado rapidamente – por exemplo, sopas ou bebidas que esfriam muito rápido e têm de ser requentadas a
cada tomada; alimentos que podem derreter, como sorvetes; bebidas que perdem espuma ou bolhas, como cerveja e champanhe.

● Evite filmar em locação em dias em que as nuvens se movem muito rápido. A luz ambiente sofrerá alterações significativas de brilho, contraste e temperatura de cor.

● Trabalhando com documentários, lembre-se de filmar as viagens entre uma locação e outra. Esse material será necessário para a continuidade espacial.

Continuidade

Uma boa continuidade durante a filmagem facilita e acelera o trabalho de edição, que, por outro lado, torna-se mais difícil quando há erros de continuidade durante a filmagem (*veja as páginas 60 e 61*).

A continuidade se baseia no conceito segundo o qual tudo conta – até mesmo detalhes que escapam à percepção consciente do espectador. Tudo que perturbe o fluxo narrativo ou contrarie a lógica do movimento pelo espaço–tempo pode desviar o espectador do mundo que você criou. Roupas limpas após uma briga de rua, uma troca de gravata durante uma conversa, um quadro torto na parede que na cena seguinte aparece direito – essas descontinuidades são pequenos detalhes facilmente ignorados, mas que podem ser percebidos de maneira subliminar e indicar baixa qualidade por parte do realizador.

Seu filme pode ter erros de continuidade espaciais. Há roteiros que pedem diferentes locações, e documentários que se deslocam até mesmo entre continentes. Um vídeo de férias que comece na Inglaterra e termine em Honolulu tem um problema de continuidade espacial a resolver: é preciso um plano de transição que leve o espectador de uma cena de trânsito em um dia nublado para uma ensolarada praia no Pacífico. Uma boa solução é utilizar uma seqüência curta de um avião decolando – técnica muito comum em vários filmes. Sem essa transição, o salto é grande demais e dificulta a compreensão. Esse recurso é ainda mais importante quando você tem de passar de uma cidade enevoada para outra.

As continuidades temporais são mais evidentes, mas é fácil perdê-las porque é necessário gravar seqüências em tomadas separadas durante vários dias, em diferentes horários. Para perder a continuidade temporal, basta se esquecer de incluir um relógio que estava na cena do dia anterior ou não levar em conta que a refeição fumegante da primeira tomada esfria completamente enquanto você ajusta as luzes para filmar um ângulo diferente.

A continuidade depende também de um trabalho de câmera tecnicamente cuidadoso que suavize ou elimine as diferenças de equilíbrio de branco, exposição, crominância e luminância entre as tomadas. Para mais informações sobre esses temas, veja as páginas 60 e 61.

ELEMENTOS ESTRUTURAIS 187

Dia melancólico
No início de um filme de férias, você pode realçar o momento que virá com uma cena como a da foto, mostrando o melancólico trajeto para o trabalho em um dia nublado.

Transição de voo
Uma curta seqüência de viagem é uma maneira rápida e simples de fazer a transição a partir de um dia nublado. Um recorte rápido do avião pousando pode ser suficiente.

Paraíso tropical
Do recorte do pouso, você pode passar direto para o pôr do sol tropical – não é preciso filmar a retirada da bagagem, a chegada ao hotel e as malas sendo desfeitas, a menos que você realmente queira isso. O que dá força e ímpeto à narrativa fílmica não é o que você introduz nela, mas o que deixa de fora.

A descontinuidade pode ser intencional, com o objetivo de confundir o espectador.

Vemos esse tipo de "erro" em *Laranja mecânica* e em cenas de batalha como as do *Gladiador*: o brilho de uma lâmina pode sugerir que o próximo golpe virá da esquerda quando, na verdade, vem da direita.

Mudar do colorido para o monocromático ajuda a realçar estados emocionais. É bem explorada a força emotiva dos relances coloridos em *A lista de Schindler*, de resto todo em preto e branco.

Edição

A decisão final sobre o ritmo e o andamento do filme é tomada na etapa da edição. Só há uma maneira de aprender a editar, e é editando – seu próprio material ou por meio de tutoriais. A duração total às vezes é definida não pelo diretor, mas por fatores externos, como a contabilidade do distribuidor. Por exemplo, os rolos de distribuição para filmes 35 mm têm no máximo 20 minutos de duração; portanto, ninguém quer um filme de 63 minutos, pois seria necessário um quarto rolo do qual só se usariam 3 minutos. Nesse caso, o distribuidor provavelmente solicitaria 3 minutos de cortes.

Documentários

O principal aspecto a considerar na produção de um documentário é a honestidade. Não no sentido de como apresentar o conteúdo, mas de se perguntar, com toda a franqueza, se você acha que vai conseguir levar até o fim o desafio – longo, árduo, de recompensas incertas, para não dizer totalmente ingrato – de fazer um documentário. E você tampouco ficará rico: pode apostar que ninguém jamais comprou uma ilha ou um apartamento de luxo no exterior com os lucros de um documentário. Pouquíssimos documentaristas alcançam o excelente resultado de filmes como *Tiros em Columbine* ou *Buena Vista Social Club*.

O poder do entusiasmo

Para fazer um documentário ambicioso, você precisa de uma idéia que o sustente do começo ao fim. Talvez você fique fascinado com uma tribo no Amazonas nunca antes visitada, ou com as sociedades matriarcais do Himalaia, mas terá de se entusiasmar com a idéia se quiser chegar pelo menos perto da etapa de filmagem.

Hipótese central

Há uma diferença fundamental entre aprofundar um tema para um documentário e propor ou debater um ponto de vista, embora usando o mesmo material. Qualquer que seja sua opinião sobre a objetividade ou subjetividade da forma, definir uma hipótese central desde o início facilitará seu trabalho. Dará contorno à pesquisa e à direção que o filme deve tomar, além de assegurar uma narrativa com bom andamento, em vez de uma apresentação amena dos fatos.

Imagine, por exemplo, que você goste de *world music* e sua pesquisa o leve a descobrir que alguns rabequistas ou violinistas sensacionais vêm de um lugar muito improvável, no Himalaia. É um tema empolgante porque a locação promete lindas fotos, o assunto é incomum – há uma grande chance de atrair a atenção de alguma autoridade – e a trilha sonora será fantástica.

Mas falta ao filme um foco ou direção; a única coisa que ele está dizendo é "Você sabe que tocam violino no Himalaia?". Na pesquisa, porém, você descobre também que certos grupos consideram essa música uma ameaça à cultura do país e que as diferenças têm motivação racial e religiosa. O argumento, então, ganha vida, tomando uma dimensão que extrapola a simples curiosidade musical. A luta dos músicos simboliza as tensões entre as comunidades divididas da nação – tocar rabeca se torna um ato político. E aí está ela: sua hipótese de trabalho.

Passos necessários

Nunca é demais dizer que a pesquisa e o planejamento são essenciais na realização de documentários, assim como de filmes. É prudente confirmar a história

Movimente-se
A realização do documentário é, por natureza, móvel – para gravar uma aula de *kickboxing* (à esquerda) você talvez tenha de se movimentar rapidamente. Mas se a câmera se move demais o vídeo fica cansativo de ver, por isso é necessário encontrar um equilíbrio.

com uma fonte independente, mesmo que tenha certeza de que sua fonte é segura. Faça buscas na internet, sabendo, porém, que nem toda informação disponível ali é confiável – sempre que possível, prefira os sites oficiais. As bibliotecas universitárias podem ser úteis se você estiver interessado em uma pesquisa genuína, desde que obtenha referências de um acadêmico reconhecido – e você provavelmente encontrará, em algum lugar do mundo, um acadêmico ou jornalista especialista no tema e disposto a ajudar. Recorra também à sua rede de amigos e contatos: pode ser que você conheça alguém que conhece alguém que sabe o que você precisa.

Planejamento

Um fator que distingue o planejamento do documentário do de outros tipos de filmes é que sua liberdade de movimento pode ser muito limitada. Você talvez tenha de trabalhar com prazos complicados: reunir tribos montanhesas pode levar no mínimo quatro anos; ou pode ser que o próximo ano-novo islâmico aconteça exatamente na data marcada para filmar no deserto. Nem que seja só por essa razão, uma estratégia importante é ter vários projetos em andamento, em diferentes estágios de pesquisa e desenvolvimento. Você pode trabalhar durante anos em um projeto, sem obter nenhuma resposta a seu pedido de visto, e, então, de repente, ser avisado de que tem quatro semanas para fazer as malas e partir, agora ou nunca, como já me aconteceu.

DICAS E SUGESTÕES

A paixão do realizador é essencial para um documentário de sucesso. Mas também é preciso levar em conta os aspectos práticos.
- Trabalhe nas áreas de sua especialidade.
- Explore os contatos com as pessoas-chave da localidade; troque informações com todos que puder.
- Trabalhando no exterior, identifique um agente local honesto e eficiente.
- Cuide das equipes, especialmente da equipe local se estiver trabalhando no exterior.
- Uma excursão para checar as locações será útil, se o tempo e o orçamento permitirem.
- Monte uma lista das pessoas que entrevista e lhes atribua papéis – o herói, o ajudante do herói, o inimigo, o espectador inocente. Você está filmando um drama baseado na vida real.

Gravando entrevistas
O vídeo é um auxiliar inestimável para outros métodos ou trabalhos de pesquisa – por exemplo, para o registro visual de uma entrevista (*abaixo*) ou para selecionar apresentadores para o documentário.

Documentários (continuação)

O cronograma

Tendo em vista que o documentário depende muito da oportunidade, ou simplesmente para garantir que o tema ainda seja apropriado quando o filme estiver pronto para ser lançado, é prudente montar o cronograma de trás para frente, começando do final da pós-produção e edição (*veja na página ao lado*). Quanto tempo levará para editar o filme? Você mesmo fará isso (barato, mas trabalhoso) ou contratará um profissional (mais rápido, porém mais caro)? Quanto tempo para filmar? Como preparar a equipe? Quanto tempo será necessário para a pesquisa? Um documentário ambicioso, "profissional", dificilmente leva mais de dois anos – incluindo todas as etapas e contando com um financiamento generoso.

Se controlar o tempo das filmagens é crucial, a necessidade de um planejamento bem-feito é ainda maior. Agendas precisas têm outra vantagem: a equipe sabe exatamente o que tem de fazer e quando. Por exemplo, é impossível planejar se você pede que eles estejam disponíveis "no início do outono"; é muito mais fácil se comprometer com a "primeira semana de março".

Disciplina é bom

O vídeo digital expôs a realização de documentários a um novo risco: a tentação de filmar grandes quantidades de material, o que levará meses só para classificar e rever. Os cineastas tinham de ser seletivos ao trabalhar com o filme, pois este é extremamente caro. Até o filme 16 mm é uma mercadoria valiosa se comparado à fita de VD, mesmo a mais cara: enquanto 1 hora em VD sai, por exemplo, por 18 dólares, seriam necessários 488 m de filme 16 mm (em velocidade de 18 qps) ao custo de 500 dólares, sem contar o processamento.

A disciplina necessária para trabalhar com um sistema duplo (gravação separada de som e vídeo) ajuda a conter o impulso de sair filmando. Outra maneira de disciplinar a filmagem é ater-se ao *script* ou à seqüência de planos e não filmar nada além do estritamente necessário. Mas poucos têm a firmeza de levar isso até o fim (e com razão: um dos prazeres quando fazemos um documentário é responder rapidamente às mudanças de situação).

Revisão diária

Consiste em analisar o progresso feito a cada dia e ajuda a evitar que você se desvie demais do caminho. Uma vantagem de trabalhar com vídeo digital é a possibilidade de rever a produção do dia – algo que até então os diretores só podiam fazer nos grandes estúdios de Hollywood.

No fim do dia, você pode transferir o material para um laptop que tenha um HD externo e rever as tomadas do dia. Você rapidamente verá o que é supérfluo e quais os caminhos novos que valem a pena ser pesquisados. Mas não é recomendável usar para revisão uma fita parcialmente usada. Uma solução é iniciar uma fita nova a cada dia – o que ajuda também na hora de classificar. Além disso, agora você tem uma cópia do material. A desvantagem dessa facilidade de rever a produção é que, se o dia de trabalho for muito longo, a última coisa que o operador vai querer ao terminá-lo é passar o resto da noite diante de uma tela de vídeo.

Sistema duplo

Gravar o áudio separadamente do vídeo – por exemplo, usando um microfone com haste conectado a um gravador de som – garante um som de alta qualidade. Mas se você também gravar o som com o microfone da câmera, como mostra a foto, terá uma cópia do áudio. Outra vantagem de ter a cópia do áudio é que, na pós-produção, fica mais fácil sincronizar a trilha sonora com o vídeo, dispensando o uso de claquete.

Anotações

É uma ironia que um meio tão visual e auditivo como esse dependa tanto de anotações escritas. Mantenha um registro de tudo o que você grava, senão o trabalho de edição será mais difícil do que o necessário.

● DICAS E SUGESTÕES

Na realização de documentários, os aspectos técnicos contam muito, embora o estilo de filmagem seja menos formal do que o utilizado em longas-metragens de ficção.
- Se possível, grave em dois sistemas – o som no vídeo e também em um gravador separado. Não só a qualidade do som é melhor, como você fica com uma cópia.
- Use um timecode contínuo para facilitar a sincronização na pós-produção.
- Comece uma fita nova a cada dia. Não use a mesma fita para dois dias diferentes ou você fará uma confusão com os timecodes.
- Mantenha um registro meticuloso e abrangente de cada tomada – tanto de som como de vídeo.
- Encarregue alguém de fotografar cenas e retratos durante a produção.
- Anote os nomes (com sobrenome) de todas as pessoas que você gravou.
- Evite rever a fita na câmera enquanto filma e não remova a fita antes de terminar. Isso evitará quebras ou confusão com os timecodes.

Autorizações

Não pense que só porque seu documentário promove uma boa causa você não precisa obter autorizações pessoais. Você está enganado – as pessoas adoram uma briga judicial. É difícil na prática, mas tente conseguir que cada entrevistado assine uma autorização pessoal. Para maior segurança, você poderia inclusive filmá-los enquanto assinam e, para selar a autorização, oferecer-lhes um pagamento simbólico – digamos, 2 reais. A maioria das pessoas tem boa vontade em participar, especialmente quando sente que está apoiando uma causa nobre, e não se importa em receber uma quantia mínima como essa.

Se alguém se recusar a dar o consentimento, você terá de decidir se vai ou não usar o material filmado. É muito comum solicitar a autorização depois da entrevista.

Cronograma

Um realizador de sucesso tem de ser bom em organização e programação; não basta ser criativo e apaixonado. O cronograma (dado em meses antes da data de entrega) é uma ferramenta valiosa para evitar perda de tempo e de recursos. Use esse exemplo para se orientar, adicionando seus próprios prazos.

Exemplo de cronograma	
Iniciar pesquisa	24 meses
Iniciar *script* e roteiro	18 meses
Obter financiamento	12 meses
Organizar pesquisa: fazer contatos, obter permissões	6 meses
Recrutar equipe de produção	3½ meses
Reservar passagens e alugar equipamento	3 meses
Filmar	2½ meses
Pós-produção (catalogar, editar, gravar narração)	2 meses

Curtas-metragens

A capacidade de um filme de conter muitas camadas de significado e a habilidade do realizador em manipular a passagem do tempo fazem do curta uma forma de arte por mérito próprio. É preciso apenas uma centelha de imaginação para dar-lhe vida.

A escolha do tema

Qualquer tema pode resultar em um curta interessante. Para alguns, isso é óbvio; para outros, parece improvável. Se você acha graça nessa ideia, fazer filmes talvez não seja sua vocação.

Um homem acorda ao som do despertador e prepara o café da manhã. Esse pode não ser o argumento mais promissor, mas é uma das partes mais intrigantes de O arquivo confidencial, um primoroso registro, em poucos minutos, de técnicas de filmagem.

Dois homens jogando xadrez. Parece enfadonho? Nas mãos de Ingmar Bergman, essa cena de O sétimo selo é uma alegoria sobre o significado da vida e da morte.

Não é preciso ter uma ideia original ou brilhante; poucas histórias são novas, mas há ainda uma infinidade de maneiras diferentes de contá-las.

Tamanho do projeto

Sua criatividade não tem de se limitar ao orçamento pequeno ou à escassez de recursos. Eis uma lista de resumos de curtas-metragens:

- Um jogo da verdade após o jantar se torna um vício, com consequências trágicas.
- Um casal encontra uma maleta – o que ela contém?
- Um dia longo e tedioso preenchendo formulário de solicitação de emprego.
- Um homem sozinho na plataforma de uma estação executa uma dança estranha.

O curta sobre o jantar precisou de apenas cinco atores; a história da maleta, de dois; as duas últimas, de apenas um. O curta sobre o formulário de emprego nem precisou de *script* – era só um ator e ele não falava nada – e era, ao mesmo tempo, engraçado e triste.

Escala de tempo

Se uma semana é bastante tempo em política, 1 minuto pode parecer 1 hora em um filme. Se você está acostumado ao desenvolvimento vagaroso dos longas-metragens de 2 horas, um exercício bastante instrutivo é assistir a alguns curtas de 1 ou 2 minutos.

Enquanto assiste, lembre-se de que leva muito tempo para filmar 1 minuto. Já vi uma equipe de sete integrantes e um ator gastar seis horas para filmar 4 minutos de filme, que acabaram se reduzindo a 20 segundos na edição final.

Ver e aprender

Um passo importante para quem sonha em fazer filmes é mudar o foco quando vai ao cinema, deixando de ser um espectador para tornar-se um observador. Pode ser que você não goste da mudança no início. Em vez de se envolver com as emoções da história na tela, você tem de se concentrar nos detalhes, registrar e identificar planos: o superclose de um olho, seguido de um zoom instantâneo para o plano geral do interior de um quarto escuro, e depois de volta para o olho, etc. Mas essa mudança de foco e a sua atenção e sua crescente habilidade em analisar a técnica cinematográfica são o ponto de partida de sua formação como roteirista ou diretor.

- Veja e reveja os filmes de que você gosta. Tente descobrir por que gosta deles, por que os diretores fizeram daquela maneira e como fizeram. O impacto foi criado pela edição ou pelo trabalho de câmera? Ou por ambos?
- Procure ver os filmes com e sem som. Uma boa trilha sonora controla as experiências emocional e visual.
- Assista a documentários de TV mesmo que seu objetivo seja longas de ficção – você pode aprender como tirar o melhor proveito de um material limitado com a edição.
- Leia os roteiros de seus filmes favoritos.
- Assista aos extras sobre a realização do filme que vêm no DVD.
- Baixe da internet curtas e filmes independentes para estudá-los.

Valorize a simplicidade

Invisible Light é um curta de ficção que demonstra que um bom filme não requer enredos intrincados, grandes orçamentos ou cenários elaborados. O filme gira em torno de duas mulheres. Uma delas (Choi Yoon Sun, como Gah-in) vive os tormentos de uma relação com um homem casado. Ao retornar para casa depois de um período estudando fora, seu romance e o estranhamento em relação à sua cultura a fazem mergulhar em depressão e desespero. A segunda mulher (Lee Sun-jin, como Do-hee) é a esposa do homem que é amante de Gah-in e está esperando um filho de outro homem. A ansiedade das duas mulheres e suas relações com os homens permitem que o roteiro e a direção de Gina Kim, junto com Peter Gray e Benito Strangio, usem praticamente só o close-up e as locações disponíveis.

Design de cores
O uso de locações disponíveis com um mínimo de alteração requer um *design* cuidadoso: a maçã verde introduz uma variedade de cor.

Grande-angular
Para retratar o distúrbio alimentar de Gah-in, Kim utiliza uma grande-angular. Esse recurso ajuda a expressar isolamento e solidão.

Paleta de cores
A mudança na paleta de cores de uma cena é uma maneira eficaz de indicar mudança de locação.

Comprimento focal longo
Um comprimento focal maior e uma visão mais distante transformam o observador em espectador, separando-o da ação.

Trabalhando com animais
A decisão de incluir animais no filme não pode ser tomada de forma leviana. Aqui, funcionou muito bem.

Luz do entardecer
Trabalhar ao pôr do sol só é recomendado para equipes experientes. Para simular a luz do crepúsculo, use filtros.

Supercloses
Podem ser uma boa solução para problemas de locação, mas constituem um desafio para a iluminação (a variação de luminância deve ser cuidadosamente controlada para evitar realces "quentes" na pele) e o operador de câmera (a profundidade de campo é muito limitada). Representam dificuldade também para o elenco e a equipe de bastidores: como o observador fica muito próximo do sujeito, os erros de maquiagem se tornam muito visíveis, e qualquer trejeito na representação pode ser embaraçoso.

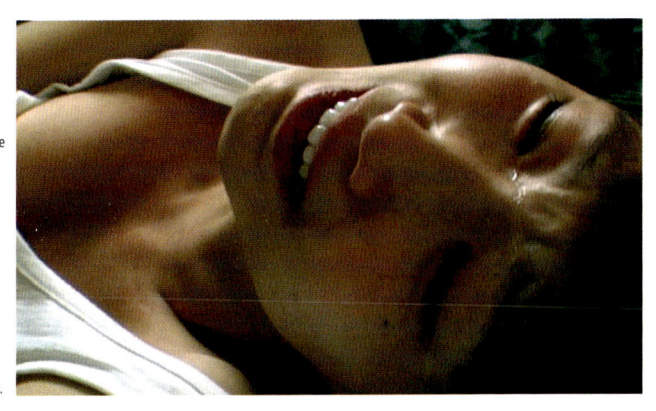

Desenvolvendo uma ideia

Ninguém pode ajudar você a ter uma ideia, mas é possível orientá-lo no processo de transformar a inspiração em um *script* e o roteiro, em filme. As indicações a seguir não têm a finalidade de inspirar, mas são dicas práticas que não devem ser ignoradas – não pelo menos até você ganhar experiência e capacidade de atrair patrocínios.

Exibindo a história

O vídeo é um meio visual, e seu ponto forte está justamente em comunicar-se com o espectador por meio de imagens, não de palavras. Uma sequência com voz é pouco mais do que um rádio com imagens. Mas é a ação – alguém olhando ao redor para identificar a origem de um barulho repentino, duas pessoas se beijando ou um ciclista pedalando à beira de um lago – que prende a atenção e envolve o espectador, provocando às vezes respostas emocionais. É um erro comum descrever a emoção nas cenas do roteiro: a emoção parte da ação e do diálogo.

Cenário interno

Sempre que possível, prefira cenas internas. Assim você não fica à mercê do clima, das autoridades locais ou de transeuntes curiosos. Isso facilita também a gravação do som, pois se evitam ruídos imprevisíveis e indesejados. O equipamento fica mais seguro e protegido, e é mais fácil providenciar a alimentação da equipe.

Usando uma locação

Um bom truque para orçamentos apertados é situar sua história em uma única locação. Isso requer menos deslocamentos e poupa tempo com montagens. Quanto mais simples a produção, menos distrações para o elenco, que assim fica menos entediado e não tem tempo de resfriar suas emoções – um problema comum entre atores amadores.

Filmando ao amanhecer e anoitecer

Um dos principais problemas de filmar ao amanhecer está no fato de os preparativos geralmente serem feitos durante a noite (*veja "Tomadas noturnas", na página ao lado*). Outra dificuldade, que ocorre também quando se filma ao anoitecer, é que você dispõe de pouco tempo para gravar antes que a luz mude, especialmente quando está nos trópicos ou perto da linha do Equador. Se precisar de outra tomada, terá de esperar o dia todo, sem garantia de que o clima será o mesmo – e, portanto, sem garantia de que poderá usar o que já foi filmado.

Simplificando a locação
Por que alugar um quarto de hotel se pode pedir o apartamento de um amigo emprestado? Aproveite ao máximo a locação que você tem, mesmo que precise pintá-la e repintá-la depois.

Gravando ao amanhecer
Gravar nesse período ou no final do dia é tornar-se refém da sorte e do clima; por isso os maiores estúdios cinematográficos dos Estados Unidos se encontram na Flórida, conhecida como "o Estado do sol brilhante".

O mínimo de personagens
Uma conta simples: quanto menos participantes o filme exigir, mais fácil será realizá-lo. Para filmes de orçamento pequeno, um ator é suficiente, dois já é liberalidade. Você realmente precisa de seis pessoas para uma história sobre um jantar? Três talvez bastem. Tente evitar também os figurantes.

O mínimo de diálogo
Sua primeira versão dos diálogos certamente será muito longa. Utilize a ação para fazer a história andar e crie a cena com a câmera, não com palavras. Exceto no filme *noir*, a voz é geralmente uma confissão de derrota.

Busque *feedback*
Por fim, talvez a parte mais difícil de todas: mostre sua primeira versão a alguém em quem confie, ou seja, que tenha espírito crítico e que lhe dê uma opinião sincera. Não precisa ser uma pessoa experiente em ler *scripts*, mas que pelo menos conheça um pouco de cinema (*veja também as páginas 198 e 199*).

Testes de gravação
O baixo custo do vídeo digital permite testar e experimentar ideias à vontade – como essas proezas com o *skate* – antes de gravar a ação totalmente produzida.

Tomadas noturnas
Custa caro criar efeitos especiais como terremoto, neblina baixando, tornado e até mesmo uma chuva torrencial, mas tomadas noturnas podem caber em um orçamento pequeno. Mas não ignore os problemas. Tomadas noturnas demandam muito mais tempo de produção: montar a iluminação no estúdio para simular a luz noturna requer muito mais atenção aos detalhes do que as montagens diurnas. Ninguém consegue ver o que está fazendo, e até mesmo encontrar o equipamento leva mais tempo do que o habitual. É preciso também um cuidado maior para garantir uma operação segura. Uma alternativa é usar a técnica de iluminação conhecida como "noite americana", em que se utiliza o controle da íris da câmera para reduzir drasticamente a exposição, enquanto os níveis da luz ambiente são suficientes para trabalhar. Filmar à noite na locação significa trabalhar fora de hora e, possivelmente, causar incômodo com luzes e ruídos. Além disso, você terá de pagar hora extra ao elenco ou à equipe, se for o caso.

Direitos autorais
Há o risco de que alguém goste tanto de sua idéia que contrate um profissional conhecido para desenvolver o roteiro. Passado o sentimento de lisonja, você vai querer acioná-lo judicialmente. Para isso, será preciso provar não só que você é o verdadeiro autor da história como também que a escreveu primeiro. Em países como os Estados Unidos, que têm um mecanismo formal para registros, é prudente recorrer a ele. O custo é relativamente baixo, e os formulários são fáceis de preencher. Em países que não contam com tal mecanismo, como o Reino Unido, pode-se fazer o depósito legal do roteiro por meio de um advogado, registrando a data de conclusão como prova de propriedade intelectual. Outra precaução útil é mandar o *script* para apreciação como correspondência registrada; algumas pessoas enviam uma cópia a si mesmas e, no recebimento, deixam o envelope selado com a data de postagem.

Solução rápida Problemas de locação

Diz a teoria que um bom planejamento evita problemas. A vida, naturalmente, é mais complicada do que isso, e os problemas surgem mesmo quando se tomam todas as providências. Parte do desafio da produção de vídeos está em resolvê-los. Há livros inteiros sobre a experiência de realizadores que usam todos os seus recursos e sagacidade para superar os obstáculos. Eis algumas das dificuldades mais comuns.

Problema

A locação que parecia de bom tamanho no início se revela muito pequena com a chegada da equipe, quase sem espaço para trabalhar.

Análise

É bem possível que o espaço seja suficiente; você só precisa saber usá-lo. Antes de demitir o responsável pela locação, veja se dá para adaptar o *storyboard* ou a composição ao espaço. E mantenha a ordem ao desembalar o equipamento.

Solução

Examine o espaço e estude a melhor maneira de usá-lo – de preferência, antes de se instalar. Veja se ângulos de câmera ou uma grande-angular podem fazê-lo parecer maior. Os itens que mais ocupam espaço são as luzes: veja se é possível iluminar o aposento de fora – de fora dele ou mesmo do edifício. Ou reduza o número de luzes necessárias – tente jogá-las contra as paredes, por exemplo. Para melhorar ou garantir as cores neutras, pendure papel ou tecido branco nas paredes (mas veja *"Cuidado com o calor", na página 203*). Se precisar retirar alguma mobília, faça-o antes de entrar com o equipamento. Dispense tripés grandes e apóie a câmera em móveis.

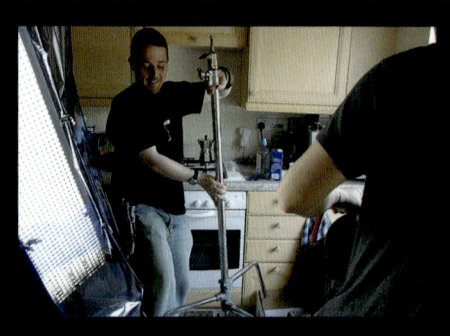

Cantos estreitos
A desordem que acompanha quaisquer produção e gravação de vídeo pode fazer a locação mais espaçosa parecer apinhada. Reserve tempo para que a equipe trabalhe com disciplina e cuidado.

Problema

Você está usando a casa de uma pessoa conhecida e ela começa a ficar nervosa quando o vê descarregar o equipamento e a equipe. Há o risco de que ela peça para você se retirar.

Análise

A falha está nos preparativos. A quantidade de equipamento e de membros na equipe pode estar deixando a pessoa nervosa.

Solução

Se é tarde demais para preparar os donos da casa, você deve pelo menos preparar bem a equipe. Se a casa tem tapetes, providencie para que a equipe calce proteção para os sapatos: isso mostra aos proprietários que você está cuidando da casa. Instrua a equipe para usar somente tênis ou sapatos de solado macio; proíba os saltos altos. Leve plástico-bolha ou cobertores velhos para proteger a mobília e o piso ao apoiar caixas pesadas e equipamentos. Movimentar-se com cuidado pela casa despertará a confiança dos proprietários em seu profissionalismo.

Preparação
Se montou um set de filmagem na sala de alguém, os cuidados com a propriedade são tão importantes quanto a segurança e o cuidado com seus equipamentos e acessórios. Luzes grandes podem puxar muita força, por isso proteja a instalação da casa.

SOLUÇÃO RÁPIDA – PROBLEMAS DE LOCAÇÃO **197**

Problema
Você tem de filmar em condições difíceis – frio e umidade extremos, ou muito calor e pó.

Análise
Dá para escrever um livro sobre como é trabalhar em condições difíceis, mas com planejamento e preparação é possível trabalhar em quase todo lugar. O principal problema no frio é manter as baterias funcionando e impedir que a condensação entre na câmera. O maior desafio na umidade é proteger as fitas e evitar que a condensação atinja as conexões elétricas. O pó ataca os delicados mecanismos do vídeo e também as lentes, deteriorando a qualidade da imagem.

Solução
As câmeras profissionais são extremamente robustas e resistem às piores condições. Se alugar o equipamento, informe a locadora sobre o que pretende fazer: eles darão instruções sobre como proteger o kit. As câmeras amadoras não são tão resistentes, para evitar peso e custo. Em clima frio, traga as baterias sobressalentes junto de seu corpo para mantê-las aquecidas; não respire perto da câmera ao recarregar os cassetes. Em condições de umidade ou vapor, guarde a câmera e as fitas em um estojo à prova d'água com muito gel de sílica (que absorve o vapor). Uma bolsa à prova d'água (*veja a página 25*) pode ser útil. Em ambiente poeirento, use um estojo ou bolsa à prova d'água para guardar os objetos, evite trocar as fitas ao ar livre e mantenha as lentes limpas com um soprador de borracha.

Clima frio
A câmera é vulnerável em dias muito frios, pois o equipamento depende de energia elétrica.

Embrulhá-la com uma capa acolchoada pode ajudar a protegê-la do frio, mesmo que dificulte o acesso aos controles.

Problema
Você foi contratado para filmar um evento – um casamento, por exemplo – e descobre que não é o único. Os outros não param de atravessar seu caminho.

Análise
Em uma época na qual o vídeo se tornou parte dos principais eventos da vida, qualquer membro da família pode se sentir estimulado a filmar – sem mencionar os fotógrafos presentes. E alguns às vezes se consideram o videógrafo ou fotógrafo mais importante do pedaço.

Solução
O melhor caminho para se evitarem conflitos é que uns colaborem com os outros, mas também é preciso deixar claro de quem é a prioridade. Os profissionais – os que estão sendo pagos pelo trabalho – devem ocupar as melhores posições e poder filmar antes de qualquer um. Mas, assim que fizerem sua tomada, devem dar espaço aos demais. E tentar não entrar na linha de visão do outro é um cuidado que todos devem tomar.

Trabalhando em circunstâncias desfavoráveis
Com três videógrafos e dois fotógrafos cobrindo um casamento indiano, é difícil não atrapalhar o outro. Se um operador de câmera acende a luz durante a sua tomada, tenha certeza de que você também o atrapalha.

Escrevendo o roteiro

Tratamos nestas páginas dos aspectos mais formais do roteiro. Seria de imaginar que autores que escrevem sobre como criar bons roteiros assemelham-se a consultores financeiros que escrevem sobre como ganhar dinheiro: se realmente soubessem como fazê-lo, é o que estariam fazendo. Em geral, é mais recompensador fazer a coisa em si do que escrever sobre ela, mas, felizmente, há vários livros excelentes (muitos assinados por roteiristas de sucesso) que mostram como construir uma história.

Diferença entre *script* e roteiro

Vamos primeiro esclarecer uma confusão perpetuada por muitos dicionários. A diferença entre *script* e roteiro é que o primeiro está contido no segundo. *Script* é o texto com as falas dos atores ou narradores – basicamente, as palavras do diálogo –, às vezes com indicações ou deixas sobre como ou quando dizê-las.

O roteiro inclui tudo isso e também orientações para a equipe técnica, como o cabeçalho (cena e locação interna ou externa), as indicações sobre iluminação, as marcações de tempo e a ação. Embora muito próximos, *script* e roteiro não são a mesma coisa.

O formato

O roteirista iniciante frequentemente ouve dizer que o roteiro deve obedecer a certas regras de formatação que têm o caráter de fórmula. Não existe, é claro, uma norma única, nem mesmo em Hollywood, e cada estúdio pode criar a sua. O objetivo do formato é facilitar a avaliação do roteiro quanto à duração, à complexidade da produção e ao andamento. (Vale notar que uma página de roteiro no formato correto corresponde a cerca de 1 minuto de tempo de tela.) Se seu roteiro não estiver formatado corretamente, é possível que o agente ou a produtora nem sequer olhem para ele. Se você sabe a quem deseja submeter seu material, informe-se antes sobre as regras de formatação que utilizam.

Os elementos

Em linhas gerais, todos os roteiros consistem em vários elementos distintos. Um dos propósitos da formatação é separar esses elementos para que o diretor, o elenco e a equipe possam identificá-los rapidamente, tanto pela posição como pelo conteúdo. Veja alguns elementos-chave de um roteiro.

Atenção na hora de mudar

Durante a produção, podem acontecer centenas de conversas em torno do roteiro, que assim vai sofrendo alterações à medida que as filmagens avançam. O importante é cuidar para que todos os membros da equipe e o elenco trabalhem sempre com a versão atualizada das páginas modificadas.

- A ação descreve o que acontece na tela, o conteúdo visual da cena. Este exemplo foi retirado do prólogo chocante de *Um cão andaluz*, escrito pelo diretor Luis Buñuel e pelo artista Salvador Dalí.

"Um homem afia uma navalha ao lado da varanda. O homem olha para o céu através da vidraça e vê... Uma nuvem clara se move na direção da lua cheia. Em seguida a cabeça de uma mulher jovem, com olhos arregalados. Uma lâmina de navalha se dirige para um de seus olhos."

- O cabeçalho situa a cena e é grafado sempre em maiúscula. Começa com INT. e EXT. para interior e exterior, depois vem a locação e, se relevante, a hora do dia.

EXT. FLORESTA – NOITE.

- No *script*, é necessário incluir o nome da personagem (também em maiúscula) e o que ela diz, o diálogo. A personagem pode ser uma tela de computador, e o display, o "diálogo".

TELA
Você quer saber o que é a Matrix, Neo?

- Um advérbio entre parênteses indica ao ator como dizer a fala, quando isso não é evidente no próprio texto.

MAXIMUS
(tranquilamente)
Um povo deve saber quando foi conquistado.

- O plano indica uma mudança de foco ou um zoom dentro da cena na direção de alguma pessoa ou coisa.

MAXIMUS fita abaixo a posição dos germanos.
Ou pode indicar o ponto de vista (POV) do ator.
POV DE TRINITY: o mundo parece girar.

- As transições indicam como passar de um plano ou cena para o seguinte. Geralmente não é preciso indicá-las, pois é óbvio que uma cena corta a outra. Se for necessário um fade ou dissolve, o editor ou o diretor o acrescentará.

- Finalmente, você vai precisar de elementos de organização, como os números de atos ou cenas. É aqui que se encontra a maior variação na formatação do roteiro. Alguns numeram as cenas na sequência; outros, somente dentro de cada ato. Alguns livros sobre o tema recomendam omitir a numeração, já que farão isso quando o roteiro for comprado. Outro elemento organizador é a lista de elenco: se há vários integrantes do elenco no mesmo plano, eles são relacionados no início da cena.

Dentro dessa estrutura básica, há também algumas noções bastante comuns sobre como apresentar um diálogo interrompido por ação, inserir títulos, e outras coisas que se sobrepõem à cena.

Quando os atores entram em cena

O roteirista não pode ser muito cioso de seu trabalho. Quando os atores começam a ensaiar as falas, sempre sugerem mudanças para melhorar o diálogo e às vezes até alteram algumas partes do *script*. O diretor e o roteirista sensatos prestam atenção a eles: se os atores não se sentirem à vontade com as falas, é provável que o mesmo venha a acontecer com o público. Os atores que compreendem suas personagens geralmente gostam de fazer acréscimos ao *script*: as comoventes palavras finais do replicante Roy (Rutger Hauer) em *Blade Runner* foram escritas pelo ator durante uma pausa para o descanso.

Trabalhando com as palavras
Os atores apreciam mais quando suas falas lhes agradam – assim eles se tornam mais convincentes e não sentem que atuam por obrigação. É prudente respeitar sua experiência de atuação.

O *storyboard*

Quando o roteiro é aceito, é preciso converter as palavras em imagens – o *storyboard* – que mostram o enquadramento e a composição no início de cada plano e, às vezes, as posições intermediárias e finais, além do trajeto da câmera e de zooms, se houver.

O procedimento consiste em dar realidade à cena, obrigando você a pensar nos inúmeros detalhes a resolver. Pode parecer desnecessário fazer o *storyboard* para uma produção de orçamento pequeno, mas colocá-lo no papel serve de lembrete.

Você não tem de ser um artista. O *storyboard* pode ser bem simples, com bonecos-palitos para as personagens, traços para indicar o aposento e etiquetas para as posições da câmera. Pode-se retratar a cena com uma vista geral do aposento mostrando as posições da câmera e do ator e setas para indicar os movimentos.

Outro método é usar softwares como o FrameForge 3D Studio, que oferece um acervo de objetos para a construção do set virtual. Você pode definir diferentes posições de câmera pelo set e, então, zoom, dolly (o carrinho em que é fixada a câmera) e grua, com atualização automática de todos os monitores. É possível também mudar a posição, o tamanho e a orientação de cada objeto individualmente.

Calculando a duração

O *storyboard* não inclui nenhuma forma de representar a duração. Se isso for problema para você, talvez seja útil acrescentar a ele uma linha de tempo. Tente dispor as imagens de acordo com uma linha de tempo marcada a intervalos de 1 minuto, por exemplo, deixando espaço suficiente para três ou quatro imagens.

Vamos supor que seu protagonista esteja devaneando durante o almoço. Você pode começar com um superclose dele comendo o último pedaço de pizza, seguido de outro close-up em que ele esvazia a taça de vinho. Abra para mostrar que ele está em um restaurante. Ele se recosta – corte para um superclose de seus olhos ficando pesados; os outros clientes ao fundo aparecem fora de foco – e solta um suspiro

O conceito básico

O *storyboard* é uma versão em quadrinhos do filme; cada quadro resume uma ação, com indicações dos ângulos de câmera e de iluminação. Abaixo de cada um, fazem-se anotações sobre o ritmo da cena ou os efeitos.

Esboço

Desenho mais elaborado

Cena do filme

Estilos de *storyboard*

Você não precisa ser um grande desenhista para criar *storyboards* eficientes. O esboço de uma figura, até mesmo mais simples que o mostrado acima, é capaz de indicar o ângulo da câmera e a proximidade do plano. Um desenho mais elaborado (*centro*) mostra detalhes da locação e os efeitos de luz necessários. A cena verdadeira (*à direita*) não precisa seguir os desenhos à risca (a menos que a segurança dos envolvidos dependa disso, como em tomadas de ação). Aqui se utilizou um ângulo maior que o mostrado no *storyboard*.

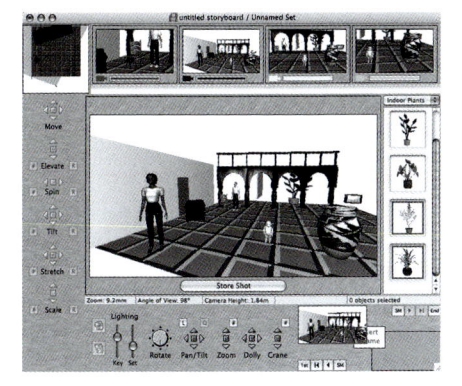

Software de *storyboard*
No FrameForge 3D Studio você pode adicionar personagens e objetos em locações que você desenha, além de definir posições de câmera e ajustes de zoom. O programa também possibilita fotos instantâneas para a criação de um *storyboard*.

profundo. Pan na direção da porta: uma linda garota entra e caminha até a mesa dele. Senta-se do outro lado da mesa e tira o casaco, com os olhos fixos nele... Tudo isso pode levar menos de 1 minuto ou 5 minutos ou mais. A linha de tempo ajuda a planejar o andamento da ação.

Outros métodos

O *storyboard* não é a única maneira de representar o vídeo antes da gravação. Pode-se optar por não desenhá-lo.

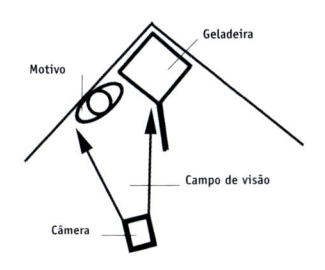

Esboço do set
Trata-se de uma alternativa ao *storyboard* em que você mostra a posição da câmera, seu ângulo de visão desta e a posição dos objetos de cena. A partir daí faz-se um diagrama de iluminação. Este método pode auxiliar na organização do set e na filmagem da seqüência.

Se você é bom em inspirar os atores amadores, mas não tão bom com os ângulos de câmera, deixe essa tarefa para o operador de câmera ou o diretor de fotografia. Um profissional experiente, ao ler o roteiro, consegue imaginar (e, quem sabe, desenhar) como será a cena.

Outro método é incluir no *storyboard* apenas os momentos mais importantes, deixando para preencher os detalhes durante a produção. Mas isso só é recomendável se você estiver dirigindo uma equipe pequena.

Quando a narrativa não é necessariamente linear – como em um documentário –, o *storyboard* pode não ser o mais adequado. Pode-se utilizar o modelo "tabuleiro de dardo". No meio do alvo, desenhe os planos principais: o clímax, ou o momento histórico, central, de seu vídeo. Ao redor dele, circulando os planos centrais, coloque os planos mais importantes: as entrevistas ou as imagens que informam os fatos e estabelecem o contexto. No próximo círculo, situe os planos secundários: o plano geral, a seqüência que liga uma locação a outra, etc. Assim, você tem uma visão geral do projeto e pode identificar os pontos fracos – o excesso de entrevistas, talvez, ou a necessidade de algumas paisagens para variar o ritmo.

Cruzando a linha

O público só vê aquilo que você enquadra para ele. Vamos supor que você grave um casal em plano americano, conversando. Você pode andar ao redor deles e facilmente situar o espectador. De um lado, a mulher estará à sua esquerda; do outro, à sua direita; de outro, ainda, estará à sua frente. Mas, se você filmasse de cada uma das posições e depois fizesse cortes entre elas, daria impressão de que a mulher está trocando de lado. Isso porque o espectador não consegue ver as transições de uma posição a outra. Os operadores de câmera recomendam nunca "cruzar a linha": as tomadas devem ser feitas sempre do mesmo lado de uma linha imaginária que liga os dois sujeitos. Dá-se a isso o nome de regra dos 180 graus: se a distância entre dois ângulos de câmera consecutivos é maior do que 180 graus, os atores parecem ter trocado de lugar.

Trabalhando com segurança

Embora a segurança no ambiente de trabalho seja uma questão de bom senso, essa qualidade é a primeira coisa que se abandona em situações de pressa. Além disso, não se pode confiar no bom senso quando todos estão cansados e suscetíveis, após um longo dia de filmagem. A alternativa, então, é aplicar algumas regras simples que toda a equipe deve conhecer e respeitar.

Dividindo a responsabilidade

A primeira regra, e a mais importante: todos no set são responsáveis pela segurança dos demais. Em particular, a equipe tem a responsabilidade absoluta de garantir total segurança aos integrantes do elenco. Não se pode esperar que os atores fiquem de olho nas luzes, nos microfones e nos cabos – não enquanto estiverem no set. Fora dele, é claro, eles têm de cuidar de sua cabeça, de seus braços e pés, como qualquer pessoa.

Definindo a área

Em produções caras, um gerente é responsável por assegurar que o set funcione com segurança e que todas as operações corram tranquilamente, cuidando para que nada impeça o fluxo da produção.

Quando se trabalha com orçamentos pequenos, em que cada pessoa assume várias tarefas, é útil designar alguém – o rapaz da continuidade, ou a assistente do diretor – para garantir que haja uma clara demarcação entre o set e a bagunça da produção e que nada que não pertença ao set esteja ali. A gravação só pode prosseguir quando essa pessoa der o seu ok. Uma caixa de ferramentas esquecida no set pode não só arruinar a tomada como fazer o ator tropeçar.

Nas locações, é ainda mais importante definir a área do set e trabalhar de maneira ordenada, principalmente porque é muito fácil perder pequenos itens em ambientes desconhecidos.

Quando filmar ao ar livre, use fita de cor berrante para cercar a área, evitando que as pessoas do público passeiem pelo set. Use cones de advertência perto de pilhas de cabos, caixas elétricas e suportes de luzes pesadas para inibir a aproximação de curiosos.

Organização dos equipamentos

A profusão de cabos e fios pode ser um grande problema para qualquer produção que utilize mais de uma câmera e um gravador de som. Às vezes, também, é preciso fornecer energia para os objetos de cena.

Com planejamento, é possível posicionar os cabos de modo que não obstruam a movimentação do elenco e da equipe.

Emaranhado de fios

Com diferentes equipamentos precisando de energia e tantos cabos entrando e saindo dos mixers, a menos que se mantenha tudo em ordem, não demora para que um perigoso emaranhado se instale. Na foto, os cabos de força estão perigosamente perto dos trilhos, no canto inferior esquerdo, e um deles inclusive atravessa o trilho, no qual pode se danificar facilmente. Os cabos também estão no meio do caminho da equipe. Alguns desses possíveis problemas – não todos – foram resolvidos logo depois que a foto foi tirada.

Regras para um trabalho seguro

Os profissionais autônomos da indústria do cinema apreciam a disciplina desse meio em que tudo está a serviço da produção. Mas pode ser que algumas pessoas do set, especialmente em produções baratas, não tenham muita experiência. Assim, é bom estabelecer algumas regras no início da gravação e certificar-se de que todos estejam cientes.

- Todos devem saber o lugar onde fica o estojo de primeiros socorros e quem é a pessoa encarregada de prestá-los.
- Antes de iniciar a tomada, todos devem desligar celulares e *pagers* ou mesmo deixar o set. Somente a pessoa de primeiros socorros pode manter o celular ligado, mas no modo de alerta silencioso.
- Qualquer pessoa está autorizada a interromper a tomada se perceber alguma situação de risco.
- É proibido correr no set.
- Somente o técnico especializado e seu assistente podem tocar o equipamento elétrico de alta voltagem.
- Apenas a equipe autorizada pode subir em plataformas, escadas ou gruas.

Em público
Trabalhar em lugares públicos requer precauções e cuidado extra: ao mesmo tempo que se concentra na produção do vídeo, a equipe deve ficar atenta ao risco que representam as pessoas curiosas ou distraídas do público. Essa operadora de câmera está usando fones que lhe permitem ouvir o áudio sem cortar o som ambiente.

Para que fiquem em ordem e não causem danos se forem pisados, os cabos podem ser guardados em canaletas apropriadas. Mantenha-os também longe dos trilhos portáteis pelos quais corre o dolly. É bom contar com um técnico especializado para checar se todas as instalações, até mesmo as mais simples, estão seguras.

Cuidado com o calor

As luminárias usadas em produções de filmes e vídeos geram ótimos fachos de luz, mas também muito calor. Se forem colocadas muito próximas de objetos, estes poderão derreter, chamuscar-se e até pegar fogo. Mantenha lâmpadas longe de papéis de paredes, pinturas, móveis e objetos plásticos. Ao colocar folhas de gel coloridas sobre as lâmpadas, assegure-se de que são resistentes a calor e que o ar pode circular livremente ao redor da luminária. O responsável técnico deve monitorar constantemente o calor. É recomendável, ainda, desligar as luzes sempre que não estiverem em uso.

Filmando com segurança

A palavra "segurança" está associada também a garantir que o editor tenha uma boa quantidade de material com que trabalhar. A fita não é tão cara quanto o filme, por isso não é preciso gritar "Corta!" no exato segundo em que termina a gravação da cena a fim de conter custos. É recomendável continuar filmando por vários segundos, por várias razões:

- Alguns segundos antes e depois do clipe poderão ser de grande valia para posteriores fades e transições.
- Eventuais ecos poderão, dessa forma, desaparecer naturalmente. Isso ajudará na edição de áudio, mais tarde, e conferirá uma sonorização mais autêntica ao trabalho.
- Às vezes, as expressões dos atores se tornam mais naturais quando eles pensam que a filmagem já acabou. Alguns segundos de gestos mais espontâneos e sorrisos descontraídos poderão ser úteis na etapa de edição.

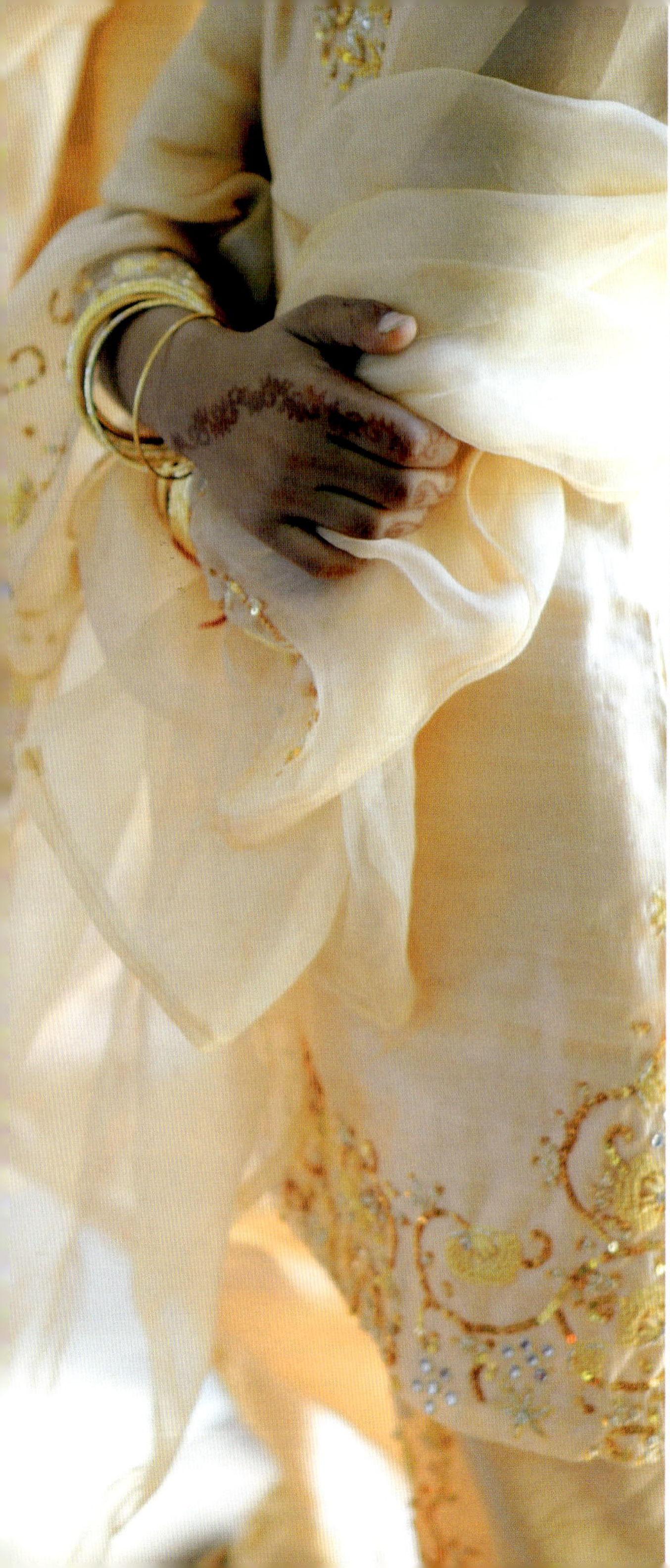
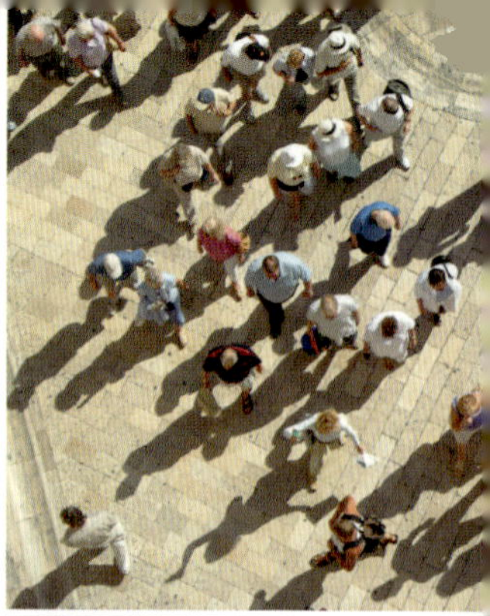
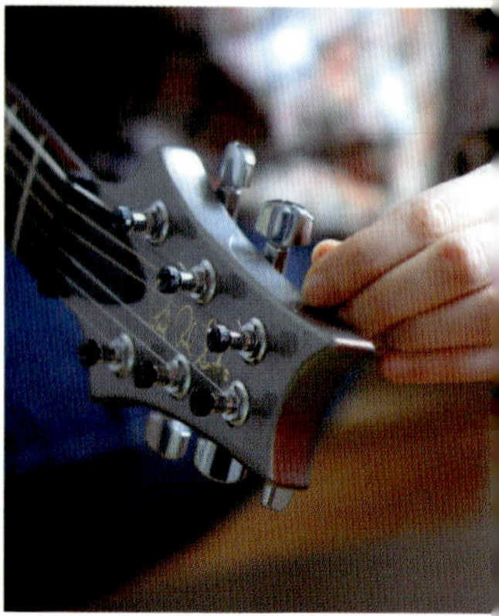
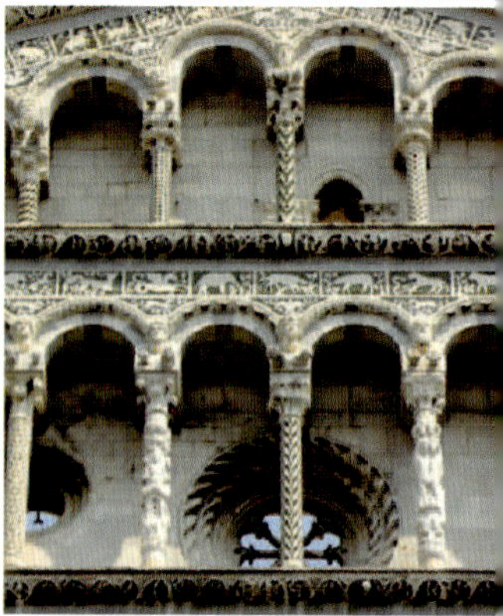
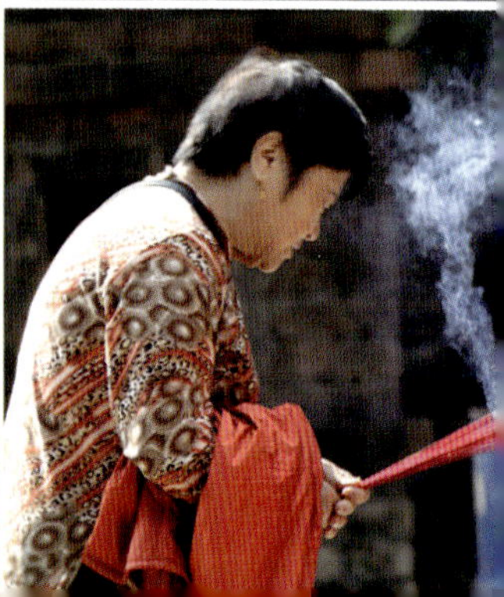

Glossário

16:9 – Relação largura/altura de uma tela de TV widescreen.

1080i – Formato de alta definição que utiliza 1.080 linhas com varredura entrelaçada.

24p – Varredura progressiva a 24 qps (quadros por segundo): uma simulação em vídeo do filme cinematográfico.

25i – Varredura entrelaçada a 25 qps, dos sistemas PAL e SECAM.

25p – Varredura progressiva a 25 qps.

3:2 – Relação de pull-down para converter filme a 24 qps para vídeo a 30 qps, inserindo-se seis quadros a mais na sequência do filme: o primeiro quadro é retido por três quadros; o segundo, por dois, e assim por diante.

30i – Varredura entrelaçada a 30 qps, do sistema NTSC.

30p – Varredura progressiva a 30 qps.

4:2:0 – Arranjo de amostragem (sampling) em que um canal de crominância tem amostra à metade da taxa do canal de luminância e o canal remanescente tem amostra a menos de um quarto do canal de luminância.

4:2:2 – Amostragem na qual os dois canais de crominância têm amostra à metade da taxa do canal de luminância.

4:3 – Relação largura/altura da tela de tevê doméstica convencional.

480p – Formato que utiliza 480 linhas progressivas e, também, um modo de assistir à HDTV (tevê de alta definição) na configuração de definição padrão.

720p – Formato de alta definição que usa 720 linhas com varredura progressiva.

A

Abertura – Ajuste das lentes que controla a quantidade de luz que as atravessa. Uma grande abertura (por exemplo, f/2) deixa entrar mais luz do que uma pequena abertura (por exemplo, f/22). Anacronicamente conhecida, também, por f-stop.

A/B roll – Técnica de edição que utiliza duas fontes de vídeo analógicas.

Action safe area – Os 95% centrais de uma imagem que podem ser vistos em uma tela de vídeo.

AFM – Do inglês *Audio Frequency Modulation*, significa modulação de frequência de áudio, a qual processa os sinais em alta fidelidade.

A-Frame – O primeiro e único quadro de filme capturado completo em campos de vídeo adjacentes.

AGC – Controle automático de ganho (do inglês *Automatic Gain Control*), que monitora a intensidade dos sinais captados e mantém os níveis corretos.

AIFF – Formato de arquivo de troca de áudio (do inglês *Audio Interchange File Format*) não comprimido, amplamente usado para gravações amostradas digitalmente.

Aliasing – Conhecido como "serrilhado", é o surgimento de linhas ou bordas provocado por baixa resolução do chip de vídeo.

Analógico – Áudio ou vídeo representado por sinais variáveis, como os da agulha do toca-discos ao percorrer o vinil ou os extraídos pela cabeça do toca-fitas ou do videocassete ao entrar em contato com a fita em movimento.

Anamórfico – Efeito óptico ou desenho que comprime uma visão ampla a um formato estreito.

Ângulo – A mesma cena filmada de diferentes pontos de vista ou perspectivas.

Ângulo holandês – Posição em que a câmera apresenta inclinação lateral de 25 a 45 graus, o que faz com que na tela as linhas horizontais pareçam diagonais. Também chamado de ângulo oblíquo.

Animação – Em vídeo digital, o processo de mudar características, tanto de cor quanto de texto, durante um período.

Animação quadro a quadro (stop-frame animation) – Tomada de filme um quadro por vez, com pequenas mudanças de posição de modelos feitos, por exemplo, de bonecos ou brinquedos do tipo Lego.

Área de imagem ativa – A porção de uma tela de tevê que contém a imagem, excluindo-se as partes que contêm sinais de sincronização.

Artefato – Característica visível ou audível (como oscilações e riscos) que não estava presente no original e que representa distorção deste.

Authoring – Processo de criação de DVDs, o que abrange *design* da interface, prospecção do material, organização em capítulos, adição de conteúdo extra e gravação em disco.

Auto-exposição – Configurações de controle de câmera dirigidas a uma dada exposição correta.

Auto-íris – Diafragma íris automaticamente controlado ou abertura de lente usada em câmera de vídeo digital como um dos controles de exposição.

Autoplay – Característica de gravadores ou softwares para rodar DVD ou VCD em inserção.

AVI – Do inglês *Audio-Video Interleaved*, formato de áudio e vídeo da Microsoft.

B

Balanceado – Diz-se do cabo que possui três linhas para separar os sinais de energia.

Balanço – Comparação do volume dos canais de estéreo ou sons multifônicos.

Bars and tone – Fragmentos de cores e tom de áudio usados para calibrar sinais de áudio e vídeo.

Best boy – O assistente do responsável pela iluminação (chamado de gaffer em inglês).

Glossário (continuação)

Betacam – Formato de fita amplamente usado em transmissão de vídeo, particularmente como Betacam SP e Betacam digital.

Betamax – Formato de vídeo analógico retirado do mercado em 2002; reconhecido por profissionais como superior ao VHS (seu rival no uso doméstico).

B-Frame – Tipo de quadro usado em MPEG baseado tanto no quadro precedente quanto no seguinte ("B" vem de "bidirecional").

Bin – Em edição não linear (NLE), pasta que contém organizados clipes de vídeo digital.

Black striping – Gravação de espaço em fita antes de uma tomada com a finalidade de organizar o timecode.

Blooming – Efeitos visíveis quando o fósforo de um monitor de tevê está acima do nível, como perda de detalhes, distorção de contrastes e pouca nitidez do preto e de meios tons.

BNC – Conector usado em cabos de rede coaxiais.

Book A, Book B, e assim por diante – Padrões de definição de DVD: Book A, formato físico; Book B, especificações para DVD-Video; Book C, especificações para DVD-Audio; Book D, para DVD-R; Book E, para DVD-RAM.

Boom – Haste longa com um microfone na ponta, manuseada por um assistente para que o microfone fique próximo dos personagens de uma cena.

Botão – Na tela, área de uma imagem projetada que é ativa e pode ser clicada para dar início a uma ação como rodar ou avançar.

Broadcast-legal – Imagens de vídeo condizentes com os padrões de transmissão no que se refere a brilho e cor.

Burning – Literalmente, ato de queimar. Processo de gravação do CD, inserindo dados no disco.

Busca automática de imagem (APS) – Do inglês *Automatic Picture Search*, recurso das câmeras de vídeo digitais que permite a localização do início de um clipe.

Bus-powered – Equipamento que necessita de apenas um cabo, que carrega tanto dados quanto energia.

C

Cabeça – Componente do gravador que registra dados para a fita ou os lê a partir dela.

Cabeçalho da cena – Elemento do roteiro que indica locação ou ação, hora do dia e outras informações de produção.

Cable man – Na equipe, o encarregado de evitar que cabos e fios não se choquem com equipamentos ou pessoas.

Camcorder – Contração dos termos em inglês *camera* e *recorder*, designa aparelho que contém tanto câmera quanto gravador em uma só unidade.

Campo – Metade de um quadro entrelaçado que contém ou todas as linhas pares, ou todas as linhas ímpares formadoras da imagem.

Canal – Conjunto de dados ou sinais relativos a um intervalo específico. Exemplos: os canais direito e esquerdo em um som estéreo, os canais de luminância e de crominância do vídeo.

Capítulos – Divisões de um DVD que permitem ao usuário navegar pelo filme, pulando de uma seção para outra.

Capstan – Eixo ou haste do gravador; parte do player que gira os desenhos da fita pela máquina.

Captura – Procedimento da gravação de vídeo ou imagem digitais. Também o processo de gravação de uma fonte de vídeo para outra, como de analógico para digital.

Captura em grupo ou captura em batch (batch capture) – Captura de clipes marcados de uma só vez (e não de um clipe por vez).

Capturar – Transferir clipes da câmera (ou do aparelho gravador) para o computador para edição não linear. Define também o vídeo transmitido por filmagem ou gravação.

Cardioide – Tipo de microfone assim chamado porque sua curva de resposta tem a forma de um coração. Responde melhor aos sons vindos da frente.

Cassete – Caixa para fita que consiste em um invólucro plástico com bobinas; pode conter um microchip para memória e um interruptor que evita gravações indesejadas.

CCD – Dispositivo de carga acoplado (do inglês *Charge-Coupled Device*); sensor para capturar luz e imagens de vídeo. Pode ser único, coberto com um filtro padrão, ou usado em um conjunto de três.

CCIR 601 – Padrão ou protocolo para digitalização de vídeo; também conhecido como D1.

Célula – Unidade de vídeo de qualquer tamanho em um DVD; usada para organizar ou agrupar conteúdo.

Chave do disco – Dados passados entre o DVD e o DVD player para permitir a decriptação do disco.

Chroma – Dados de informação de cores, medidos independentemente dos níveis de luz.

Chroma-key – Técnica que permite a inserção de uma imagem sobre outra por meio da supressão de uma cor padrão (geralmente verde ou azul). O motivo é filmado contra o fundo azul ou verde. Esta técnica gera a impressão de primeiro e segundo planos.

Clamp – White clamp ou black clamp: ajuste dos níveis de luminância a fim de adequá-los aos limites padrão ou legais.

Claquete – Pequena placa de madeira com um braço móvel que pode ser fechado rapidamente, de modo a produzir um ruído que auxilia na sincronização de filme e trilha sonora. Traz escritas informações sobre a cena gravada, o que ajuda a posterior edição.

Clipe – Tomada ou seção de um filme, consistindo em uma sequência ininterrupta de quadros.

GLOSSÁRIO

Clipe off-line – Extensão de filme que é registrada em um log, porém não retida no disco rígido do computador.

Close médio – Enquadramento que mostra uma pessoa da cabeça até um pouco abaixo dos ombros.

Coaxial – Tipo de cabo ou soquete em que um condutor central é cercado por material isolante.

Codec – Dos termos em inglês *compression* e *decompression*, trata-se de algoritmos de compressão de dados que determinam como compactar sinais de vídeo e de som ou expandi-los.

Codificação – Conversão de material analógico em digital, comprimido.

Combo drive – Drive capaz de ler tanto DVD-ROM quanto DVD-RW e CDs, bem como gravar mídia de CD-R.

Composição – Mistura ou superposição de duas ou mais imagens diferentes para criar uma nova – e visualmente coerente – imagem.

Composite video (vídeo composto) – Transmissão de sinal de vídeo que combina canais de crominância e de luminância. O equipamento receptor deve separar os sinais usando um filtro pente.

Compressão – Redução do tamanho do arquivo de uma gravação de vídeo ou música.

Contraste – Diferença entre a parte mais brilhante da cena (ou a parte mais brilhante que pode ser gravada) e a parte mais escura dela (ou parte mais escura que pode ser gravada).

Controle de dispositivo – Recurso na câmera de vídeo digital que lhe permite ser controlada por software de edição não linear quando conectada por FireWire/i.Link/IEEE 1394.

Cor-chave – Cor que é removida no processo de chroma-key. Geralmente, o azul e o verde propiciam o melhor contraste com a pele.

Correção de cor – Utilização de filtros ou de técnicas de pós-produção para alterar o balanço de branco, com a finalidade de produzir cores neutras.

Correr (a fita) – Visualização de um clipe para trás ou para frente, à velocidade variável.

Corte seco – Mudança direta de um clipe para outro, sem qualquer efeito de transição.

Crew – Em inglês, a equipe envolvida na produção de um filme.

Crominância – Medida da profundidade ou da riqueza da cor.

Cross-dissolve – Transição em que um clipe é enfraquecido paulatinamente para um nada branco e, ao mesmo tempo, o próximo clipe começa do invisível até se tornar visível.

Cross-fade – Transição entre dois clipes de áudio: conforme o primeiro se enfraquece até desaparecer, o seguinte vai crescendo até alcançar os níveis normais.

CRT – Tubo de raios catódicos (do inglês *Cathode Ray Tube*). Nos monitores CRT é usado um tubo de imagem, no qual um canhão de elétrons bombardeia as células de fósforo da parte frontal, formando a imagem.

Cue – Movimento de avanço da fita ou de busca com display de imagem. Também o evento ou a palavra usados para sinalizar outro evento, como o início da fala de um ator.

Cukie – Termo em inglês para designar a máscara com recortes usada para criar efeitos de iluminação. *Ver também Máscara.*

Cutaway – Clipe de filme que interrompe uma sequência para, por exemplo, ilustrar um item mencionado em uma entrevista. Também usado para solucionar problemas de edição.

D

DAT – Do inglês *Digital Audio Tape*, sistema de gravação de áudio digital.

dB – Decibel. Unidade de medida que exprime, em escala logarítmica, a razão entre dois níveis de potência. 3 dB soa como uma duplicação em potência; -3 dB é uma redução à metade de potência.

Decupagem – Processo de registrar as entradas de cada clipe, detalhando itens como nome, cena, qualidade, duração.

Desentrelaçamento – Processo de preparação de sinais de vídeo para uso em, por exemplo, telas de computador. Um filtro de desentrelaçamento converte dois quadros entrelaçados para criar um único still.

Diretor de fotografia – Profissional encarregado de posições, movimentos e configurações de câmeras. Em inglês, é chamado apenas de DP (de *director of photography*).

Disco de rascunho (scratch disk) – Disco rígido reservado a arquivos de trabalho durante a edição não linear; deve girar a pelo menos 7.200 rpm, ter ampla capacidade e não ser configurado para desligar quando não usado.

Dissolve – Enfraquecimento ou diminuição de um sinal enquanto outros surgem para substituir o sinal que desaparece.

Dogma, Dogma 95 – Estilo de produção de filme que utiliza câmera de mão e a luz disponível, condena efeitos e exageros e defende o uso mínimo de pós-produção.

Dolby Digital – Método de codificação de som internacionalmente aceito. Método de compressão para discos NTSC.

Dolby Surround – Método de codificação de surround sound (tridimensional) em um sinal estéreo.

Dolly – Movimento em que a câmera se move fisicamente para perto ou para longe do motivo. Esse movimento reproduz a maneira como veríamos o motivo. Também designa o carrinho em que a câmera é montada para permitir sua movimentação.

Glossário (continuação)

Down-mix – Combinação de vários canais de áudio em dois canais estéreo.

Drop-frame timecode – No sistema NTSC, forma de contagem dos quadros que compensa de tempos em tempos a diferença com o tempo real.

DVCam – Formato profissional de vídeo digital: grava imagens em 8-bits, apresenta compressão 5:1 e amostragem de cor 4:1:1.

DV Stream – Formato de vídeo bruto usado para gravação de imagem de vídeo antes do processamento, como compressão.

DVCPro – Padrão de definição usado em transmissão, roda o formato DV a duas vezes a velocidade do formato para consumidor. Também conhecido como D-7.

DVD – Do inglês *Digital Versatile Disc*, método de armazenamento de dados que utiliza duas ou mais camadas em um disco igual a um CD. Dependendo do formato, a capacidade é de 4,7 GB ou mais.

DVD-Áudio – Versão do DVD apenas para música.

DVD-Vídeo – Formato de arquivo, em MPEG-2, para vídeo usado em DVD e que geralmente oferece mais compatibilidades. O DVD-Vídeo é uma variante usável em discos de DVD-RW ou de DVD+RW.

E

Edição linear – Modo de edição que utiliza fita ou filme que precisam ser bobinados e rebobinados para a localização de um clipe específico. O antônimo de edição não linear (NLE).

Edição off-line – Uso de arquivos proxy ou comprimidos durante a edição, com a finalidade de reduzir a carga de trabalho no computador.

EDL – Do inglês *Edit Decision List*, consiste em uma relação de pontos in e out de um material de vídeo. Tais anotações tornam possível que projetos sejam movidos por entre diferentes sistemas de edição não linear e permitem a coordenação de grandes projetos de edição.

Eletricista – Responsável pela montagem e pela operação de luz. Trabalha sempre sob orientação do diretor de fotografia. Em inglês, chamado de spark ou sparkie.

Espaço de cor – Método ou modelo para a descrição da maneira como a cor é processada na câmera; pode se referir também à compressão do sinal de cor.

Estabilização de imagem – Tecnologia óptica ou eletrônica desenvolvida para compensar a movimentação da câmera. Elementos nas lentes podem se mover, ou o próprio sensor é movido.

Estéreo – Estereofonia, sistema estereofônico: reprodução de som que procura passar impressão de profundidade e distância.

Exportar – Recurso de software o qual permite que um filme seja convertido para vários diferentes formatos de arquivo.

F

f/stop – Ver *Abertura*.

Fade – Efeito que gradualmente transforma a imagem em um fundo "sem vida". Por exemplo, um fade para preto faz com que a imagem se torne cada vez mais escura até desaparecer.

Fader – Controles deslizantes em mixagem de áudio que alteram o balanço das trilhas.

Filtro pente – Filtro eletrônico que aceita e corta de forma alternada certas frequências e que, quando adaptado para sinais carregados em diferentes frequências, separa a informação. Usado para decodificar sinais de composite video (vídeo composto).

FireWire – Designação da Apple para conectores IEEE 1394. Ver também *i.Link*.

Foley – Efeitos de som criados e gravados separadamente do vídeo para uso em filme, geralmente sincronizados com ação – como o som de uma porta batendo, por exemplo.

Formato – Protocolo que controla a maneira como os dados são codificados e organizados em uma gravação.

Freeze – Quadro único de um filme mostrado na tela por um tempo. Imagem congelada.

Frio – Polaridade negativa em uma interconexão ou em um circuito.

G

Gamma – Curva que define características de contraste de um quadro. Sua forma pode variar a fim de simular, por exemplo, a "aparência de filme".

Ganho – Em vídeo: medida do nível de branco. Em áudio: medida do nível de ruído.

GB – Gigabyte. Grupo de aproximadamente 1.000.000.000 bytes.

Generators – Clipes criados por softwares a partir de quadros para serem usados como fundo e títulos, por exemplo.

Genlock – Contração da expressão em inglês *generator locking*, designa sistema de dispositivos que possibilitam a um monitor de TV aceitar dois sinais ao mesmo tempo para, por exemplo, combinar gráficos com imagem. Designa também os sinais que prendem o vídeo e as trilhas de áudio juntos.

H

Handles – Quadros extras no começo e no fim do clipe para permitir ajustes no timecode.

HDMI – Do inglês *High-Definition Multimedia Interface*, consiste em uma interface digital entre fontes de áudio e vídeo e um receptor de áudio ou TV.

HDTV – Do inglês *High-Definition Television*, qualquer formato que ofereça definição mais alta do que o padrão corrente.

Hi8 – Formato de gravação analógico que utiliza fita de 8 mm, com resolução de 400 linhas.

Histograma – Display de software de distribuição dos valores de luminância em um quadro.

I

i.Link – Designação da Sony para conectores IEEE 1394. Também conhecido como FireWire.

IEEE – Do inglês *Institute of Electrical and Electronic Engineers*, organização internacional que estabelece padrões para a indústria eletrônica.

Insert edit – Edição em que material é adicionado em uma sequência já existente. Nenhum material é removido; logo, a timeline é aumentada.

Interruptor de contraluz (*backlight switch*) – Controle que aumenta a exposição para compensar luz forte vinda de trás do motivo.

IRE – Do inglês *International Radio Engineers*. Geralmente se refere à escala de intensidade de luz: 100 é branco puro, e 0 é preto.

J

Jog – Visualização de um clipe um quadro por vez, à frente ou para trás.

JPEG – Do inglês *Joint Photographic Experts Group*, padrão de codificação e decodificação usado para comprimir e descomprimir imagens. O JPEG 2000 é uma forma complexa de compressão de imagem.

Jump cut – Edição que promove uma súbita mudança de motivo, escala ou tonalidade entre duas tomadas – geralmente a partir da mesma posição da câmera. Também se refere a uma mudança abrupta em que não há qualquer esforço para manter a continuidade.

K

Keying – Processo de remoção de uma cor-chave com uma máscara, antes da composição.

Kicker – Luz que se localiza atrás de uma pessoa que está sendo gravada, com o objetivo de enfatizar detalhes e contornos do rosto.

Knee – Ponto na curva de característica de tom que pode ser ajustado para mudar a reprodução do tom.

L

Largura da faixa (*bandwidth*) – Medida da quantidade de informação requerida por um sistema para manipular um *stream* (fluxo) de vídeo ou sinais de som.

Laser Disc – Disco similar a um DVD, mas com 30 cm de diâmetro, para armazenamento de filme na forma analógica.

Letterbox – Forma de transmissão ou de projeção de filme cuja taxa de imagem é maior que a do formato da tela; assim, o alto e a parte de baixo da tela são deixados vazios.

Linha de visão – Eixo formado a partir de uma linha imaginária entre os olhos de dois atores.

Loop – Gravação curta de determinado som tocada continuamente, sem pausa.

LP – Do inglês *Long Play*: quando o videoteipe roda em uma velocidade mais baixa para aumentar o tempo de gravação, mas em qualidade menor.

Luma – Forma coloquial de "luminância". Pode ser usada para se referir a ganho de vídeo.

Luma key – Filtro usado para selecionar ou camuflar um valor específico de brilho, geralmente com base na parte mais escura ou mais brilhante do quadro.

Luminância – Medida da quantidade de luz emitida ou refletida por um objeto.

Luz-chave – Fonte de luz que proporciona a principal – e normalmente a mais brilhante – iluminação em um motivo.

M

Máscara – Feita de metal ou de outro material resistente ao calor e recortada em padrões variados, imita sombras de árvores, molduras de janela ou formas abstratas quando atravessada pela luz. Em inglês, chamada de gobo ou cukie.

Match frame – Processo de sincronização de um quadro de vídeo com uma deixa de som.

MicroDV – Do inglês *Micro Digital Video*, formato de vídeo que utiliza fitas muito pequenas.

Microfone Lavalier – Microfone de lapela.

MiniDV – Do inglês *Mini Digital Video*, formato de vídeo que usa pequenas fitas que abarcam 60 minutos de filme à velocidade padrão.

Modo-A – Método de edição que usa cenas ou tomadas na ordem em que foram feitas. Geralmente adotado nos trabalhos com rolos de filme.

Modo night-time – Recurso do Dolby Digital que permite que filmes sejam ouvidos em baixo volume sem prejuízo da compreensão da fala. Em câmeras de vídeo digitais, recurso que possibilita gravação em ambientes sem luz (usando luz infravermelha).

Monitor de forma de onda – Display gráfico de distribuição de brilho e saturação em um quadro.

MOS – Gravação de vídeo sem som; diz-se que as iniciais têm origem na instrução de tomada do diretor alemão Erich Von Stroheim em que ele dizia "Mit out sound".

Motion path – Caminho de uma animação ou de mudanças de forma com base na posição dos quadros-chave dentro do formato de tevê.

Glossário (continuação)

MP3 – MPEG-1, Layer 3 – Componente de compressão de áudio do MPEG-1 amplamente usado para músicas. Não suportado em DVD-Video e DVD-Audio.
MPEG – Do inglês *Motion Picture Experts Group*, padrões internacionais de compressão de áudio e vídeo.
Multicast – *Streaming* (fluxo) de vídeo para vários usuários a partir de um único servidor.

N

Nativo – Sistema que utiliza arquivos ou dados em suas formas originais – sem, por exemplo, convertê-las ou comprimi-las para manipulação mais rápida na edição off-line.
Nível de branco – A mais brilhante imagem tolerável; deve ser mais baixo do que o máximo da tela do monitor.
Nível de linha – Sinal baixo que carrega dados entre componentes em um sistema de áudio – por exemplo, do mixer para o gravador. Conhecido como +4dBu.
Nível de preto – Medida da porção de preto de um sinal de vídeo: 7,5 IRE para NTSC; 0 IRE para PAL.
NLE – Edição não linear (do inglês *Non-linear editing*). Edição na qual as imagens podem ser acessadas de modo aleatório, porque se encontram gravadas no disco do computador (ao contrário de uma fita de vídeo, em que o acesso é sequencial).
NTSC – Padrão de codificação de transmissão a cores adotado principalmente na América do Norte e no Japão, com resolução nominal de 525 linhas e taxa de 30 qps.

O

Off – Gravação de narração ou texto falado feita separadamente do filme e que é rodada junto com as imagens.
One-chip – Câmera de vídeo digital que utiliza um único chip CCD como sensor, em contraponto às câmeras triple-sensor ou triple-chip.
One-shot – Trilha sonora curta de um evento único, como uma porta se abrindo ou um sino dobrando.
Opacidade – Medida do quanto pode ser visto através de uma camada ou imagem.
OTS – Do inglês *Over the Shoulder*, significa o enquadramento no qual a parte de trás da cabeça de uma pessoa fica visível, ressaltando o enquadramento da face de uma segunda pessoa que se encontra de frente para a câmera.
Overlay – Sobreposição de texto ou imagem.
Overscan – Excesso de linhas de varredura de uma imagem de vídeo, tanto que é maior do que uma tela de tevê. Leva em conta diferenças na configuração da tevê e pode conter informação.
Overwrite – Edição em que um clipe é substituído por outro de igual tamanho, de modo que a duração da sequência não se altere.

P

Padrão zebra – Nas câmeras de alta qualidade, listras brancas e pretas alternadas que surgem em áreas brilhantes, como alerta de níveis de vídeo inadequados.
PAL – Do inglês *Phase Alternating Line*, padrão de codificação de transmissão a cores usado na maioria das regiões do mundo, excetuando-se América do Norte e Japão.
Pan – Distribuição de som entre os canais esquerdo e direito, em que o operador manipula o controle determinando a posição do som estéreo ou o movimento do som mono entre canais. Designa também o movimento de câmera que segue a ação – geralmente em um plano horizontal – de uma posição fixa.
Pan-scan – Processo de adaptação de um filme para vídeo em que, para que a tela seja totalmente preenchida, são feitos cortes laterais. Selecionam-se frações da imagem cena a cena – daí a designação pan (ou deslizar para esquerda e para a direita).
Pan/tilt – Respectivamente, movimentos horizontais e verticais da câmera.
Parade scope – Expressão em inglês para designar o tipo de monitor de forma de onda que separa vermelho, azul e verde em displays distintos.
Parte – Termo técnico para capítulo ou seção de um título de DVD.
PCM – Do inglês *Pulse Code Modulation*, formato de sinal serial digital usado em codificação de CD de som.
Pedestal – Nível de sinal correspondente ao preto. Para PAL, configura-se a 0 IRE; para NTSC, a 7,5 IRE.
Phantom power – Fornecimento de potência a um microfone por meio da aplicação de uma voltagem aos fios que carregam o sinal de áudio – por exemplo, dois pinos XLR carregam a mesma voltagem (geralmente, 48 v).
PIP – Sigla de *Picture-in-Picture*, efeito realizado sobre duas ou mais imagens de vídeo, em que algumas das imagens são mostradas em uma pequena janela sobreposta à imagem maior.
Pixel – Do inglês *picture element*, o menor elemento de uma imagem digital. Pode ser quadrado ou levemente retangular. *Ver também pixel não quadrado.*
Pixel não quadrado – Pixels de transmissão não são quadrados: os de NTSC são mais estreitos do que quadrados, e os de PAL, mais extensos.
Placa de captura de vídeo – Placa adaptada com processadores e memória desenvolvidos para converter vídeo analógico para digital.
Plano geral – Composição em que pessoas ou objetos são vistos de certa distância; normalmente um plano sequência.

Plano geral (wide shot) – Enquadramento que mostra uma visão ampla da cena, a fim de enquadrar o máximo possível – geralmente usada como um plano sequência.

Plano médio – Plano que mostra uma pessoa da cabeça até os joelhos.

Plano sequência – Tomada que apresenta a cena, mostrando o contexto em que a ação se desenrolará.

Plug-and-play – Colaboração entre o sistema do computador em operação e o hardware a ser usado, de modo a facilitar a utilização do novo equipamento. Não há necessidade de qualquer software de instalação; em tese, você apenas conecta o equipamento para começar a usá-lo.

Point source – Fonte de luz que parece ser emitida de um pequeno ponto.

Ponto in – O início de um clipe ou de uma sequência definido pela edição.

Ponto out – Fim de um clipe em uma edição.

Porta – Soquete de entrada ou saída embutido no equipamento para aceitar conector apropriado.

Pós-produção – Fase seguinte à filmagem. Inclui captura e decupagem, edição, efeitos especiais, edição de som, renderização.

Practicals – Termo em inglês para designar a iluminação visível na cena, que em alguns casos pode, inclusive, não ter a função de iluminar (como, por exemplo, velas usadas para caracterizar uma época ou criar uma atmosfera).

Pré-produção – A fase anterior à filmagem. Inclui pesquisas, redação de roteiro, recrutamento da equipe, escalação do elenco, elaboração do *storyboard*, *design* do set e obtenção de permissões.

Pre-roll – Intervalo na fita de 2 ou 3 segundos antes do início da gravação; necessário para a precisão do timecode.

Profundidade de campo – Área à frente e atrás do plano focal de uma imagem que conserva uma nitidez aceitável.

Prosumer – Equipamento capaz de resultados profissionais ou próximos disso, mas desenvolvidos para amadores experientes.

Pull-down – Diminuição da velocidade da taxa de quadro para permitir que um formato seja renderizado em outro, de 24 qps para 30 qps. *Ver também 3:2.*

Q

qps – Quadros por segundo, ou, em inglês, fps (de *frame per second*). Taxa à qual o filme cinematográfico é rodado.

Quadro (frame) – Uma parte da sequência de imagens que forma o filme, mostrado em taxas variáveis, de acordo com o padrão do vídeo. Pode ser entrelaçado ou de varredura progressiva (progressive scan).

Quadro-chave – Quadro ou gráfico usado como base ou alvo para uma transição ou animação. Designa também o controle que utiliza dois quadros-chave definidos com a finalidade de calcular a transição de um (a base) para outro (o alvo).

Quadro-pôster (poster-frame) – Quadro único tirado de um clipe para substituí-lo ou representá-lo.

Qualidade broadcast – Sinal de vídeo que está de acordo com os padrões nacionais de transmissão – por exemplo, FCC ou EBU.

Quente – Polaridade positiva em uma interconexão ou em um circuito.

QuickTime – Aplicativo para visualização multimídia. Também o padrão criado pela Apple para a integração de vídeo e som em aplicativos.

R

Rack focus – Mudança do foco da lente durante uma tomada sem alteração na posição da câmera, para chamar a atenção do espectador.

Regra dos 30 graus – Orientação segundo a qual uma nova tomada do mesmo objeto só se justifica se apresentar uma mudança de ângulo de pelo menos 30 graus.

Regra dos 180 graus – Referência tanto para o trabalho de câmera quanto para a edição que evita distâncias entre dois ângulos de câmera consecutivos maiores do que 180 graus (as quais fazem o espectador perder a noção de direção).

Relação de aspecto – Relação entre a largura e a altura de um quadro. Também chamada relação da imagem. Geralmente, 4:3 (ou 1.33:1) ou widescreen de 16:9 (ou 1.78:1).

Relatório de som – Registro de sons gravados, listando cada tomada e suas configurações.

Renderização – Processo de transformação de decisões de edição e de transições aplicadas no vídeo final, incluindo quaisquer mudanças em formato e nível de compressão.

Resolução – Medida de detalhe visível: em vídeo, geralmente medida no eixo horizontal para uma distância igual à altura da imagem.

Rim light – Lâmpada colocada atrás da cabeça do motivo, usada para contornar o cabelo (ou fazer o contorno da cabeça, caso o motivo seja calvo).

Ripple edit – Edição que afeta um intervalo selecionado de clipes de modo que o (corte) de um afete os demais.

Roll edit – Edição que afeta dois clipes que compartilhem um ponto de edição.

Rolo B – Trecho usado para interromper um clipe para inserção de um material (com posterior volta ao clipe). O áudio é mantido durante a exibição do material intercalado. Recurso muito usado para ilustrar o comentário de um entrevistado.

Glossário (continuação)

Rostrum camera – Simulação de movimento na direção e ao redor de um motivo bidimensional, com a finalidade de animar uma fotografia.

Rotoscopia – Processo de criação de uma silhueta animada que indica a forma de um objeto ou ator a cada quadro de uma sequência ou composição.

Rough cut – Edição de clipes na ordem prevista pelo *script* ou pelo *storyboard*, mas não refinada quanto a timing e sincronização com o som.

RT – Do inglês *Real Time*, efeito, transição ou qualquer mudança que podem ser reproduzidos na tela imediatamente, em contraponto à necessidade de tempo para renderizar.

Ruído – Elemento indesejado em um sinal: em áudio, barulhos sibilantes ou de estalos; em vídeo, flocos de luz ou cores indefinidas.

Ruído ambiente – Ruído de fundo, como, por exemplo, som do vento ou do trânsito.

Ruído rosa – Nível uniforme ou estável de um ruído audível.

S

Safe title area – Parte central da imagem não sujeita a ser cortada por alguma tela. Geralmente cerca de 80% da área total da imagem. Também chamada de área segura.

Sapata para acessório – *Slot* aberto no alto da câmera em que luz ou microfone podem ser instalados; também chamada de sapata quente.

SCART – Do francês *Syndicat des Constructers d'Appareils Radiorécepteurs et Téléviseurs*, tipo de conector de pino múltiplo usado entre a tevê e o VCR.

Scrim – Tecido semitransparente usado para efeitos de iluminação: mostra-se opaco quando iluminado pela frente e translúcido quando iluminado por trás.

Scrub – Visualização de um clipe pela manipulação da cabeça de reprodução – ou seja, à velocidade variável.

SECAM – Do inglês *Sequential Colour with Memory*, padrão de codificação de transmissão a cores usado na Europa, com taxa de 25 qps, dimensões de 720 pixels x 546 pixels e 625 linhas.

Segunda unidade – Câmera da equipe que filma a ação de uma posição diferente daquela da primeira unidade (a principal), para aumentar a liberdade da edição.

Sequência – Abreviação para sequência de cortes editados.

Setor – Grupo físico de dados gravados: em um DVD, um setor contém 38.688 bits de canal de dados e 2.048 bytes de informação de usuário.

Set-top – DVD ou outro player desenvolvido para trabalhar com configuração de tevê doméstica.

Shotgun – Tipo de microfone com formato de um longo tubo. O comprimento é proporcional à redução da área frontal de sensibilidade – ou seja, quanto mais longo for o tubo, mais direcional será o microfone.

Slate – *Ver Claquete.*

Slip edit – Decisão de edição em que um clipe dentro de uma sequência é modificado por meio da mudança de pontos de edição, de modo que a duração de toda a sequência seja mantida.

SP – Do inglês *Standard Play*, gravação ou reprodução de um videoteipe à velocidade normal.

Sprite – Gráfico que pode ser modificado, seguindo as regras de configuração, para outro gráfico.

Stills de produção – Fotos do filme sendo feito, incluindo momentos-chave da ação e registros de bastidores.

Streaming video – Transmissão de vídeo pela internet em que o recipiente pode visualizar o início do vídeo enquanto o restante é baixado.

Subamostragem (subsampling) – Tomada de pequenas medidas quando da digitalização, com a finalidade de reduzir o fluxo de dados.

Superbranco – Nível de brilho do vídeo maior do que 100 IRE; branco acima do nível permitido.

Surround sound – Sistema que utiliza mais do que dois canais de som estéreo com o objetivo de criar uma representação de som tridimensional.

SVCD – Do inglês *Super Video CD*, formato originário da China e usado na Ásia oriental, baseado no MPEG-2. Oferece qualidade entre a do VCD e a do DVD.

S-VHS – Versão do VHS que oferece resolução mais alta – 400 linhas em vez de 240.

S-Video – Super Vídeo: protocolo de transmissão de sinal para vídeo que separa os canais de luminância e de crominância. Também conhecido como Y/C.

Swish pan – Rápido movimento de pan que enevoa a imagem.

Sync (ou synch) – Sincronizar; isto é, assegurar que dois eventos ocorram simultaneamente ou que os sinais corram ao mesmo tempo.

T

Tambor rotativo (drum) – Cilindro ao redor do qual a fita é enrolada durante a gravação ou reprodução para leitura dos dados.

Taxa de amostragem – Geralmente aplicada para áudio: taxa à qual o som é analisado durante a digitalização. Para CDs, a taxa é de 44,1 KHz; para áudio digital, de 48 KHz.

Taxa de dados – Velocidade à qual dados podem ser transferidos de uma fonte; geralmente medida em Mb/s ou Mbps (megabits – não megabytes – por segundo).

GLOSSÁRIO 213

Taxa de zoom – Relação entre a mais longa e a mais curta distância focal de uma lente de zoom; pode incluir distâncias de zoom óptico e digital.

Tela azul (blue screen) – Fundo uniformemente colorido contra o qual o motivo é filmado para propiciar o trabalho de chroma-key. Sinônimo de chroma-key.

Telecine – Dispositivo de transferência de filme cinematográfico para um formato de vídeo.

Temperatura de cor – Medida da cor da iluminação de uma cena.

Tilt – Movimento da câmera para cima e para baixo.

Timecode – Referência de dados armazenados com cada quadro, mostrada cumulativamente no formato horas:minutos:segundos:quadros. Ver *Timecode SMPTE*.

Timecode SMPTE – Formato de timecode no esquema horas:minutos:segundos:quadros. O número de quadros máximo para PAL é 24; para NTSC, 29.

Titles – Texto e imagens do começo ou do final de um filme que apresentam o filme e/ou os créditos.

Título over-black – Título que se localiza sobre uma cor sólida (não necessariamente o preto), em vez de estar localizado sobre uma imagem ou sequência.

Tomada (take) – Trecho de filme rodado ou gravado sem interrupção e, também, uma das muitas tentativas de filmar uma cena.

Track – Elemento ou componente de informação, assim como legendas e idiomas alternativos em um filme de DVD.

Tracking – Acompanhamento da ação, em que a câmara é mantida a uma distância constante, movimentando-se a partir de um carrinho do tipo dolly.

Trimming – Processo de remoção de clipes em excesso durante a edição, deletando-se quadros.

Triple-sensor – Conjunto de três chips com sensor CCD usado para capturar divisões de vermelho, verde e azul da imagem; a melhor solução nos casos em que se necessita de imagem com a melhor qualidade possível. Também chamado de triple-chip.

Twitter – Oscilação de detalhe orientado horizontalmente devido à interferência com linhas entrelaçadas.

Two-shot – Enquadramento que mostra as duas partes em um diálogo ou uma entrevista.

U V

Unicast – *Streaming video* para um único usuário de um servidor.

Varredura – Em vídeo, o movimento do feixe de elétrons ao longo da face de uma tela de monitor CRT.

Varredura progressiva – Gravação de um quadro inteiro de uma vez; usada para criar a "aparência de filme".

VBI – Do inglês *Vertical Blanking Interval*, a parte de um sinal de TV que é deixada sem imagem para permitir redesenho de tela. É usada para colocação de legendas e outros dados.

VCD – *Video CD*: formato de vídeo que utiliza compressão MPEG para gravar para CDs comuns, entregando qualidade similar à do VHS.

VCR – *Video Cassete Recorder*; dispositivo de gravação e reprodução para vídeo, geralmente destinado a dispositivos analógicos. O formato mais comum é o VHS.

VHS – *Video Home Services*: formato de vídeo analógico obsoleto usado para gravar transmissões de TV para reprodução posterior e aluguel de filmes.

Vídeo componente – Transmissão de sinal de vídeo que usa três componentes: luminância, vermelho menos luminância (Pr) e azul menos luminância (Pb) – por exemplo, em DVD-video. Proporciona qualidade superior ao composite video.

Vídeo entrelaçado – Sinal de vídeo formado por dois campos de linhas de varredura alternadas.

Vídeo não entrelaçado – Representação de vídeo usada em telas de computadores em que não há necessidade de entrelaçar os quadros. Também conhecida como varredura progressiva.

VR – Do inglês *Virtual Reality* – realidade virtual –, consiste em imagens criadas para envolver o espectador com a ação ou colocá-lo dentro de um espaço virtual.

W

Webcam – Câmera digital anexa a um computador que permite a outros computadores visualizar imagens da câmera durante uma conexão de internet.

Widescreen – Formato cuja relação largura/imagem é de 16:9.

Wild track – Gravação de som feita separadamente do vídeo; gravação de som não sincronizada com a ação.

Windjammer – Capa macia ou de pêlo para um microfone, criada para reduzir ruído do vento.

Wipe – Transição em que o primeiro clipe é removido com uma espécie de cortina para revelar o clipe seguinte.

X Y Z

XLR – *Ground Left Right*: tipo de conector e cabo que proporciona linhas de áudio balanceadas.

Y – Símbolo de luminância; um canal de vídeo Y/C.

Y/C – Sinal de transmissão de vídeo que separa o canal Y (luminância) dos canais C (crominância). Também conhecido como S-Video.

YCrCB – Espaço de cor definido por três eixos de sinais de luminância (Y) e de diferença de cor, o vermelho e o azul.

Zoom digital – Gerado digitalmente, trabalha a última imagem obtida pelo zoom óptico. A porção central da imagem é exibida em resolução menor na área total que ocupa, dando a impressão de que foi aumentada.

Fontes na internet

VÍDEO DIGITAL EM GERAL
http://www.moviemaker.com
Um dos melhores sites para quem deseja se tornar um cineasta, destacando-se pelo texto de excelente qualidade – um site para visitar e adicionar aos favoritos para doses regulares de inspiração.

http://www.creativecow.net
Um site animado e repleto de grupos de discussão, revistas, tutoriais e artigos sobre tudo relacionado à mídia digital de visual criativo. Vale adicioná-lo aos favoritos, mas cuidado: você pode passar muito tempo navegando por ele.

http://www.videohelp.com
Uma valiosa coletânea de dados de nome muito apropriado, com artigos do tipo "como fazer" e guias explicativos. Também vai para os favoritos.

http://www.labdv.com
Site excelente, com ampla variedade de informações sobre muitos aspectos do vídeo digital – desde as mais básicas às altamente técnicas.

http://www.practicaldv.com
Portal modesto, oferece um leque útil de pequenos artigos, além de informações como listas de cursos ligados a cinema no Reino Unido e na América do Norte.

http://www.camcorderinfo.com
Notícias, revistas e destaques sobre câmeras de vídeo, bem como muitos grupos de usuários e guias técnicos.

http://www.dv.com
É necessário registrar-se (gratuitamente) antes de poder acessar as partes mais interessantes deste site. Há uma boa variedade de informações voltadas principalmente para videógrafo profissional.

http://www.atomiclearning.com
Os assinantes têm acesso a uma enorme quantidade de tutoriais. Oferece muitas opções gratuitas para você experimentar.

http://www.kenstone.net
Kenneth Stone dá conselhos e informações úteis sobre muitos aspectos do vídeo digital; o ponto forte é o Final Cut Pro.

http://www.videonetwork.org
Este site faz parte de uma iniciativa de apoiar a produção de vídeo voltada para a mudança positiva e inclui videógrafos independentes, ativistas e experimentais. Muitos conselhos úteis e práticos.

CINEMA E FESTIVAIS
http://www.imdb.com
O Internet Movie Database é uma esplêndida fonte sobre cinema, com filmografias extensas de diretores e escritores, além de histórias e notícias – o suficiente para manter os amantes de cinema felizes durante horas. Adicione aos favoritos.

http://www.res.com
Listas de festivais e exibições de cinema digital e também algum conteúdo para *streaming* e revistas.

http://www.filmunderground.com
http://www.24fps.com
Dois sites vinculados que fornecem informações, contatos, ajuda e conselho para realizadores independentes, com projetos em andamento e fóruns.

http://www.filmfestivalrotterdam.com
Contém acervo de vários stills de filmes exibidos no Festival de Cinema de Rotterdam.

http://www.britfilms.com
Portal para tudo relacionado à realização de cinema no Reino Unido. Inclui um excelente diretório de links para festivais de cinema em todo o mundo.

http://www.advancedmovingimage.com
Revistas sobre o uso criativo da mídia da imagem em movimento.

CARREIRAS E NEGÓCIOS
http://www.videouniversity.com
Cursos e dicas para quem deseja transformar seus talentos com vídeo digital em negócio, com links e informações úteis.

http://www.khake.com
O site do Vocational Information Centre oferece conselhos sobre carreiras: clique em "Photography and Film" e "Visual Arts".

DIREITOS AUTORAIS
http://fairuse.stanford.edu
Excelente cobertura dos problemas de *fair use* (uso de material protegido por direitos de autor para finalidade educacional) da perspectiva do direito norte-americano; trata também da propriedade intelectual de maneira mais ampla.

http://www.dfc.org
O Digital Futures Coalition mantém um site útil para quem quer acompanhar as novidades sobre *copyright* e ter acesso a documentos importantes.

HISTÓRIA DA TV
http://www.tvhistory.tv
História abrangente e fascinante da televisão, com milhares de ilustrações de aparelhos e links úteis.

DVDs E VCDs
http://www.dvddemystified.com
Site útil de perguntas (e respostas) mais frequentes sobre todos os aspectos do uso e da edição de conteúdo do DVD, com links para fontes técnicas.
http://www.dvdrhelp.com
Site bastante informativo, com grande quantidade de informações práticas, downloads e um fórum para o usuário, incluindo hacks para DVD
http://www.labdv.com
Fontes técnicas com links relacionados a DVD e SuperVCD.

MICROFONES, GRAVAÇÃO E INTERCONEXÕES
http://www.ramelectronics.net
Fonte de consulta sobre interconexões modernas, com dados úteis e alguns links que oferecem ajuda, instruções de instalação e suporte técnico.
http://www.sounddevices.com
Os documentos técnicos fornecidos neste site trazem informações claras e concisas sobre gravação de som, microfones e interconexões.
http://www.kenstone.net
Recomendações práticas sobre gravação de som na locação e outros aspectos do som digital.

NOTICIÁRIOS E TV
http://www.reporterworld.com
Site acessível que oferece um interessante mix de roupas e equipamentos, livros, filmes, recomendações e links úteis, incluindo sites governamentais.
http://www.SYPHAonline.com
Guia abrangente de softwares e equipamentos para o videógrafo profissional.
http://www.broadcastvideo.com
Praça para listagens de equipamentos e profissionais autônomos de todo o mundo. Boa variedade de links.
http://www.broadcast.net
Portal para a indústria da TV; informações, normas, links para fabricantes e fornecedores.

ROTEIRO
http://www.moviescriptsandscreenplays.com
Links para vários sites que oferecem *scripts* novos e clássicos, assim como dicas e assistência.
http://www.writemovies.com
Portal de notícias sobre cinema, concursos e uma grande variedade de *scripts* – adicione aos favoritos se for amante do cinema.
http://www.screenstyle.com
Portal para compra de livros e softwares sobre produção de roteiros, com inúmeras dicas e assistência.
http://www.iscriptdb.com
Banco de dados de *scritps* de cinema.

SOFTWARE E EQUIPAMENTOS
EDIÇÃO NÃO LINEAR
Adobe. Software de edição e efeitos.
http://www.adobe.com
Apple. Software de edição, efeitos e titulagem para amadores e profissionais.
http://www.apple.com
Avid. Software de nível profissional.
http://www.avid.com
Canopus. Software de edição, conversão, codificação; alguns acessórios.
http://www.canopuscorp.com
MacXware. Software para edição de vídeo com funções *picture-in-picture* (imagem sobre imagem) e efeitos de pintura.
http://www.macxware.com
Roxio. Software de edição básico; um dos principais programas de gravação.
http://www.roxio.com
Sony. Software de edição e produção de mídia; inclui o Vegas.
http://mediasoftware.sonypictures.com
Strata. Software de edição básico.
http://www.strata.com
Ulead. Software de edição e produção de DVD de nível intermediário.
http://www.ulead.com

PRODUÇÃO DE ROTEIRO
Final Draft. Aplicativos para a produção de roteiros e *scripts* de audiovisuais; para Apple e Windows.
http://www.finaldraft.com

Fontes na internet (continuação)

Movie Magic Screenwriter. Aplicativos para escrita criativa, incluindo roteiros.
http://www.screenplay.com

Sophocles. Software de produção de roteiros com enfoque em elementos da história; somente para Windows.
http://www.sophocles.net

Media Services. Portal de uma grande variedade de softwares voltados para a produção de mídia.
http://www.media-services.com

Scriptware. Conhecido programa de produção de roteiros.
http://www.scriptware.com

FONTES DE VÍDEO

http://www.artbeats.com
Acervo de filmes digitais: vale a pena ver o que os profissionais fazem com sequências muito curtas.

http://www.dvworldclips.com
Videoclipes de todo o mundo.

http://www.gotfootage.com
Grande variedade de material para download.

http://www.filmdisc.com
Sequências em alta resolução sem necessidade de pagamento de *royalties*.

MÚSICAS E EFEITOS SONOROS SEM PAGAMENTO DE *ROYALTIES*

http://www.shockwave-sound.com
Músicas, efeitos sonoros e loops.

http://www.chrisworthproductions.com
Músicas; algumas, inteiras.

EFEITOS

Digital Juice. Fornecedor de conteúdo gráfico para vídeos sem *royalties*: transições, efeitos, overlays animados para PIP, fotografias de cena, e mais.
http://www.digitaljuice.com

Moving Picture. Ferramentas eficientes para o equivalente digital do trabalho de rostrum camera e para a animação de imagens sobre o vídeo.
http://www.stagetools.com

Pixélan. Fornecedor de plug-ins para transições e efeitos "orgânicos" que rodam em aplicativos de edição não linear, do Final Cut Pro ao Movie Maker.
http://www.pixelan.com

Stupendous. Grande variedade de plug-ins iMovie, com extensa quantidade de efeitos parecidos com os de cinema.
http://www.stupendous-software.com

Virtix. Plug-ins de efeitos para Final Cut, iMovie e After Effects.
http://www.virtix.com

UTILITÁRIOS
CODIFICAÇÃO

http://www.discreet.com
Softwares de pós-produção que rodam em várias plataformas.

http://www.pixeltools.com
Expert-1 é um codificador para MPEG que promete qualidade superior para os conversores em tempo real. Oferece bons níveis de controle; Windows NT ou Silicon Graphics.

APARÊNCIA E CORREÇÃO DE CORES

http://www.redgiantsoftware.com
Plug-ins para softwares para mudar a aparência do vídeo.

http://www.synthetic-ap.com
Utilitários para corrigir e calibrar as cores, gerar tonalidades e barras de cores, e também para outras tarefas de pós-produção.

SOFTWARE PARA LOGGING

http://www.imagineproducts.com
Software para acelerar esse processo: HD Log-X para Mac OS X, TEPX para Windows, e outros utilitários de gestão.

FERRAMENTAS DE PRÉ-PRODUÇÃO
PRODUÇÃO DE *SCRIPTS*

http://www.finaldraft.com
http://www.scriptware.com
Softwares especializados em facilitar a formatação de *scripts*, roteiros e cronogramas de produção. Também orçamentos, formulários legais e outros.

http://www.movietools.com
Site do *The guerilla film makers movie blueprint*: programa gratuito para a formatação de roteiros e software barato para produtores.

FABRICANTES DE EQUIPAMENTOS

ABC Products. Estabilizadores de câmera, suportes e acessórios para estabilidade.
   http://www.abc-products.de
Apple. Computadores e acessórios.
   http://www.apple.com
Audio-Technica. Sistemas de microfone e acessórios de áudio.
   http://www.audio-technica.com
Avid. Sistemas e softwares de edição não linear líderes no setor.
   http://www.avid.com
Azden. Sistemas de microfone e acessórios de áudio.
   http://www.azdencorp.com
Canon. Câmeras de vídeo e lentes profissionais.
   http://www.canon.com
Dedo Light. Unidades de iluminação compactas de altíssima qualidade.
   http://www.dedolight.com
DHA Lighting. Máscaras (gobos), equipamento de projeção e efeitos de iluminação.
   http://www.dhalighting.com
Flarebuster. Porta-acessório, fixado a uma sapata quente, para quebra-luz ou refletor.
   http://www.flarebuster.com
Gitzo. Tripés e acessórios.
   http://www.gitzo.com
Hitachi. Equipamento audiovisual, incluindo monitores, gravadores, camcorders.
   http://www.hitachi.com
Hollywood Lite. Estabilizadores e coletes para operadores de câmera.
   http://www.hollywoodlite.com
JVC. Equipamentos de vídeo amadores e profissionais e uma grande variedade de aparelhos eletrônicos.
   http://www.jvc.com
KonicaMinolta. Instrumentos para medir exposição e temperatura das cores.
   http://www.konicaminolta.com
Lee Filters. Grande variedade de filtros coloridos e de efeito para lâmpadas (em folhas e rolos) e lentes de câmera.
   http://www.leefilters.com
Manfrotto. Tripés, acessórios e suportes.
   http://www.manfrotto.com
Miglia. Produtos para interface e conversão, cartões de expansão e memória de massa.
   http://www.miglia.com
PAG. Baterias para sistemas profissionais, iluminação portátil ou acoplada à câmera.
   http://www.paguk.com
Panasonic. Equipamento de vídeo amador e profissional e uma grande variedade de equipamentos eletrônicos.
   http://www.panasonic.com
Pinnacle. Cartões de vídeo, softwares para amadores e profissionais, broadcast.
   http://www.pinnaclesys.com
P+S Technik. Acessórios profissionais para câmeras de vídeo, incluindo simulações em 35 mm.
   http://www.pstechnik.de
Sachtler. Tripés, sistemas de estabilizações e iluminação.
   http://www.sachtler.com
Samsung. Câmeras de vídeo digitais, câmeras de fotografia digitais e outros eletrônicos.
   http://www.samsung.com
Sanyo. Equipamento de vídeo amador e uma grande variedade de produtos eletrônicos.
   http://www.sanyo.com
Sennheiser Microfones, fones de ouvido e outros equipamentos de áudio.
   http://www.sennheiser.com
Sony. Equipamentos de vídeo amadores e profissionais e equipamentos eletrônicos.
   http://www.sony.com
Steadicam. Sistema padrão de estabilização de câmera, dos modelos mais sofisticados aos mais leves e baratos.
   http://www.steadicam.com
ViewCast. Cartões de vídeo, *streaming* e soluções codec.
   http://www.viewcast.com
Wacom. Mesas gráficas com todos os requisitos.
   http://www.wacom.com

Leitura suplementar

A principal editora de livros sobre cinema e vídeo é a Focal Press. Se você tem interesse em técnicas de vídeo mais avançadas, certamente encontrará no catálogo da editora algum título valioso. A American Society of Cinematographers também publica algumas das "bíblias" do setor, que cedo ou tarde você há de considerar indispensáveis.

ALLMAN, Paul L. *Exploring careers in video and digital video.* Nova York: Rosen Publishing, 1997.
Conselhos sobre vários aspectos relativos à carreira e aos requisitos de formação, oriundos de experiência pessoal, com uma série de referências baseadas no mercado norte-americano. Traz estratégias úteis de como começar.

ASCHER, Steven & PINCUS, Edward. *The filmmaker's handbook.* Nova York: Plume, 1999.
Este livro merece a reputação que tem de ser a melhor obra de referência em um só volume sobre a produção de filmes em cinema e vídeo. O ponto forte são as informações técnicas, mas há pouca ênfase nos aspectos criativo e comercial. Se você só pode comprar um volume (de peso) sobre cinema e vídeo, este é altamente recomendado.

BILLUPS, Scott. *Digital moviemaking.* Studio City: Michael Weise Productions, 2003.
Com recomendações lacônicas e diretas, às vezes provocativas, o texto é temperado com apartes vindos do setor. Estes demonstram como é extensa a lista de contatos do autor – sempre uma indicação confiável do sucesso de um realizador. Muito útil quanto às informações técnicas, mas corre o risco de ficar desatualizado à medida que a tecnologia avança.

DONALDSON, Michael. *Clearance and copyright.* Los Angeles: Silman-James Press, 2003.
Cobertura excelente – e surpreendentemente fácil de ler – das principais questões de propriedade intelectual de interesse do cineasta. Mergulha em problemas relacionados, como seguro de erros e omissões, contratação de compositor e *copyright* na internet. Os vários precedentes já valem o preço do livro. Voltado para o mercado norte-americano, mas útil para qualquer um que trabalhe no ramo.

EVANS, Russel. *Practical DV filmmaking.* Oxford: Focal Press, 2006.
O tratamento aqui é muito "acadêmico", com uma lista de filmes que devem ser vistos e um breve capítulo sobre teoria do cinema. Alguns projetos práticos espalham-se pelo texto recortado de ilustrações. Escrito em estilo professoral; recomendado para quem consegue aprender lendo.

GLOMAN, Chuck. *303 digital filmmaking solutions.* Nova York: McGraw-Hill, 2003.
A afirmação de que "resolve qualquer problema de tomada ou edição em 10 minutos" é um exagero, mas o livro está recheado de dicas e informações. Gostoso de ler. Vale a pena dar uma olhada.

GROTTICELLI, Michael. *Video manual.* Hollywood: ASC Press, 2001.
Guia extraordinariamente conciso. Embora dirigido a realizadores profissionais, se você procura um livro pequeno que possa carregar para todo lado e com o qual possa aprender a cada página, é este. Abrange tudo, desde uma fascinante história da televisão a recomendações sobre como guardar as fitas, passando pelos fundamentos da iluminação.

HANSON, Matt. *The end of celluloid.* Sussex do Leste: RotoVision, 2004.
Vívido caleidoscópio das modernas tendências no mundo da imagem em movimento, incluindo animação, produção de vídeos e cinema, desde filmes de arte a longas-metragens épicos. Ilustrado com stills de inúmeras produções.

HOFFMANN, Jerry. *Jerry Hofmann on Final Cut Pro 4.* Indianápolis: New Riders, 2003.
Mesmo que você utilize outro software, este livro contém tantos *insights* e explicações claras sobre atributos e funções encontrados em todos os programas de edição não linear que qualquer editor de vídeo pode aprender com ele. Leitura essencial para usuários do Final Cut Pro; os outros devem pedi-lo emprestado e ler pelo menos os parágrafos iniciais de cada capítulo.

JONES, Chris. *The guerilla film makers movie blueprint.* Londres/Nova York: Continuum, 2003.
Peculiar, estimulante e prático, este volume cobre toda a atividade da produção independente. Não deixa nada por dizer: cobre desde a formatação de roteiros e as providências quanto à alimentação até as questões mais importantes, como marketing e distribuição. Altamente recomendado.

LUTZKER, Arnold. *Content rights for creative professionals.* Oxford: Focal Press, 2003.
Boa cobertura das questões de *copyright*, marca registrada e gestão de direitos na mídia, no cinema e na internet. Discute também problemas de concorrência e antitruste, além de patentes. Oferece um panorama geral das perspectivas internacionais. É útil para consulta. Traz um CD contendo documentos legislativos ou links para eles, assim como precedentes legais importantes.

MASCELLI, Joseph V. *The five C's of cinematography.* Los Angeles: Silman-James Press, 1998.
Texto clássico, que resistiu ao tempo e à moda, ricamente ilustrado com stills de filmes clássicos de Hollywood. Cada ensaio sobre ângulos de câmera, continuidade, edição, close-ups e composição vale um livro desses escritos por autores menos gabaritados. Aquisição obrigatória para quem está começando.

RABIGER, Michael. *Directing the documentary.* Oxford: Focal Press, 1997.
Texto clássico constantemente reeditado, não só traz recomendações válidas como transmite o tipo de sabedoria sensata que só um realizador com extensa filmografia pode alcançar. Não houve acréscimo significativo nas últimas edições com a inclusão de novas formas de pseudodocumentários, como a chamada "tevê realidade". Trata-se, porém, de leitura essencial para quem está começando.

ROSE, Jay. *Producing great sound for digital video.* San Francisco: CMP Books, 2002.
Manual completo e abrangente para quem quer trabalhar com som, embora algumas informações técnicas sejam difíceis de entender. Baseia-se em uma vida inteira de experiência prática trabalhando com som.

SCHINDLER, Jeff. *Capture, create and share digital movies.* Poway: Gateway Press, 2003.
Abrangente introdução ao vídeo digital, com diferentes soluções de software; repleto de ilustrações e com instruções passo a passo. Somente para Windows.

SHANER, Pete & JONES, Gerald Everett. *Real world digital video.* Berkeley: Peachpit Press, 2004.
Cobertura compacta, prática e direta de todo o processo, voltada a profissionais de níveis médio e avançado. Reconhece e trata com igualdade os dois estilos de produção de vídeo: o que se baseia em roteiro e o que recorre à improvisação. Às vezes se confunde ao tentar ser abrangente demais, mas ainda assim é altamente recomendado.

VANDOME, Nick. *Digital video in easy steps.* Southam: Computer Step, 2003.
Ricamente ilustrado e de fácil leitura, é indicado para iniciantes. Cobre muitos dos princípios básicos em linguagem simples, mas faltam informações aprofundadas.

WATKINSON, John. *An introduction to digital video.* Oxford: Focal Press, 1994.
Apesar do título, é um livro técnico, uma descrição completa dos princípios do vídeo digital, só inferior ao clássico *The art of digital video*. Além de teoria sobre cores e fundamentos do vídeo, inclui discussões sobre conversão, compressão, codificação, interfaces e output.

WEYNAND, Diana & WEISE, Marcus. *How video works.* Oxford: Focal Press, 2004.
Texto técnico voltado para quem pretende entrar no ramo de engenharia e operação de câmera do vídeo digital. Embora o título não deixe perceber, trata-se de uma atualização de um manual padrão no setor e não pode faltar na biblioteca do operador de câmera.

Índice

A

abertura 53, 86-87
abordagem "uma ideia na cabeça e uma câmera na mão" 102-103, 144
acessórios 19, 24-25
Adobe
    Photoshop 33, 156, 172
    Premiere 34, 35
alto-falantes 39, 63, 166
andamento, editando 146, 187
anéis de zoom 42
ângulos de câmera 56-57, 184-185, 201
animação quadro a quadro 73
anti-aliasing 76
Anti-herói americano 181
Apple 30, 33, 34
    DVD Studio 37
    Final Cut Express 34
    Final Cut Pro 35, 146-147
    iMovie 34, 35, 70, 149, 166-167, 169, 177
arquivando vídeos 70, 118
Arquivo confidencial, O 192
ASF (Advanced Streaming Format) 176
authoring software 36, 37, 170
autorização pessoal 191
autorizações 75, 117, 138, 191
Avid Xpress DV 35

B

back-timing, 168
balanço de branco 154
    ajuste com cartão cinza 84-85
    continuidade de cor 60-61
barras SMPTE 147, 175
baterias, 15, 19, 24, 25
Bergman, Ingmar 192
Blade Runner 81, 199
bolsas de câmera e estojos 24, 25
brilho, efeitos 163, 165
Bruxa de Blair, A 81, 171
Buena Vista Social Club 181, 188

C

cabeçalho 198, 199
cabos 19, 64
caixas de conversão de impedância (impedance-conversion boxes) 65
câmeras 10
    altura 56
    com memória de estado sólido 15
    com microfone instalado 64
    controles de 18, 19, 20, 29, 42
    de três chips 23
    digital8 15
    distância focal 53
    DVD 15
    entry-level 20-21
    Hi8 15
    intermediárias 22-23
    luz sobre a câmera 90
    partes 18-19
    problemas no manuseio de 44-45
    rostrum 72-73
    tremor 59
    ultraminiaturizadas 23
Cão andaluz, Um 199
cartão cinza, ajuste com 84-85, 154
cartão SecureDigital 15
cartão xD 15
cassete do MiniDV 14, 15, 20
cassete MicroMV 14
CDs
    criando CDs de vídeo 173
    de música sem *royalties* 68
    imprimindo filme em 13
    queimar 173
Chicago Cab 93
chicote de zoom 59
chroma-key 99
Cidadão Kane 184
clipes
    aplicando efeitos 162-165
    cropping 150
    de áudio 168
    dividindo 150
    editar inserção 142, 148
    interfaces de edição 149
    invertendo a direção 151
    marcando 145
    monitorando o comprimento 150
    overwrite 143, 151
    processo de edição 144
    restaurando 152
    transições 156-159
    trimming 150
    veja também quadros
close-up 50-51, 186, 193
codificando 171
composição 185
    cinematográfica 46-47
    enquadrando a ação 48-49
    enquadrando a tomada 50-51
    storyboards 197
compressor 171
computadores 11, 30-31
    discos rígidos 30-31
    monitores 32-33
    upgrade 31
    upload 146
conectores de vídeo 19
continuidade 60-61, 146, 186-187
contraluz, 97
controles, câmera 18, 19, 20, 29, 42
copyright 68, 71, 74
cores
    "aparência de filme" 16, 41, 52, 76, 77, 95
    balanço de cor 44, 174-175
    calibragem do monitor 33, 175
    continuidade 60, 61
    correção 27, 44, 77, 154
    da luz 84-85
    efeitos 162, 163, 164
    filtros 26, 27
    requisito para transmissão (broadcast) 174
    temperatura 85, 154
corte seco 156
cortina radial 159
créditos 160-161
    criando 170-172
criando uma "aparência do filme" 52, 76-77
cropping 150
cross-dissolves 156, 157, 158
cross-fades 167
cruzando a linha 201
CSI: Investigação criminal 186
curtas-metragens 183, 192-193

D

Dançando no escuro 180
de cima para baixo 55
decupagem 145
Desencanto 68
desenvolvendo uma ideia 194-195
diálogo 181, 195, 198, 199
Digital8 14, 15
direito à privacidade 75
direitos 74-75, 117, 138, 195
discos rígidos 30-31, 39
dispositivo de captura de vídeo 10
dissolve 151, 156-158, 160
distância focal 52-53
    "aparência de filme" 76-77
    objetiva zoom 59
    passo a passo 58
    tremor da câmera 59
dividindo clipes 150
documentário 182, 183, 186, 188-191
Dogma, movimento 90, 180
Dogville 180
drives *veja* discos rígidos
duração, *storyboards* 200-201
DV, formato 14
DVCam 14
DVCPro 14
DVD+R 37
DVD-R 36
DVD+RW 37
DVD-RAM 37
DVD-ROM 36
DVD-RW 36-37

ÍNDICE

DVDs 11, 15, 36-37
  authoring 37, 170
  capítulos 13, 170
  códigos regionais 171
  como funcionam 37
  criando 170-172
  desenho da interface 172
  formatos 36-37
  gravadores de 36, 170
  imprimir filme em 13
  players 173
DVDs multimídia 171
DVDs players multirregionais 171

E

edição de quatro pontos 142-143
edição não linear *veja* editando
editando 12, 142-169
  andamento e ritmo 187
  correção de cor 154
  correção de exposição 155
  decisões 148-149
  edição "Modo-A" 60
  efeitos 162-165
  interfaces de edição 149
  mais edição 152-153
  música gravada 68
  panorâmica e zoom 73
  princípios de edição 142-143
  refinando a edição 150-151
  sala de trabalho 38-39
  software 13, 30, 31, 34-35, 142-143
  tamanho do monitor 32
  títulos e créditos 160-161
  transições 156-159
  trilha sonora 166-169
efeito
  Aged Film (filme antigo) 162, 163, 164
  brilho suave 165
  Electricity 163, 165
  Ken Burns 73
  Mirror 163
  Monochrome 163, 186
  N-Square 163
  Rain 163
  Star Dust 162, 163, 165
Encurralado 180
Enquadrando
  ação 48-49
  a tomada 50-51
  continuidade 60
  storyboards 200
escala de tempo
  continuidade 185
  curtas-metragens 192
estabilizador 29, 43
estrutura, filmes 184-187

ET: o extraterrestre 180
evento esportivo 130-131
exposição 86-87
  balanço na iluminação 88, 96
  continuidade 60, 61
  correção de exposição 155
  fade 157, 158
  preparando-se para filmar 54
  washes 158
exposição automática 42, 86-88, 155
Exterminador do futuro 2, O 81
extraindo áudio 168

F

fades
  editando a trilha sonora 166, 167
  fade-ins 156, 157
  fade-outs 156, 157
  sequência de títulos 160-161
fast-motion 153
festa de aniversário, gravando 106-109
filmagem do roteiro 102-103
filmando
  buscando variedade 56-57
  continuidade 60-61
  preparando-se para filmar 54-55
  zoom 58-59
filmes
  aparência de 52, 76-77
  elementos estruturais 184-187
  gêneros 180, 181
  on-line 177
  tipos de 182-183
filtro 26-27
  de campo limitado 27
  de difusão 76
  de efeitos especiais 27
  de recorte 26
  efeitos 162-165
  graduado 26
  letter-box de ajuste 163
  polarizador 27
  split-image 27
Final Cut Express 34-35
fita
  de vídeo 17, 20
  Hi8 14, 15
  magnética 11
  VHS 71
Flarebuster 25
flare na objetiva 25, 44
flash 22
flashback 184
flash memory 20
floodligth 94, 95
focalizando
  anéis de focalização 42
  continuidade 60

falta de nitidez 45
  profundidade de campo 52-53
  sistemas de autofoco 42
Foley 66
fones de ouvido 39, 63
fora de sincronismo, editando a trilha sonora 168
formato MPEG 14, 171, 173
formato NTSC 15
  criando CDs de vídeo 173
  processo de varredura 16
  taxa de exibição 14
  timecode 147
formatos 14-15
  CDs 173
  de exportação 171
  DVDs 36-37, 171
  formatando roteiros 198-199
  renderização 12
  widescreen 185
formato SVCD 173
formato VCD 173
Forrest Gump 181
fósforos 16
FrameForge 3D Studio 200, 201

G

gama dinâmica 76, 82, 92, 98-99
gêneros 180, 181
Gladiador 187
Guerra nas estrelas 68, 180, 185

H

horizonte, ponto de vista inferior 185

I

iluminação
  ao ar livre 98
  e clima 98
  frontal 93
  lateral 80, 83, 93
ImageMixer 13
imagens
  borrão 45
  estabilização 43
  veja também still
Imagine
  DV Log-X 144, 145
  TPEX 145
imprimindo 13
inserção 142-143, 148
internet 10, 11
  enviando vídeos pela (*streaming video*) 176-177
interpolação, panorâmica e zoom 73
invertendo a direção 151
Invisible Light 193
Italiano para iniciantes 90

Índice (continuação)

L

Laptop 31
Laranja mecânica 187
lasers, DVDs 37
legendas 13
Lens Flare 163
linha de processamento 12-13
linha diagonal 46
lista de Schindler, A 187
lista de tomadas 102, 181
locações
   continuidade 186
   permissão 116-117
   problemas 196-197
   segurança 202
LP (Long Play) 20
luz
   aparência de filme 77
   arranjos de 92-99
   capturando a luz 80-81
   continuidade 60, 61, 186-187
   cor 84-85
   correção cromática 154
   correção de exposição 155
   de cima 82
   de enchimento 95-97
   de trás 82, 83, 89
   difusa 81, 88
   direção da 82-83, 89
   estilos de 81
   filmando ao amanhecer e anoitecer 194
   flare na objetiva 44
   gama dinâmica 92, 98, 99
   infravermelha (infrared ou IR) 87, 88
   motivação de 60, 90
   níveis mais baixos de 42-43, 87, 88, 89
   noite americana 195
   principal 95-97
   problemas 98-99
   problemas de locução 196
   quantidades de 86-87
   rebatida 95
   segurança 203
   tomadas noturnas 195

M

Mac OS 34-35
Macromedia Director 171
MacXware MediaEdit 35
máscaras 91, 97
Mascelli, Joseph V. 186
matte box 25
medição dos níveis, editando a trilha sonora 166
memória
   cartão de memória 23
   flash memory 20
   memória de estado sólido 14, 15
MemoryStick 15, 23
microfones 64-67, 166
   controle automático 42
   documentários 190
   nas câmeras 19, 21, 65
   saída balanceada 65
   sons estranhos 64
Microsoft *veja* Windows
mídia de consumo 14
mídias 14-15
MiniDisc (MD) 15
modelos de desenho da interface 172
modo drop-frame 147
modo Helican de varredura da fita 17
monitor de campo 33
monitor de forma de onda 155
monitor de produção 33
monitores 32-33
   ajuste 33, 175
   de tela plana 32
   extras 39
monopés 43
motivação, iluminando 60, 90
movimento
   borrão 45
   enquadrando o 48-49, 57
   profundidade de campo 52-53
   seguindo o 57
Moving Picture 73
MP3 padrão, música 68
música 68
   copyright 68
   processo de edição 144, 168, 169
   sem *royalties* 68
   vídeos de músicas, 183

N

negócio, promovendo um 136-139
neve 24
nitidez 45, 163

O

objetivas zoom 18, 19
   câmeras entry-level 20, 21
   câmeras intermediárias 22
   distância focal 59
   filtro liso 26
   profundidade de campo 52-53

P

padrão, formatos de vídeo 14
padrão PAL 15
   criando CDs de vídeo 173
   timecode 147
varredura 16
padrão zebra 174
padrões da transmissão de TV 14
panorâmica
   composição cinematográfica 46
   invertendo a direção 151
   panorâmica e zoom 59, 72, 73
   seguindo um movimento 57
   tripés e cabeças 28, 29
para-sol 25
passo a passo 58
pequenas câmeras de vídeo 23
permissões e acesso, 116-117
perspectiva 50
pesquisando, documentários 189
Pinnacle 34
Pixels
   aliasing (bordas serrilhadas) 76
   estilos 172
   monitores de computadores 32
   streaming video 176-177
placas de vídeo 32
planejamento 102
   ângulos de câmera 56-57
   documentários 189, 190
   storyboards 200-201
   veja também roteiros
   vídeos de férias 112
ponto de vista 56, 185
ponto de vista inferior 185
pós-produção 162, 163
   criando CDs de vídeo 173
   criando DVDs 169-172
   enviando para internet 176-177
   problemas de reprodução 174-175
   quadro-pôster 146-147
prática de salvar 148
preparando-se para filmar 54-55
pré-visualização 162, 172
primeira edição (rough cut) 146
problemas com pó, 24, 197
problemas de controle de qualidade 174
produção do dia 190-191
produzindo fotos 74
profundidade de campo 52-53
promovendo uma causa 124-125
proxies 152

Q, R

quadros
   fast-motion 153
   mudando a forma 163
   slow-motion 153
   still 152, 153
   timecode 147

ÍNDICE

transições 156-159
velocidade 76-77
queimando DVDs 36
QuickTime 12, 146, 171, 176-177
Real Player 177
reduzindo 159
refinando a edição 150-154
regra dos 180 graus 201
regras para trabalhar em segurança 203
renderização 12, 146, 158
restaurando clipes 152
retrato de um lugar 126-129
Riefenstahl, Leni 130
ritmos, editando 146, 186
Rodriguez, Robert 180
rolos de distribuição 187
roteiros 102-103, 181
   continuidade 60
   direitos autorais 195
   escrevendo 198-199
Roxio
   Toast 173
   VideoWave 34
ruídos 64-65, 69, 168

S

sala de trabalho 38-39
scripts 195, 198
seguindo 48-49, 57, 88
segurança 39, 57, 118, 136, 202-203
Senhor dos Anéis, O 185
Sepia 163, 164
sequência de títulos 13, 160-161
Sétimo selo, O 192
simetria, composição cinematográfica 47
sincronização, som e vídeo 67, 71, 168, 169
sistemas de autofoco 42
slow-motion 153
software
   DVD authoring 37, 170
   decupagem 145
   editando 13, 30, 31, 34-35, 142-143
   storyboards 200
   streaming video 176-177
som 62-69
   cadeia de áudio 62-63
   conectores para áudio 19
   controles 42, 43
   documentários 190
   editando 146, 166-169
   efeitos sonoros 66-67

microfones 64-67
música gravada 68
off 169
problemas 69
sincronização 67, 71, 168, 169
sonoplastia 10, 66-67
taxas de amostragem 169
trilhas de áudio 147
som ambiente 66
sombras 80, 82, 93-97
Sony 23, 34
SP (Standard Play) 20
spot 94, 95
Spot metering 86
StageTools 73
steady-cam 29
stills 152
   produzindo 74
   usando no filme 72-73
storyboards 200-201
streaming video 176-177
Super MiniDisc 15
S-Video 70

T

tablete gráfico 38
taxas de amostragem 169
tela
   azul 99
   giratória 56
   LCD 18
   editar em uma 38
   tela giratória 56
temperatura 85, 154
Terceiro homem, O 81
Tilt head 29
timecode 147
timeline 146-147, 148
   documentários 190, 191
   editando a trilha sonora 166-167
   storyboards 200-201
timeline escalar 146-147
tipos, títulos e créditos 160, 161
Tiros em Columbine 188
transição feita com um círculo que se fecha 159
transições 156-159
   continuidade 185, 186
   cruzando a linha 201
   editando a trilha sonora 167, 169
   roteiros 199
Três homens em conflito 68
trilhas sem *royalties* 68
trimming 150
tripés 28-29, 59, 116

TV 11, 71, 172
upload 146
   MediaStudio 35
   VideoStudio 35

V

varredura 16
varredura progressiva 16, 77
VBR (Variable Bit Rate) 171
velocidade, transições 156
vídeo
   analógico 10, 14, 15, 71, 174
   digital
      como funciona 16-17
      versus vídeo analógico 15
      entrelaçado 16-17
      fita de 17, 20
vídeo-álbum de família 134-135
vídeos
   de bebê 104-105
   de casamento 120-123
   de férias 112-115, 126, 186
   de festa 106-109
   híbridos 183
   sobre a natureza 110-111
Viewcast 70
visor 19
vista de um ângulo aberto 51
visualizando as edições 143, 144
volume, trilha sonora 166

W

washes 158
wild track 66
Windows 30, 34, 35
   Media Center PC 71
   Media Player 176, 177
   Windows Media Technologies 176
Windows Movie Maker 34, 37
   captura analógica 70
   criando CDs de vídeo 173
   editando a trilha sonora 169
   interfaces de edição 149
   trilhas de áudio 147
wipe 158, 159

Z

Zapruder, Abraham 118
zoom 58-59
   chicote de 59
   composição cinematográfica 46
   panorâmica e 59, 72, 73
   passo a passo 58
   sequência de títulos 160-161
   zoom digital 59

Agradecimentos

Agradecimentos do autor

Meus sinceros agradecimentos a Stephanie Jackson, por ter me confiado o livro original. Agradeço profundamente ao editor de arte Simon Murrell, aos editores David e Sylvia Tombesi-Walton e à equipe da Dorling Kindersley, por ter me ajudado a criar um belo livro, em especial a Nicky Munro, por ter preparado esta edição.

Meus agradecimentos a Avid, Adobe, Fotoware, Imagine Products, Stagetools, TV History, Ulead e Extensis, pela assistência técnica. Muito obrigado a Paul Kirkham e a todos do Guitar Institute, em Londres, pela ajuda e cooperação. A Jessica, Emma e Tom, minha gratidão pela acolhida e hospitalidade. E a Louise, Andy e Emily, pela ajuda e também pelo chá.

E, acima de tudo, como de costume, minha infinita gratidão àquela que torna tudo possível: minha adorável esposa Wendy.

Agradecimentos do editor

A Dorling Kindersley gostaria de agradecer às seguintes pessoas pela contribuição neste projeto: Adèle Hayward, por ter iniciado a direção do projeto; Hilary Bird, pela compilação do índice; e Patrick Mulrey, pela arte-final. A Sands Publishing Solutions gostaria de agradecer a Michael Calais, pela assistência editorial. Gostaríamos também de agradecer a Tom Ang, pela paciência e cooperação em cada etapa do processo.

Créditos das imagens

O editor gostaria de agradecer às seguintes empresas pela gentileza em autorizar a reprodução de suas fotografias. (Abreviaturas: ps = parte superior, pi = parte inferior, d = direita, e = esquerda, c = centro, ac = acima, ab = abaixo)

1. Sony Corporation; 10. Cortesia da Canon (Reino Unido) Ltd. (ps/d), cortesia da JVC (c/e), Panasonic (pi/e); 11. Cortesia da Apple (pi/e), Cortesia da Lexar Media (pi/d), Panasonic (d/ab); 14. Cortesia da Fuji Photo Film (Reino Unido) Ltd. (e), Sony Corporation (c), cortesia da TDK (d); 15. Panasonic (c/e), Sony Corporation (c/d), (e); 18-19. Cortesia da Canon (Reino Unido) Ltd.; 20. Cortesia da Logitech (e), Panasonic (c), Sanyo UK (d); 21. Cortesia da JVC ©, Panasonic (pi/c), Sharp Eletronics (Reino Unido) Ltd. (pi/e), Sony Corporation (pi/d); 22. Cortesia da Canon (Reino Unido) Ltd. (pi/e), Hitachi (pi/d), Sony Corporation (c); 23. Panasonic (pi/d), Samsung (pi/e), cortesia da Canon (Reino Unido) Ltd. (ac/d); 24. Case Logic Europe (ps/d), EWA-Marine GmbH (c/d), Sony Corporation (pi/ab), SWIT Industry and Trading Company, Ltd. (pi/d); 25. Cinetactics/Greg Mote (pi/e), cortesia da JVC (c/e), Peli Products (Reino Unido) Ltd. (ps/e); 28. Cullmann (pi/e), DayMen International (pi/d), Gitzo (pi/c); 29. ABC Products GmbH (ps/d), DayMen International (pi/c), Linhof (pi/e), Sachtler GmbH & Co (pi/d); 30. Cortesia da Apple (c), (ps), cortesia da Dell Inc (pi); 31. Poweroid.com (c/e), Sony Corporation (pi/e), (ps/e); 32. Cortesia da Apple (pi/e), BenQ UK Ltd. (pi/d), Formac (pi/c); 33. ColorVision Europe (ac/d), Formac (pi/c), KDS Canada (pi/e), cortesia da LaCie (pi/d); 34. Adobe Systems Incorporated (e), cortesia da Apple (c), Sony Corporation (d); 35. MacXware (e), Ulead Systems, Inc (d), (c); 36. Cortesia da LaCie (pi/e); 56. Cortesia da JVC (ac/d); 62. Cortesia da Canon (Reino Unido) Ltd. (ps/d), IXOS (pi/d), imagem cedida pela Soundcraft (c); 63. Cortesia da Apple (c/e), Sennheiser UK (pi/d), Sharp Eletronics (Reino Unido) Ltd. (pi/e); 65. BeachTek Inc (pi/d), National Film and Television School (ps/e); 70. Eskape Labs, uma empresa do grupo Hauppaugel (pi/c); Viewcast Corporation. Osprey é marca registrada da Viewcast (pi/e); 71. Imagem cedida pela Packard Bell, divisão do consumidor da NEC Computers (Reino Unido) Ltd., tela do Windows cortesia da Microsoft; 134-135. Photolibrary.com/Stock – isento de direitos autorais; 136-139, 156-159. Guitar Institute, Londres; 177. Kobal Collection: Marvel/Sony Pictures (ps/e); 180. Kobal Collection/Miramax/Columbia/Rico Torres; 181. Kobal Collection/Road Movie Prods.; 182. Powerstock/Eduardo Ripoli (pi/e); 183. *Breath* (DVCam/5min/Reino Unido/2003), direção de Samantha Harrie, © Samantha Harrie 2003, patrocinado pela Lottery por meio do UK Film Council's and North West Vision's Regional Investment Fund for England (ps/d), Getty Images/Christopher Bissell (ps); 185. Still de *Al Sur del Desierto*, imagem cedida pelo diretor Galel Maidana (ps/d); 188. Corbis/David Woo; 189. Zefa Visual Media/Hein van den Heuvel; 190-191. National Film and Television School; 193. Stills de *Invisible Light*, © Picture Book Movies/Gina Kim; 194. Alamy/Celeste Daniels (d); 195. Getty Images/Jens Lucking; 197. Getty Images/Stuart Redler (ps/d); 199. Alamy/Comstock Images; 203. Alamy Images/Scott Hortop.

Créditos das imagens da capa

Frente: Tom Stewart (ps/e), Photolibrary.com (ps/d), George Shelley (pi/d), Getty/Ryan McVay (pi/e)
Lombada: Corbis/Roger Ressmeyer
Quarta capa: DK Images (e), Canon UK Ltd. (c/e), National Film and Television School (c/d), Formac (d)
Todas as demais imagens: © Tom Ang